Gotto/Repgen (Hg.)
Die Katholiken und das Dritte Reich

Klaus Gotto / Konrad Repgen
(Herausgeber)

Die Katholiken und das Dritte Reich

MATTHIAS-GRÜNEWALD-VERLAG · MAINZ

3., erweiterte und überarbeitete Auflage 1990

CIP-Titelaufnahme der Deutschen Bibliothek

Die Katholiken und das Dritte Reich / Klaus Gotto ;
Konrad Repgen (Hrsg.). – 3., erw. u. überarb. Aufl. –
Mainz : Matthias-Grünewald-Verl., 1990
ISBN 3–7867–1498–3
NE: Gotto, Klaus [Hrsg.].

Umschlag: Harun Kloppe, Mainz, unter Verwendung einer Karikatur aus der Zeitschrift „Der SA-Mann“.

Gesamtherstellung: Ernst Knoth GmbH, Melle

ISBN 3–7867–1498–3

Inhalt

Vorwort

Als dieses Buch vor 10 Jahren in einer ersten Fassung erschien, war es das Ziel der Publikation, zentrale Fragen im Verhältnis Kirche, Katholiken und Nationalsozialismus in verständlicher, gleichwohl wissenschaftlich solider Form für breitere Leserschichten darzustellen. Es sollten nicht nur die Ergebnisse wissenschaftlicher Einzelforschung zusammengefaßt, sondern auch Antworten gegeben werden auf Fragen, die gerade jüngere Menschen bewegen.

Die nunmehr vorliegende dritte, ergänzte und überarbeitete Neuauflage verfolgt dieses Ziel ebenso. Das Thema ist unverändert aktuell, und es wird nach wie vor – besonders aus Anlaß von Gedenk- und Erinnerungsdaten – kontrovers und nicht selten emotionsbehaftet diskutiert. Das Thema bleibt auch deshalb brisant, weil ein historisches Geschehen zur Debatte steht, das zu gegenwartsbezogener Selbstvergewisserung und Selbstüberprüfung des deutschen Katholizismus in besonderer Weise herausfordert. Gerade wegen dieses Hintergrundes ist es notwendig, das Verhalten des politischen Katholizismus, der kirchlichen Führung und des Kirchenvolkes gegenüber dem Nationalsozialismus und seiner totalitären Herrschaft auf wissenschaftlicher Basis darzustellen.

Die Autoren haben in ihre Beiträge folglich die in der Zwischenzeit gewonnenen neuen Forschungsergebnisse eingearbeitet. Der ursprüngliche Beitrag von P. Ludwig Volk S. J. über die deutschen Bischöfe wurde durch eine thematisch gleiche, jedoch ausführlichere Abhandlung des 1984 verstorbenen Autors ersetzt. Neu aufgenommen wurde als Nachwort ein Beitrag von Heinz Hürten, der das Verständnis und die Problematik des Widerstandsbegriffs durch weiterführende Überlegungen bereichert. Schließlich konnte die Publikation gegenüber der zweiten Auflage von 1983 um einen Bildteil, um Tabellen und Graphiken

sowie um Karten über das konfessionelle Wahlverhalten in den Jahren 1932/33 erweitert werden.
Die Herausgeber haben allen Autoren für ihre Bereitschaft zu danken, an dieser Neubearbeitung mitzuwirken. Sie schulden ebenso Dank den Mitarbeitern der Forschungsstelle der Kommission für Zeitgeschichte in Bonn, insbesondere Frau Margit Lindsay, Frau Petra Stenz-Maur M. A. und Herrn cand. phil. Arnd Goertz.

Bonn, im März 1990

Klaus Gotto · Konrad Repgen

Rudolf Morsey

Die katholische Volksminderheit und der Aufstieg des Nationalsozialismus 1930–1933

Kirche und Nationalsozialismus 1923–1930

Am Mittag des 30. Januar 1933 ernannte Reichspräsident v. Hindenburg den Führer der Nationalsozialistischen Deutschen Arbeiterpartei, die im Reichstag die mit Abstand größte Fraktion bildete, Adolf Hitler, zum Kanzler eines Präsidialkabinetts. Es war die 21. Regierungsbildung seit dem 13. Februar 1919, an dem die erste Regierung der Weimarer Republik ihre Arbeit aufgenommen hatte. Nur wenige Zeitgenossen ahnten, daß damit das Ende der Republik, die von politischer Instabilität gekennzeichnet gewesen war, gekommen war. Der Einzug Hitlers in die Reichskanzlei wurde von der nationalsozialistischen Propaganda zur „Machtergreifung" hochstilisiert und im Sinne einer Epochenwende als Beginn eines neuen, des „Dritten Reiches" verstanden.

Der völkische Nationalsozialismus hatte in seiner „Kampfzeit", die im kläglich gescheiterten Hitler-Putsch vom 9. November 1923 in München endete, im deutschen Katholizismus außerhalb Bayerns nur ein geringes Echo gefunden. Um so größer war das Erschrecken über den zunächst, bis Ende der zwanziger Jahre, wenig beachteten Wiederaufstieg der Nationalsozialistischen Deutschen Arbeiterpartei. Sie schaffte in der Reichstagswahl vom 14. September 1930 in den mehrheitlich evangelisch besiedelten Gebieten des Deutschen Reiches einen erdrutschartigen Durchbruch zur klassenübergreifenden Massenpartei.

1923 wie 1930 bedurfte es spektakulärer äußerer Anlässe, um die Aufmerksamkeit der Repräsentanten von Kirche und politischem Katholizismus auf die braune Bewegung zu lenken und sich mit deren Programm und Lehre auseinanderzusetzen. Die NSDAP war jahrelang außerhalb Bayerns nicht recht ernst genommen worden. Aus kirchlicher Sicht war es zunächst leicht, deren rassistische Ideologie, auch wenn sie durch ein völkisch interpretiertes „positives Christentum" kaschiert wurde, und den von seinen Agitatoren vertretenen Lebensraumimperialismus als widerchristlich und antikirchlich zu erkennen. Der Münchener Studentenseelsorger P. Erhard Schlund OFM entlarvte 1923 die Rassenlehre der Nationalsozialistischen Deutschen Arbeiterpartei als „neugermanisches Heidentum". Ähnlich bewertete im gleichen Jahr der Fraktionsvorsitzende der Bayerischen Volkspartei im Landtag (und 1924–1933 Ministerpräsident) Heinrich Held die Hitler-Bewegung als eine „große Bewegung des Abfalls vom katholischen Glauben und der Kirche"[1].

Trotz solcher eindeutigen Einschätzungen fanden jedoch in einer Zeit größter wirtschaftlicher Not und seelischer Wirrnis, wie sie 1923 herrschte, die mit nationaler Phraseologie verschleierten Ideen der Anhänger Hitlers und Ludendorffs auch in katholischen Kreisen Bayerns Anklang, oder richtiger: deren explizit politische Zielsetzungen. Diese richteten sich gegen die demokratisch-parlamentarische Verfassungsgrundlage und Verfassungswirklichkeit der krisengeschüttelten Republik von Weimar. Ihr gegenüber war auch der konservativ-agrarisch geprägte und weithin gefühlsmäßig bestimmte bayerische Katholizismus in Distanz verblieben. Um so größer war hier das Erschrecken über konzentrische antikirchliche Aktionen militanter Rechtsgruppierungen im Winter 1923/24 in München und über den im Gefolge des Hitler-Ludendorff-Prozesses erreichten Erfolg des Völkischen Blocks bei den bayerischen Landtagswahlen vom April 1924.

Mit einer im Frühjahr 1924 beginnenden relativen politischen und wirtschaftlichen Stabilisierung der Republik und dem vorübergehenden Schwinden rechtsradikaler Aktivitäten gerieten auch deren Programme und Träger aus dem Blickwinkel kirchlicher Aufmerksamkeit. Allenfalls blieb noch der sektiererisch-

[1] Vgl. L. Volk, Der bayerische Episkopat, S. 17; E. Schlund OFM, Neugermanisches Heidentum.

neuheidnische Einzelgänger Ludendorff Objekt nachsichtig-mitleidigen Interesses. Bei den Reichstagswahlen vom Dezember 1924 erreichte die Nationalsozialistische Freiheitspartei nur 3,0% aller abgegebenen gültigen Wählerstimmen, im Mai 1928 die inzwischen wieder als Arbeiterpartei firmierende Bewegung 2,6%.

Kundgebungen des Episkopats gegen den Nationalsozialismus 1930–1932

Mit einer seit Ende 1929 rapiden Verschlechterung der Wirtschaftslage und in deren Gefolge zunehmender Verelendung und Massenarbeitslosigkeit beschleunigte sich die innere Abwendung größerer Volksschichten von der Instabilitäts-Republik. Sie kam radikalen „Bewegungen" zugute, weniger dem kommunistisch-internationalistischen als vielmehr dem national verbrämten Sozialismus bzw. sozial garnierten Nationalismus. Er wurde seit 1930 durch Massenzulauf zu *dem* innenpolitischen Problem in Deutschland. Das zeigte der Ausgang der – vom Reichskanzler Heinrich Brüning (1930–1932) durch vorzeitige Auflösung des erst im Mai 1928 gewählten Reichstags möglich gewordenen – „Katastrophenwahl"[2] zum Reichsparlament am 14. September 1930: Die NSDAP konnte ihren Wähleranteil von 2,6% auf 18,3% (= 6,4 Millionen) und damit die Zahl ihrer Mandate von 12 auf 107 vervielfachen.

Wenige Tage später, noch im Sog des Wahlerfolgs, erhielt Hitler ohne zwingenden Grund die Chance, im „Reichswehrprozeß" vor dem Reichsgericht in Leipzig als Zeuge allen seiner Partei unterstellten Putschplänen öffentlich und öffentlichkeitswirksam entgegentreten zu können. Sein „Legalitätseid" trug dazu bei, die Gefährlichkeit der siegreichen Nationalsozialisten zu verschleiern. Auf den christlichen Volksteil blieb künftig nicht ohne Eindruck, daß führende Politiker der NSDAP als Verhandlungs-

[2] So der Herausgeber der „Allgemeinen Rundschau" in München, Georg Moenius, in seiner Zeitschrift 27, 1930, S. 661.

partner von Brüning ernst genommen und die ihrer Zielsetzung nach weiterhin eindeutig auf Umsturz bedachte braune Massenbewegung nicht verboten wurde.

Bevor noch der Episkopat seine Haltung zur Lehre des Nationalsozialismus klären konnte – die alljährlichen Treffen der getrennt tagenden Fuldaer und Freisinger Bischofskonferenzen hatten bereits stattgefunden –, sah er sich in die Defensive gedrängt, und zwar durch eine ungenügend bedachte diözesane Einzelentscheidung. Diese Ausgangssituation trug mit dazu bei, daß die unter Zugzwang begonnene Auseinandersetzung zwischen der Kirche und dem Nationalsozialismus nicht zu einer gemeinsamen Kundgebung des deutschen Episkopats bzw. seiner beiden Teilkonferenzen und zu einer einheitlichen Seelsorgspraxis führte. Eine unterschiedliche Handhabung der Cura animarum wurde von der nationalsozialistischen Propaganda geschickt ausgenutzt und schuf unnötige Unsicherheit im innerkirchlichen Bereich.

Die Auseinandersetzungen begannen, unmittelbar nach den Septemberwahlen, in der Diözese Mainz. Auf Anfrage eines Pfarrers erließ der Generalvikar Philipp Jakob Mayer Richtlinien für das kirchliche Verhalten gegenüber Nationalsozialisten. Sie ließen an Deutlichkeit nichts zu wünschen übrig: Aus dem Programm der Nationalsozialistischen Deutschen Arbeiterpartei und den Verlautbarungen ihrer Führer zog der Generalvikar die Folgerung, kein Katholik dürfe Mitglied der Hitler-Partei sein, in uniformierten Gruppen an kirchlichen Veranstaltungen teilnehmen und zu den Sakramenten zugelassen werden[3].

Der rigorose Mainzer Vorstoß wurde von den Nationalsozialisten publik gemacht. Er stieß im Episkopat keineswegs überall auf Zustimmung, da er für eine Einzelfallprüfung keinen Raum ließ und zudem nur schwer realisierbar war. Er erschwerte ein einheitliches Vorgehen der Bischöfe, von denen manche eine autoritative Kundgebung so rasch nach der vom braunen Wahlerfolg ausgelösten nationalen Begeisterung für inopportun hielten. Auch erschwerte die begriffliche Unklarheit der nationalso-

[3] Vgl. Ecclesiastica 10, 1930, S. 421ff.

zialistischen Doktrin eine unstrittige Einschätzung der Hitler-Bewegung, zumal sich deren Führer in weltanschaulichen Fragen betont zurückhielt. Die Minderheit seiner katholischen Anhänger verwies auf den Kampf ihrer Bewegung gegen den antikirchlichen Liberalismus sowie den „gottlosen Marxismus und Bolschewismus". Einzelne Bischöfe hielten selbst das Tragen von Uniformen im Kirchenraum noch für tolerabel.

Da Adolf Kardinal Bertram, der Vorsitzende der Fuldaer Bischofskonferenz, innerhalb dieses Gremiums keine Mehrheit für eine gemeinsame Kundgebung fand, entschloß er sich zu einem Alleingang. Bertram verurteilte in einer Silvester-Botschaft 1930, allerdings in „bewußt undeutlicher Adressierung"[4], den extremen Nationalismus[5], ohne dabei jedoch den Nationalsozialismus oder auch kirchliche Strafen für dessen katholische Mitglieder zu erwähnen. Wesentlich konkreter und hilfreicher für die Seelsorgspraxis waren pastorale Anweisungen für den Klerus, die die Freisinger Bischofskonferenz am 10. Februar 1931 veröffentlichte[6]. Deren Kernsatz enthielt eine Warnung vor dem Nationalsozialismus, „solange und soweit er kulturpolitische Auffassungen kundgibt, die mit der katholischen Lehre nicht vereinbar sind".

Diese Einschränkung signalisierte weniger Kompromißmöglichkeit oder gar -bereitschaft[7], sondern entsprach vielmehr kirchlicher Tradition und ließ der unabdingbaren Einzelfallprüfung Raum. Sie bildete auch den Kern entsprechender Erklärungen, mit denen die Bischöfe der Kölner Kirchenprovinz am 5. März[8], die der Paderborner Kirchenprovinz am 10. März[9] und die der Freiburger Kirchenprovinz neun Tage später[10] die Lehre des Nationalsozialismus verurteilten. Sie unterschieden dabei in der Behandlung von Aktivisten und Mitläufern. Mit dieser Unter-

[4] L. Volk, Der bayerische Episkopat, S. 27.
[5] Text: B. Stasiewski (Bearb.), Bischöfliche Akten I, S. 810ff.
[6] Ebd., S. 806ff.
[7] So K. Scholder, Kirchen I, S. 169.
[8] Text: B. Stasiewski (Bearb.), Bischöfliche Akten I, S. 814ff.
[9] Ebd., S. 818ff.
[10] Ebd., S. 824ff.

scheidung knüpften die Bischöfe an den Präzedenzfall von 1921 an, an ihre Pastoralanweisungen gegenüber „glaubensfeindlichen Vereinigungen", die sich damals gegen Sozialismus und Kommunismus richteten[11] und seit 1924 durch regelmäßige Beschlüsse der Fuldaer Bischofskonferenz gegen die „nationalen Kampfverbände" ergänzt worden waren[12].

Anfang August 1931 verabschiedete dann die Fuldaer Bischofskonferenz sehr ausführlich gehaltene „Winke betr. Aufgaben der Seelsorger gegenüber glaubensfeindlichen Vereinigungen". Darin wurde ausdrücklich auch der Nationalsozialismus zu diesen „glaubensfeindlichen Vereinigungen" gezählt; denn er stehe „tatsächlich mit fundamentalen Wahrheiten des Christentums und mit der ... katholischen Kirche im schroffsten Gegensatze"[13].

Diese Seelsorgsinstruktionen der Fuldaer Bischofskonferenz wurden jedoch nicht veröffentlicht. Damit bestand die Gefahr, daß eine mit der „Komplexität des Gewissensurteils rechnende Moral" das Heer der Hitlergläubigen in „ebenso viel Einzelwesen zerfallen ließ, wie es Köpfe zählte"[14]. In der Tat wurden in der Seelsorgspraxis bis Anfang 1933 hin Kirchenstrafen kaum ausgesprochen, in Bayern z.B. in der Folge kein einziges kirchliches Begräbnis verweigert. Die Bischöfe machten sich keine Illusionen über die Wirkung ihrer Warnungen, die erfahrungsgemäß (nur) diejenigen Katholiken erreichten, die ohnehin treu zur Kirche standen und/oder aus eindeutig politischen Gründen den Nationalsozialismus ablehnten.

Einzelgängerische und entsprechend isolierte „braune Pfarrer" wie Philipp Haeuser aus der Diözese Augsburg und Wilhelm Maria Senn aus der Erzdiözese Freiburg – ihnen ist auch der heimatlose Abt Alban Schachleiter OSB zuzurechnen – blieben ohne Zulauf und überregionale Beachtung. Hingegen setzte sich eine ganze Reihe von geistlichen Autoren mit Theoretikern des

[11] Vgl. W. Corsten, Sammlung kirchlicher Erlasse, S. 619ff.
[12] Vgl. W. Vogel, Nationale Kampfverbände, S. 106ff.
[13] Text: B. Stasiewski (Bearb.), Bischöfliche Akten I, S. 838.
[14] L. Volk, Der bayerische Episkopat, S. 34.

Nationalsozialismus wie Alfred Rosenberg und mit Pamphletisten wie dem Nobelpreisträger für Physik Johannes Stark[15] literarisch auseinander: So Domdekan Anton Scharnagl (München), P. Erhard Schlund OFM (München), Georg Moenius (München), Friedrich Muckermann SJ (Münster) und Jakob Nötges SJ (Valkenburg); Fritz Michael Gerlich und P. Ingbert Naab OFM Cap entwickelten in der von ihnen redigierten Wochenschrift „Der gerade Weg" in München prophetische Voraussicht in der Vorhersage der späteren Wirklichkeit des „Dritten Reiches"[16].

In seiner ablehnenden Haltung gegenüber dem Nationalsozialismus wurde der Episkopat von der katholischen Presse und den katholischen Organisationen unterstützt. In der am 17. August 1932 von der Fuldaer Bischofskonferenz bekräftigten Ablehnung der „Irrlehre" des Nationalsozialismus[17] hieß es warnend, bei dessen Alleinherrschaft eröffneten sich für die kirchlichen Interessen die „dunkelsten Aussichten". Nur wenige Tage zuvor hatte sich die Gefahr einer solchen Alleinherrschaft verstärkt: Seit der Reichstagswahl vom 31. Juli war die NSDAP mit 37,4% aller abgegebenen gültigen Wählerstimmen (= 13,7 Millionen Wähler) die stärkste politische Kraft im Deutschen Reich.

[15] J. Nötges SJ, Nationalsozialismus.

[16] Vgl. J. Steiner, Prophetien. Die Titel der übrigen Schriften: Anton Scharnagl, Die völkische Weltanschauung und wir Katholiken, München ²1932; Erhard Schlund OFM, Orientierung. Eine Hilfe im Weltanschauungskampf der Gegenwart, Hildesheim und Leipzig 1931; J. Nötges SJ, Nationalsozialismus; Georg Moenius publizierte regelmäßig in der von ihm herausgegebenen Wochenschrift „Allgemeine Rundschau" in München (Jge. 27–31, 1930–1933), Friedrich Muckermann in dem von ihm herausgegebenen Pressedienst „Katholische Korrespondenz" in Münster (Jge. 6–9, 1930–1933).

[17] Text: B. Stasiewski (Bearb.), Bischöfliche Akten I, S. 843f.

Die Deutsche Zentrumspartei als organisierte politische Vertretung der katholischen Volksminderheit außerhalb Bayerns (Stimmenanteil bei den Reichstagswahlen 1920: 13,6%, 1930: 11,8%) gehörte als Mitträger aller Reichsregierungen von 1919 an zu den Stützen der Republik. Allerdings wußte auch diese konfessionell gebundene Volkspartei kein Patentrezept gegen die strukturelle Dauerkrise des Weimarer Parlamentarismus, der bereits seit 1920 von einer Mehrheit der Wähler abgelehnt wurde. Die vom Zentrumspolitiker und Reichskanzler Brüning seit Ende März 1930 praktizierte „reformierte", „autoritäre" Demokratie galt als Möglichkeit einer zeitgemäßen Lösung der Staats- und Verfassungskrise.

Der Aufstieg des Nationalsozialismus war im Zentrum mit Besorgnis registriert, die NSDAP jedoch – anders als die Kommunistische Partei – zunächst nicht als staatsgefährdend angesehen worden. Erst nach deren überraschenden Erfolgen im Winter 1929/30 begann die Zentrumspartei eine systematische Auseinandersetzung mit Programm und Praxis des Nationalsozialismus. Dabei bereiteten zwei Einsichten große Sorge: einmal der offenkundige Zusammenhang von wirtschaftlicher Not und Radikalisierung besonders der Jugend, sodann die Erkenntnis, daß die nationalsozialistische Ideologie „stimmungsmäßig" auch „vielen Katholiken" entgegenzukommen schien, weil diese – wie die Monatsschrift „Das Zentrum" im April 1930 schrieb – „symbolfähiger sind, den abstrakten, puritanischen Staat nicht lieben, weil sie mit der Idee der Hierarchie von der Kirche her vertraut sind". Weiter hieß es, diese Katholiken hielten den Ruf nach Autorität und Disziplin, besonders in sittlicher Hinsicht, für berechtigt und hörten es schließlich gern, „daß die ‚großen' nationalsozialistischen Führer Hitler, Strasser, Goebbels, Wagner Katholiken sein sollen"[18].

Auch nach Hitlers Wahlsieg vom September 1930 blieb – bei aller Würdigung des Kampfes der braunen Massenbewegung

[18] Vgl. Das Zentrum, S. 234.

gegen Liberalismus, Rationalismus, Skeptizismus und Materialismus – die unüberbrückbare Kluft zwischen ihr und dem Zentrum bestehen. Kirchenfreundliche Äußerungen einzelner nationalsozialistischer Agitatoren wurden als Beschwichtigungsformeln entlarvt. Gegenüber Forderungen Hitlers, die zwischen dem Hl. Stuhl und Mussolini in den Lateranverträgen 1929 zustande gekommene (und als kirchliche Anerkennung des Faschismus umgedeutete) Lösung auch für Deutschland zu übernehmen[19] – also ein Reichskonkordat abzuschließen –, verwiesen die Zentrumspolitiker auf die „strukturellen Unterschiede" der religiös-politischen Verhältnisse in beiden Ländern. Die wenige Monate später erfolgte Ablehnung des preußischen Konkordats durch die Fraktion der NSDAP im Preußischen Landtag bestätigte die bisherige antikirchliche Einschätzung der Hitler-Bewegung.

Wie sehr Kirche und politischer Katholizismus in der Beurteilung des Nationalsozialismus übereinstimmten, wurde auch darin deutlich, daß die Parteizeitschrift „Das Zentrum" 1931 alle Kundgebungen der Bischöfe gegen den Nationalsozialismus nachdruckte. Unbequem für die Zentrumsführung, weil auch innerhalb der eigenen Reihen nicht unumstritten, blieb die nationalsozialistische Agitation gegen die seit 1919 bestehende Dauerkoalition von SPD und Zentrum in Preußen und gegen die als Vermischung von Politik und Religion gebrandmarkte parteipolitische Tätigkeit von Geistlichen in den Parlamenten („Zentrumsprälaten") des Reiches und einzelner Länder.

Trotz unveränderter Positionen kam es im Sommer 1932 zwischen dem Zentrum und der Nationalsozialistischen Deutschen Arbeiterpartei vorübergehend zu einer Annäherung, nachdem sich die politische Situation durch den Sturz von Reichskanzler Brüning verändert hatte. Helle Empörung schlug dessen Nachfolger Franz v. Papen (seit 2. Juni 1932) entgegen, dem früheren Rechtsaußen und Einzelgänger im preußischen Zentrum, der als „Verräter" galt. Angesichts dieser Stimmung sowie als Konse-

[19] Vgl. L. Siegele-Wenschkewitz, Nationalsozialismus und Kirchen, S. 91f.

quenz aus dem erwähnten großen Wahlsieg der NSDAP am 31. Juli gewannen Überlegungen Raum, Papen mittels einer braun-schwarzen Koalition abzulösen und durch parlamentarische Mehrheitsbildung wieder verfassungsgemäße Zustände herzustellen. Die stärkste politische Kraft in Deutschland sollte in die Regierungsverantwortung einbezogen und dadurch „gezähmt" werden.
Die mit derart kalkuliertem Risiko begonnenen Verhandlungen im August und September 1932 wurden von der Führungsspitze der Bayerischen Volkspartei unterstützt, aber von vielen Zentrumsanhängern mit Skepsis betrachtet. Sie scheiterten rasch an unüberbrückbaren Gegensätzen[20]. Die im September von Papen erreichte erneute Auflösung des Reichstags verschärfte die Staatskrise, auch wenn der Ausgang der Wahl vom 6. November eine Schwächung der Hitler-Bewegung bedeutete (Rückgang ihres Stimmenanteils auf 33,1%; Zentrum: 11,9%, BVP: 3,1%). Die im Winter 1932/33 geltende Zielsetzung des Zentrums: Bildung einer befristeten „nationalen Sammlung", um auf diese Weise die Notsituation zu überwinden, führte die Partei wenig später in eine Sackgasse. Zwar kam eine solche „Not- und Arbeitsgemeinschaft" am 30. Januar 1933 zustande, allerdings in einer anderen Konstellation und auf eine Art und Weise, durch die der politische Katholizismus von vornherein von einer Koalitionsbildung ausgeschlossen blieb.

Verhalten und Untergang des politischen Katholizismus

Von der Betrauung Hitlers mit dem Reichskanzleramt wurde auch der politische Katholizismus überrascht und das Zentrum durch unzutreffende Begründung der Regierung über dessen angeblich mangelnde Bereitschaft zu Koalitionsverhandlungen auch noch düpiert. Als schuldig für die Verfälschung der Situation galt Vizekanzler v. Papen. Ihn und den neu ins Kabinett

[20] Dazu R. Morsey, Untergang, S. 56ff.

gelangten DNVP-Vorsitzenden Alfred Hugenberg hielt man im katholischen Volksteil, wie in den meisten anderen politischen Lagern, zunächst für gefährlicher als Hitler.
Die Reichstagsabgeordneten des Zentrums sahen sich als Gefangene ihrer Sammlungsparole. Gegen die terroristischen und propagandistischen Begleiterscheinungen der zielbewußt vorangetriebenen nationalsozialistischen Machtbefestigung vermochten sie sich nur argumentativ zu wehren: Sie stellten die eigene „nationale Arbeit" in der Vergangenheit betont heraus und aktualisierten die traditionelle Zentrumsdevise: „Für Wahrheit, Recht, Freiheit". Bei der Neuwahl des Reichstags am 5. März gelang es der Hitler-Bewegung, obwohl sie mit kalkulierter Brutalität alle staatlichen Machtmittel im Wahlkampf genutzt hatte, nur in den überwiegend katholisch besiedelten Gebieten des Reiches nicht, eine Mehrheit der Wähler für sich zu gewinnen.
Die Immunisierung der Zentrumsanhänger (11,2% Wähleranteil) ist um so höher zu veranschlagen, als sich darunter viele Angehörige des alten Mittelstands und Bauern befanden, die sonst eine besondere Anfälligkeit gegenüber den Parolen der NSDAP zeigten. Der Wähleranteil der Bayerischen Volkspartei, die stärker konservativ-autoritären Traditionen verpflichtet war, sank von 3,1% auf 2,7% ab.
Trotz der von den Koalitionsparteien NSDAP und DNVP erzielten absoluten Parlamentsmehrheit und der durch eine Reihe von Notverordnungen (4. und 28. Februar sowie 21. März 1933) bereits fest etablierten Herrschaft forderte die Regierung vom Reichstag eine Ermächtigung zur alleinigen Gesetzgebung. Die Zentrumsabgeordneten schwankten zwischen Hoffnungen auf ein Auslaufen der revolutionären Welle und dem Funktionieren des Zähmungskonzepts. Sie suchten den Umfang der Ermächtigung in dem am 21. März eingebrachten Entwurf des „Gesetzes zur Behebung der Not von Volk und Reich" in Verhandlungen mit Hitler und Innenminister Wilhelm Frick einzugrenzen.
Damit schienen sie Erfolg zu haben. In seiner auf Verständigungsbereitschaft abgestellten Regierungserklärung am 23. März machte der Reichskanzler unerwartete Zusagen. Diese betrafen

die Sicherung verfassungsmäßiger Institutionen und Rechte, ergänzt durch kulturpolitische Zugeständnisse[21]. Das Gesamt dieser Konzessionen gab schließlich den Ausschlag dafür, daß alle Abgeordneten des Zentrums und der Bayerischen Volkspartei dem Gesetzentwurf zustimmten.
Angesichts der inzwischen bestehenden Machtverhältnisse war dieses alternativlose „Ja" ein verzweifelter, verhängnisvoller und zudem, wie sich rasch herausstellte, vergeblicher nationaler Anpassungsversuch. Er stellte allerdings keineswegs die entscheidende Etappe im Prozeß von Hitlers Machtbefestigung dar, verschaffte jedoch der Regierung eine ihr erwünschte zusätzliche parlamentarische Absicherung. Diese Linie des Entgegenkommens wurde am 17. Mai fortgesetzt, wobei jetzt sogar die bereits dezimierte SPD-Fraktion einer außenpolitischen Erklärung Hitlers zustimmte.
Der „Zentrumsturm" zeigte inzwischen schon ernste Risse. Innerhalb der Anhängerschaft dieser Partei, die wochenlang führer- und weisungslos war, wuchsen Unsicherheit und Verwirrung. Der Vorsitzende, Prälat Ludwig Kaas, hielt sich seit dem 8. April in Rom auf. Er ließ nicht erkennen, daß er dort – in resignativer Beurteilung über jede Fortsetzung politischer Tätigkeit im Reich – an Geheimverhandlungen mitwirkte, die im Juli zum Abschluß eines Reichskonkordats führten. Sein Nachfolger im Vorsitz des Zentrums (seit 6. Mai), Exkanzler Brüning, konnte nur noch in hilfloser Untätigkeit, kompensiert durch organisatorischen Leerlauf unter betonter Herausstellung des Führerprinzips, zusehen, wie die von der braunen Staatspartei forcierte Gleichschaltung fortschritt, ohne irgendwo auf Widerstand zu stoßen. Am 4. Juli 1933 mußte sich die BVP[22], einen Tag später das Zentrum als letzte der Weimarer Parteien selbst auflösen, um einem drohenden Verbot zuvorzukommen.
Die inzwischen durch Terror und Propaganda erreichte, pseudolegal abgestützte und durch Hindenburgs Autorität gedeckte

[21] Zusammengestellt und verglichen mit den Zentrumsforderungen bei R. Morsey, Das „Ermächtigungsgesetz", S. 27ff.
[22] Vgl. K. Schönhoven, Zwischen Anpassung und Ausschaltung, S. 340ff.

Befestigung der nationalsozialistischen Diktatur hatte auch im politischen Katholizismus Spuren hinterlassen. In dessen lautlosem Untergang „unter den Stürmen einer neuen Zeit" – wie es in der Abschiedskundgebung der Reichsleitung des Zentrums hieß – war nirgendwo der Wille zum Überleben sichtbar. Der Glaube an Hitler als Obrigkeit und Retter sowohl vor äußeren Gefahren (Bolschewismus) als auch vor terroristischem Fortgang der braunen Revolution war noch groß, die Brutalität der neuen Machthaber noch nicht als Wesensbestandteil ihrer Herrschaft wahrgenommen, die Hoffnung auf ein „Abwirtschaften" der Regierung und auf die Reichswehr als Eingreifreserve noch nicht aufgegeben.

Verleumdungen der Nationalsozialisten, wie die von der Mitschuld des Zentrums an 14 Jahren angeblicher „Schmach und Erniedrigung des deutschen Volkes", verunsicherten deren Anhänger allerdings weniger als brutale „Säuberungen" in Staat und Gesellschaft. Das bereits Ende März erfolgte Abrücken der Kirche von ihrer früheren Frontstellung gegen den Nationalsozialismus (davon wird noch die Rede sein) erleichterte den Abschied von der alten Fahne. Der nur drei Tage nach dem Untergang des Zentrums erfolgte spektakuläre Abschluß eines Reichskonkordats schien eine neue Ära im Verhältnis zwischen Kirche und Staat einzuleiten und die bisherige Schutzfunktion konfessioneller Parteien überflüssig zu machen. Auch wenn dieser Vertrag keine Preisgabe der Zentrumspartei durch den Vatikan bedeutete, so wurde er von manchen ihrer Anhänger doch so empfunden.

Kirchlicher Positionswechsel: Vertrauensvorschuß gegenüber der neuen Obrigkeit

Nach der verfassungskonformen Kabinettsbildung vom 30. Januar 1933 befand sich der Episkopat wegen seiner Verurteilung der nationalsozialistischen Weltanschauung in einer schwierigen Situation. Der autoritäre Führer der Nationalsozialistischen

Deutschen Arbeiterpartei besaß als legaler Reichskanzler Anspruch auf staatsbürgerlichen Gehorsam. Die Position der Regierung wurde durch den Ausgang der neuen Reichstagswahl vom 5. März noch gestärkt. Dabei machte das Wahlergebnis gleichzeitig deutlich, daß eine Eingliederung des katholischen Volksdrittels in den „neuen Staat“, wie ihn vor allem Vizekanzler v. Papen anstrebte, im ersten Anlauf mißlungen war.

Noch am 18. März ging Kardinal Bertram in einem Gespräch mit v. Papen davon aus, es sei Sache der Nationalsozialistischen Deutschen Arbeiterpartei, ihre Haltung zur Kirche zu revidieren. Das Unerwartete trat bereits fünf Tage später ein: In seiner Regierungserklärung vom 23. März entkräftete Hitler wesentliche Besorgnisse des Episkopats[23]. Das geschah durch eine Reihe von Zusagen über die christentumsfreundliche Einstellung der Regierung und eine friedliche Ausgestaltung des Verhältnisses von Staat und Kirche bis hin zu der Absichtserklärung, die Beziehungen des Reiches zum Hl. Stuhl auszugestalten. Als im Anschluß an diese Erklärung auch die Abgeordneten der beiden katholischen Parteien dem Ermächtigungsgesetz zugestimmt und ihm damit zur Annahme verholfen hatten, war eine neue Situation geschaffen und gleichzeitig die Kirche ihres bisherigen parlamentarischen Schutzes beraubt.

Das Dilemma der kirchlich gebundenen Katholiken zwischen Glaubenstreue und staatsbürgerlichem Gehorsam trat zutage. Episkopat und Seelsorgsklerus wurden noch stärker als schon vorher bedrängt, die kirchliche Verurteilung des Nationalsozialismus aufzuheben, die von verantwortlicher Mitarbeit im „neuen Staat“ abhielt. Einer weiteren Tätigkeit für diesen Staat glaubten sich auch viele Katholiken, vor allem aus Gründen der Existenzsicherung, aber auch aus Verblendung, nicht entziehen zu können.

Durch eine überstürzte Initiative von Kardinal Bertram erging bereits am 28. März eine entsprechende Kundgebung der Fuldaer Bischofskonferenz, die innerhalb des Episkopats nur ungenü-

[23] Die einschlägigen Passagen sind zusammengestellt bei R. Morsey, Das „Ermächtigungsgesetz“, S. 36ff.

gend abgestimmt worden war. Sie hob die „Verurteilung bestimmter religiös-sittlicher Irrtümer" des Nationalsozialismus zwar nicht gänzlich auf, bezeichnete aber unter ausdrücklicher Bezugnahme auf die Zusagen des Reichskanzlers vom 23. März im Reichstag die bisherigen „allgemeinen Verbote und Warnungen" als nicht mehr notwendig[24]. Diese „Vertrauenserklärung", wie sie der Vorsitzende der Freisinger Bischofskonferenz, Michael Kardinal Faulhaber, nannte, bedeutete keine dogmatische Preisgabe der eigenen Lehre, gleichwohl wurde sie vom Kirchenvolk als kirchenpolitische „Entwarnung" teils begrüßt, teils, vor allem bei zentrumstreuen Katholiken, mit Unverständnis aufgenommen.

Der unerwartet rasche kirchliche Positionswechsel war *ein* Grund für ein verändertes Verhalten vieler Katholiken gegenüber dem „Dritten Reich". Ein anderer Grund lag in der Besorgnis, im Zuge der von der „nationalen Revolution" ausgehenden Suggestion aus der – unter ganz anderen Vorzeichen erstrebten – Volksgemeinschaft ausgeschlossen und erneut in eine Minderheitsposition abgedrängt zu werden. Schließlich schien der wenig später (und ebenfalls überraschend schnell) zustande gekommene Abschluß eines Reichskonkordats am 20. Juli, der seit 1920 von republikanischen Regierungen vergeblich erstrebt worden war, den Zielsetzungen einzelner „Brückenbauer" zwischen Kirche und nationalsozialistisch geführtem Staat Recht zu geben.

Hitlers „Geniestreich" des Konkordatsabschlusses war nach der Selbstausschaltung des Reichstags im Ermächtigungsgesetz möglich geworden durch weitgehende Konzessionen der Reichsregierung (vor allem Garantie der Bekenntnisschule und der katholischen Organisationen). Der für den Vertragsabschluß vom Kanzler geforderte und von der Kurie schließlich gezahlte Preis – das Verbot parteipolitischer Betätigung für Geistliche nach dem Vorbild des italienischen Konkordats von 1929[25] – erwies sich

[24] Text: B. Stasiewski (Bearb.), Bischöfliche Akten I, S. 30ff.

[25] Die Unterschiede zwischen der Klausel von 1929 und 1933 sind allerdings zu beachten: Das Verbot der parteipolitischen Betätigung durch den Klerus war in Italien seit 1924 geltendes innerkirchliches Recht, während es in Deutschland erst innerkirchliches Recht werden sollte. Vgl. K. Repgen, Die „Entpolitisierung" des italienischen Klerus.

jedoch für die Regierung als unverwertbares Zugeständnis; denn die damit erstrebte raschere Ausschaltung des politischen Katholizismus durch Rückzug der „Zentrumsprälaten“ und „Zentrumskapläne“ war inzwischen bereits infolge des staatlichen Drucks auf die Reste des parlamentarischen Systems erreicht worden: Zentrum und BVP hatten sich noch vor Vertragsabschluß aufgelöst. Künftig erwies sich das Reichskonkordat als völkerrechtlicher Schutzwall, von dem aus die Kurie für die inzwischen ihrer Bastionen beraubten und von neuem Kirchenkampf bedrohten Katholiken in Deutschland eintreten konnte.

Das Verhalten des politischen Katholizismus in der Phase seiner Auflösung und das des Episkopats sowie des Vatikans im Frühsommer 1933 war nicht kausal miteinander verknüpft. Gerade die unkoordinierte Verschränkung ihrer Aktionen kam der Hitler-Regierung entgegen. Sie erleichterte auch illusionäre Argumentationen einzelner Autoren, die einen „katholischen Zugang zum Nationalsozialismus“ (so der Kirchenhistoriker Josef Lortz) entdeckten, ohne damit jedoch das Kirchenvolk in seiner Breite beeindrucken zu können.

Die katholische Volksminderheit, die weder den Aufstieg der Nationalsozialistischen Deutschen Arbeiterpartei und 1933 deren „Machtergreifung“ verursacht noch zum anschließenden Wahlsieg der NSDAP beigetragen hat, ist nicht mit „festem Schritt und Tritt“ in das „Dritte Reich“ hineinmarschiert; sie hat allerdings dessen Machtbefestigung auch nicht zusätzlich erschwert. Hingegen blieb der Katholizismus als Institution, als soziale Großgruppe mit dem Anspruch auf Autonomie, intakt. Er entzog sich dadurch als Ganzes, trotz Entzugs der konfessionellen Parteien, dem Vorgang der „Gleichschaltung“, der 1933 die politische Szene beherrschte und so rasch zu dem von der Regierung erstrebten Ziel führte.

Dieter Albrecht

Der Hl. Stuhl und das Dritte Reich

Die Beziehungen des Papsttums zu Staaten und Regierungen[1] sind eine Folge der Tatsache, daß die universale Kirche, die sich über die Erde erstreckt, ihre reale, tatsächliche Existenz im Rahmen der einzelnen staatlich-politischen Einheiten findet, in die diese Erde aufgeteilt ist. Den primären Anlaß der Staatenbeziehungen des Hl. Stuhles und deren eigentliche Substanz bildet daher die Aufgabe und die Sorge, den zahlreichen Regionalkirchen in allen Erdteilen eine möglichst ungehinderte Existenz und eine möglichst breite Wirksamkeit zu gewährleisten und auf Dauer zu sichern[2]. Offensichtlich aber ist das Ergebnis entsprechender Bemühungen des Vatikans von dem Willen der Staaten und ihrer Regierungen abhängig, ihnen mehr oder weniger zu entsprechen, mehr oder weniger Spielraum zu gewähren. Dabei beruht die Willensbildung der Staaten auf mannigfachen Faktoren und Voraussetzungen. Die Mittel und Möglichkeiten des Hl. Stuhles, auf diese Willensbildung einzuwirken, um positive Ergebnisse auf Dauer zu sichern, sind relativ begrenzt. Nicht umsonst wird Stalin die rhetorische Frage zugeschrieben: „Wieviele Divisionen hat der Papst?" Bekanntlich hat er keine. Es hat Zeiten gegeben, in denen der Papst wenn nicht Divisionen, so doch Regimenter hatte. Diese Zeiten sind vorbei. Wer dies begrüßt, zu Recht, muß allerdings auch die Konsequenzen akzeptieren, die sich daraus ergeben. Das heißt: Der Hl. Stuhl besitzt nur wenige Instrumente, um zu dem genannten Zweck auf die Regierungen einzuwirken: Die moralische Autorität des Papsttums; das Interesse der Regierungen an kirchlicher Wirksamkeit

[1] Auswahlbibliographie zum Thema bei K. Repgen, Außenpolitik der Päpste, S. 36ff. Laufende Bibliographie: Archivum Historiae Pontificiae, Bd. 1ff., 1963ff.

[2] R. A. Graham, Vatican Diplomacy; H. F. Köck, Die völkerrechtliche Stellung des Heiligen Stuhls.

in ihrem Machtbereich; die Existenz von politischen Parteien, die sich in ihren allgemeinen Zielsetzungen an christlichen Prinzipien orientieren; schließlich die vertragliche – und das heißt auf einem Kompromiß beruhende – Absicherung der Existenz und der Betätigung kirchlicher Institutionen und Organisationen im öffentlichen Bereich.

Nach der Regierungsübernahme Hitlers am 30. Januar 1933, der „Notverordnung zum Schutz von Volk und Staat“ vom 28. Februar und dem Ermächtigungsgesetz vom 24. März, also nach den drei entscheidenden Stationen der nationalsozialistischen Machtergreifung, darüber hinaus nach den langjährigen Erfahrungen, welche die Kirche mit dem italienischen Faschismus hinter sich hatte, war dem Hl. Stuhl bewußt, daß derartige Möglichkeiten der Einwirkung gegenüber einem nationalsozialistischen Deutschland entscheidend eingeengt waren. Von Anerkennung päpstlicher Autorität und von positiver Einschätzung kirchlicher Wirksamkeit konnte bei dem nunmehr herrschenden Regime keine Rede sein, auch wenn dies von Hitler in seiner Regierungserklärung behauptet wurde; die Tendenz zu rigoroser politischer Gleichschaltung, damit zur Unterdrückung und Beseitigung demokratischer Parteien und somit auch derjenigen des deutschen Katholizismus war offensichtlich; schließlich war zu befürchten, daß die NSDAP und ihre Gliederungen mit staatlicher Unterstützung versuchen würden, neben der politischen auch eine weltanschauliche Gleichschaltung auf der Basis einer völkisch-rassistischen Ideologie und unter Eliminierung christlicher Normen und kirchlichen Einflusses durchzusetzen. Darüber hinaus waren Papst Pius XI. und vor allem sein Kardinalstaatssekretär Pacelli überzeugt, daß das nationalsozialistische Regime nicht nur eine kurzfristige Sache von wenigen Monaten darstelle.

Das Reichskonkordat

Das waren die Voraussetzungen, die den Hl. Stuhl veranlaßten, Mitte April 1933 das Angebot zu Konkordatsverhandlungen aufzunehmen, das ihm von deutscher Seite gemacht wurde[3]. Nachdem dann in den folgenden Wochen der nationalsozialistische Terror vor allem auch gegen katholische Organisationen sich intensivierte, nachdem die Riesenorganisation der sozialistischen Gewerkschaften am 2. Mai, ohne jeden Widerstand zu leisten, gleichgeschaltet worden war, die Christlichen Gewerkschaften am 23. Juni, die SPD am 22. Juni verboten wurden, die Bayerische Volkspartei und die Zentrumspartei sich unter schwerstem Druck am 4. und 5. Juli auflösten – nachdem der deutsche Parlamentarismus und mit ihm auch das katholische Parteiwesen zerschlagen waren und das katholische Organisationswesen in schwere Bedrängnis geraten war, nachdem also bisherige Sicherungen der Rechtsstaatlichkeit und der politischen Kräftebalance ausgeschaltet worden waren, zeigte sich der Vatikan bereit, und wurde er auch von den deutschen Bischöfen dazu gedrängt, am 20. Juli 1933 das Reichskonkordat mit der Reichsregierung zu unterzeichnen. Was bedeutete dieser Vertrag für die beiden Vertragspartner?

Das Konkordat war nicht Hitlers erster, sondern sein dritter großer internationaler Vertrag – nach der Erneuerung des deutsch-sowjetischen Freundschaftsvertrages und dem Viermächtepakt mit England, Frankreich und Italien im Mai/Juni 1933. Hitler hatte die Konkordatsverhandlungen primär unter einem kurzfristig-taktischen Gesichtspunkt begonnen; seine Absicht war, durch einen sogenannten Entpolitisierungsartikel, der Geistlichen künftig jede parteipolitische Betätigung verbot, die Zentrumspartei und die Bayerische Volkspartei, die von Geistlichen geführt wurden, entscheidend zu schwächen. Der entsprechende Artikel 32 des Reichskonkordats – das einzige konkrete Zugeständnis von seiten der Kirche im Konkordat – war jedoch angesichts der Beseitigung der deutschen Parteien bereits bei Konkordatsabschluß nur noch von geringem Wert. Dies hat auch Hitler erkannt; bereits bei Konkordatsabschluß hat er daher Zweck und Wert des Vertrages primär in der propagandistischen

[3] Hauptwerk: L. Volk, Reichskonkordat. Quellen: L. Volk (Bearb.), Kirchliche Akten; A. Kupper (Bearb.), Staatliche Akten.

Wirkung auf das Ausland und auf die deutschen Katholiken gesehen. Was das erste betraf, so wird man sagen, daß sich die auswärtigen Regierungen durch das Konkordat kaum über den terroristischen Charakter des neuen Regimes haben täuschen lassen[4]. Dagegen besteht kein Zweifel, daß die Regierung Hitler bei manchen deutschen Katholiken, deren Zahl freilich schwer abzuschätzen ist, durch das Konkordat einen Prestigegewinn erfahren hat – so lange, bis der politischen Gleichschaltung alsbald auch massive Konkordatsverletzungen korrespondiert haben. Dieser temporäre Prestigegewinn war, so scheint es, der eigentliche Preis, den der Vatikan für das Reichskonkordat zu bezahlen hatte. Er hatte dies einkalkuliert[5].

Die eigentliche Bedeutung des Reichskonkordats (und der dadurch bestätigten Länderkonkordate mit Bayern, Preußen und Baden) für die Kirche in Deutschland lag jedoch in seinen langfristigen Wirkungen. Die Funktion des Konkordats als Rechtsgrundlage und Verteidigungslinie, die von Anfang an angestrebt war und die ungeachtet aller Konkordatsverletzungen bis zum Ende des Regimes 1945 andauerte, ist uns heute ebenso deutlich wie einst den Zeitgenossen. In einem System, in dem alle nichtnationalsozialistischen Organisationen und Institutionen binnen kurzem entweder verboten, unterdrückt oder gleichgeschaltet wurden, und in dem die widerstrebenden Kräfte nur heimlich, unter größten Gefahren und Opfern und doch immer nur bruchstückhaft einen organisatorischen Zusammenhalt aufrechtzuerhalten oder wiederherzustellen vermochten, konnte die katholische Kirche in Deutschland weiterhin öffentlich präsent sein und sich artikulieren.

Indem Artikel 1 des Konkordats „die Freiheit des Bekenntnisses und der öffentlichen Ausübung der katholischen Religion" feierlich gewährleistete, wurde die öffentliche kirchliche Verkündigung selbst in einem zunehmend totalitären, speziell auf die ideologische Gleichschaltung ausgerichteten System rechtlich abgesichert und ermöglicht: Durch Seelsorge in Gottesdienst,

[4] L. Volk, Reichskonkordat, S. 172ff.
[5] Vgl. K. Repgen, Strategie, S. 181f., 190f.

Predigt, Beichte, Religionsunterricht, Hirtenbrief und Exerzitien, durch kirchliche Presse und katholisch orientierte Organisationen für alle Altersstufen. Das Konkordat berechtigte, neben der offiziellen nationalsozialistischen Weltanschauung eine andere, in zentralen Punkten – vor allem der Rassenfrage – diametral entgegengesetzte Weltanschauung öffentlich zur Sprache zu bringen. Hierdurch wurde den Gläubigen implizit auch ein fortwährender Vergleich ermöglicht, der für die kritische Urteilsbildung und eine entsprechende politische Haltung von größter Bedeutung war.

Allerdings sind in den folgenden Jahren die vertraglich verbrieften Wirkungsmöglichkeiten der Kirche und der ihr nahestehenden Organisationen auf dem Wege der Konkordatsumgehung, der Konkordatsaushöhlung und der Konkordatsverletzung kontinuierlich eingeengt worden[6], insbesondere durch die Knebelung der katholischen Presse, durch die Beseitigung der Ordens- und Bekenntnisschulen und durch die sukzessive Unterdrückung des breiten Spektrums katholischer Organisationen. Aber nicht nur, daß diese Vorgänge infolge des Konkordats öffentlich als Vertragsbruch verurteilt werden konnten und verurteilt worden sind (was dem Regime vor allem aus außenpolitischen Gründen und aus Gründen der inneren Konsolidierung nicht gleichgültig war). Es blieb die Substanz der Verkündigungsmöglichkeiten bestehen und ein zentraler Freiraum weltanschaulicher Nichtanpassung erhalten und einigermaßen gesichert. Ideologische Nichtanpassung aber – das ist heute überaus deutlich und sollte noch deutlicher ins Bewußtsein derer dringen, die nach Möglichkeit und Formen von Widerstand fragen – war die eigentliche Widerstandswaffe der Unbewaffneten, Christen wie Sozialisten, gegenüber einem Regime, das durch Gleichschaltung der Kommunikationsmittel, durch Propaganda, Erfassung, Schulung und nicht zuletzt durch Repression und Terror ideologische Uniformität herzustellen suchte, als Voraussetzung politischer Geschlossen-

[6] Detaillierte Dokumentation in B. Stasiewski (Bearb.), Bischöfliche Akten I–III; L. Volk (Bearb.), Bischöfliche Akten IV–VI; L. Volk (Bearb.), Akten Kardinal Faulhabers I–II. Vgl. auch Anm. 7.

heit und beliebiger Verfügbarkeit und Manipulierbarkeit der Gleichgeschalteten. Die Wirkungen jener Inseln ideologischer Nichtanpassung, welche die angestrebte Totalität durchlöcherten, sind nicht im einzelnen meßbar. Aber selbst der kleine Kirchgänger wußte, von den Nationalsozialisten ganz abgesehen, was es bedeutete, wenn im Religionsunterricht, auf der Kanzel oder in der Liturgie vom Gott Abrahams, Isaaks und Jakobs die Rede war, während draußen auf der Straße in den Schaukästen des „Stürmer" das Judentum in den Schmutz gezogen wurde.

Der Vatikan und der Rassismus

Die Jahre seit dem Abschluß des Reichskonkordats sind in den deutsch-vatikanischen Beziehungen gekennzeichnet durch intensive Bemühungen des Hl. Stuhles, die Einhaltung der Konkordatsbestimmungen durch Staat und Partei in Deutschland durchzusetzen. Dabei ging es zunächst um die Unverletztheit der Institutionen und deren Wirkungsmöglichkeiten. Dies war jedoch kein Selbstzweck. Dahinter stand vielmehr als Ziel die Sicherung dessen, was mit diesen Institutionen, etwa dem Religionsunterricht, erreicht werden konnte und sollte, nämlich die Bewahrung und Einübung bestimmter Normen, christlicher Normen.

Sogenannte Faschismustheorien haben darzulegen versucht, daß der Nationalsozialismus zutreffend als Faschismus bezeichnet und beschrieben werde; daß also das Kennzeichnende am Nationalsozialismus dasjenige sei, was an ihm mit dem italienischen Faschismus und anderen faschistischen Bewegungen im Europa der Zwischenkriegszeit übereinstimmte. Tatsächlich aber war der zentrale Punkt dieses Systems sein extremer Rassismus, und hierdurch unterschied es sich prinzipiell vom italienischen Faschismus. In diesem Zusammenhang ist es von hohem Interesse, daß von der römischen Kurie die zentrale Bedeutung des Rassismus für den Nationalsozialismus bereits lange vor den Nürnberger Gesetzen, geschweige dem Judenpogrom von 1938, durchaus erkannt und die Konfrontation mit ihm gerade an diesem Punkt orientiert worden ist. Wir sehen heute anhand zahlreicher Quellen, daß in den Jahren vor dem Krieg von Rom als das Gefährlichste, langfristig Gefährlichste, am Nationalsozialismus nicht diese oder jene Praxis, sondern seine spezifische Ideologie eingeschätzt worden ist, die man als ein antichristliches, völkisch-rassistisch bestimmtes, an Blut und Boden orientiertes Neuheidentum verstanden hat. Dies war – wird man sagen – zugleich das angemessenste und eigentliche Feld der Auseinandersetzung des Papsttums mit dem Dritten Reich, insoferne der Papst ohne Divisionen hier dem Nationalsozialismus tatsächlich etwas entgegenzusetzen hatte, nämlich die christliche Weltanschauung. Der Ausgangspunkt der Konfrontation war dabei die Auffassung sowohl Pius' XI. wie Kardinal Pacellis, daß erstens die verderbliche politische Praxis des Nationalsozialismus ihre Wurzel und ihren Ausgangspunkt in der NS-Ideologie besitze, und daß zweitens die vom Regime angestrebte ideologische Gleichschaltung praktisch nur dort zu verhindern war, wo der Platz der Weltanschauung bereits besetzt war durch scharf umrissene, ausschließende Auffassungen anderer Art. Es läßt sich heute bis ins Detail belegen, auf welchen Wegen und mit welchen Argumenten diese Auseinandersetzung vom Hl. Stuhl geführt worden ist.

Ein erstes Instrument war der umfangreiche Notenwechsel, den Kardinalstaatssekretär Pacelli über Jahre hinweg mit der deutschen Reichsregierung geführt hat[7]. Wenn der Jurist Pacelli dabei den Gegensatz zwischen konkordatsgemäßem Recht und konkordatswidriger Wirklichkeit in Deutschland zum Ausdruck brachte und Abhilfe forderte, so blieb er bei dieser Verteidigung spezifisch kirchlicher Interessen, so legitim sie war, doch nicht stehen, sondern schritt in prinzipiellen Sätzen zur Anklage gegen die Gewaltherrschaft in Deutschland an sich. So heißt es etwa im Mai 1934 in Antwort auf einen Berliner Schriftsatz: „Der Heilige Stuhl weiß, in welchem Maße heute in Deutschland die Freiheit der Entschließungen eingeschränkt ist durch den Druck, der vom

[7] D. Albrecht (Bearb.), Notenwechsel I–III.

Wirtschaftlichen und von der Sorge um die nackte Existenz her auf Beamten, Angestellten, Arbeitern, Gelehrten, ja selbst in früher freien Berufen, auf fast allen Staatsbürgern lastet. Ungezählte derjenigen, mit deren ‚freiwilliger' Zustimmung zur Entkonfessionalisierung die Reichsregierung in einem diplomatischen Promemoria argumentiert, können ohne Gefährdung ihrer Existenz nicht öffentlich gegen diese Ausdeutung der Vorgänge protestieren, sonst wäre der Massenprotest sicher"[8]. Vor allem aber wurde von Pacelli in diesem Zusammenhang das zentrale Prinzip der nationalsozialistischen Weltanschauung zurückgewiesen: „Menschliche Norm ist undenkbar ohne Verankerung im Göttlichen. Diese letzte Verankerung kann nicht liegen in einem gewillkürten ‚Göttlichen' der Rasse. Nicht in der Verabsolutierung der Nation. Ein solcher ‚Gott' des Blutes und der Rasse wäre nichts weiter als das selbstgeschaffene Widerbild eigner Beschränktheit und Enge [...] Die Kirche weiß um die Rasse als biologische Tatsache und leugnet in gewissen, von unwissenschaftlichen und unhistorischen Übertreibungen sich fernhaltenden Grenzen die Lebenswerte und Kulturantriebe nicht, die in ihr ruhen. Sie weiß aber auch, daß die Verabsolutierung des Rassegedankens und vor allem seine Proklamation als Religionsersatz ein Irrweg ist, dessen Unheilfrüchte nicht auf sich warten lassen"[9].

Es entsprach dieser Auseinandersetzung mit der nationalsozialistischen Weltanschauung, daß die römische Glaubenskongregation die Schriften des nationalsozialistischen Chefideologen Alfred Rosenberg auf den Index setzte, als Rosenberg von Hitler im Januar 1934 zum Beauftragten für die Überwachung der gesamten geistigen und weltanschaulichen Schulung und Erziehung der NSDAP ernannt worden war und somit seine Schriften nicht mehr, wie bisher, als diejenigen eines Privatmannes bezeichnet werden konnten[10]. Auf dieser Linie lag schließlich auch ein Vorgang des Jahres 1937/38, der erst neuerdings genauer

[8] D. Albrecht (Bearb.), Notenwechsel I, S. 150.

[9] Ebd. S. 146.

[10] Dekret des Hl. Offiziums vom 7. 2. 1934: Acta Apostolicae Sedis 26 (1934), S. 93, ebenso in den kirchlichen Amtsblättern.

bekanntgeworden ist[11]. Damals hat die vatikanische Glaubenskongregation gefordert: Um die deutschen Katholiken im Kirchenkampf zu unterstützen und um der Propagierung nazistischer Prinzipien außerhalb Deutschlands entgegenzuarbeiten, sei eine aktive und andauernde Gegenpropaganda auf philosophischem und historischem Gebiet durch Katholiken überall in der Welt vonnöten – im Lehrbetrieb der katholischen Universitäten und Fakultäten, wie überhaupt durch Vorträge, Bücher und Broschüren und häufige Artikel der wichtigsten katholischen Zeitschriften[12]. Aufgrund dieser Anregung wurden im April 1938 im Auftrag des Papstes die katholischen Universitäten und Fakultäten in aller Welt angewiesen, ihre Sorge und Kraft der Bekämpfung und der Widerlegung folgender Irrtümer zu widmen: 1. Die menschlichen Rassen seien so verschieden, daß die niedrigste dem Tier näher stehe, als der höchsten Rasse. 2. Die Reinheit des Blutes und der Rasse sei mit allen Mitteln zu wahren; alles, was diesem Ziel diene, sei aus der Natur der Sache gerechtfertigt und erlaubt. 3. Wichtigste Quelle aller intellektuellen und moralischen Qualitäten des Menschen sei das Blut, in dem sich die Rassemerkmale verdichteten. 4. Wichtigstes Erziehungsziel sei die Entwicklung der rassischen Qualitäten und die heiße Liebe zur eigenen Rasse als dem höchsten Gut des Menschen. 5. Erste Quelle und oberste Norm jeder Rechtsordnung sei der rassische Instinkt. Und so weiter! Diese päpstliche Weisung[13] ist nicht in den Schubladen ihrer Empfänger geblieben. Die deutschen Bischöfe ließen auf ihrer Grundlage eine umfangreiche Darlegung gegen den Rassismus erarbeiten, die dem deutschen Klerus als Richtlinie mitgeteilt werden sollte[14]. Außerhalb

[11] Ein erster Hinweis bei J. Neuhäusler, Kreuz und Hakenkreuz, Teil II, S. 378f., war in der Forschung unbeachtet geblieben. Vgl. D. Albrecht, Der Hl. Stuhl und das Dritte Reich, S. 288f., sowie jetzt K. Repgen, Judenpogrom, S. 19ff.

[12] ADSS VI, S. 529f. (23. November 1937).

[13] Ebd. S. 530f. (13. April 1938), auch bei L. Volk (Bearb.), Bischöfliche Akten IV, S. 505f. Deutsche Übersetzung bei J. Neuhäusler, Kreuz und Hakenkreuz, Teil II, S. 378f.

[14] Druck dieser ursprünglich als Hirtenbrief konzipierten Darlegung: L. Volk (Bearb.), Bischöfliche Akten IV, S. 564ff.

Deutschlands wurde das Reskript auch in der katholischen Presse veröffentlicht und dort als „Syllabus gegen den Rassismus" gekennzeichnet. Tatsächlich haben wir hier eine präzise Zusammenstellung und Verurteilung zentraler Thesen der nationalsozialistischen Rassenlehre vor uns.

Wenige Monate später, am 2. August 1938, schrieb der „Völkische Beobachter": „Der Vatikan hat die Rassenlehre von Anfang an abgelehnt. Teils deshalb, weil sie vom deutschen Nationalsozialismus zum erstenmal öffentlich verkündet wurde, und weil dieser die ersten praktischen Schlußfolgerungen aus der Erkenntnis gezogen hat; denn zum Nationalsozialismus stand der Vatikan in politischer Kampfstellung. Der Vatikan mußte die Rassenlehre aber auch ablehnen, weil sie seinem Dogma von der Gleichheit aller Menschen widerspricht, das wiederum eine Folge des katholischen Universalitätsanspruches ist, und das er, nebenbei bemerkt, mit Liberalen, Juden und Kommunisten teilt"[15].

Die Enzyklika „Mit brennender Sorge"

Das bekannteste päpstliche Dokument im Kirchenkampf mit Hitler ist die Enzyklika Pius' XI. „Mit brennender Sorge" vom 14. März 1937 geworden, die am 21. März (Palmsonntag) in den katholischen Kirchen Deutschlands verlesen und zugleich in hoher Auflage gedruckt worden ist[16]. Von den deutschen Bischöfen angeregt, auf einem Entwurf des Münchner Kardinals Faulhaber basierend, entstammte der endgültige Text der Feder des Kardinalstaatssekretärs Pacelli und seiner Mitarbeiter. Die in drei Teile gegliederte, scharf formulierende Enzyklika verstand sich als „ein Wort der Wahrheit und der seelischen Stärkung". Zur Steuer der Wahrheit wurde die deutsche und die Weltöffentlichkeit über die politischen Ursachen und Ziele des Kirchenkampfes informiert: Der „Anschauungsunterricht der vergangenen Jahre"

[15] Zitiert bei J. Neuhäusler, Kreuz und Hakenkreuz, Teil II, S. 379f.

[16] Paralleldruck von Faulhaberentwurf und endgültigem Text bei D. Albrecht (Bearb.), Notenwechsel I, S. 404–443. Zur Interpretation vgl. H. A. Raem, Pius XI.; L. Volk, Die Enzyklika „Mit brennender Sorge".

enthülle „Machenschaften, die von Anfang an kein anderes Ziel kannten als den Vernichtungskampf". Im Dienste der Wahrheit wurde erneut und in feierlicher Form die Unvereinbarkeit von katholischer Glaubenslehre und nationalsozialistischer Weltanschauung an zentralen Punkten herausgearbeitet und betont. Hier hieß es in klassischen Sätzen, die Pius XII. später selbst als die zentrale Aussage der Enzyklika bezeichnet hat: „Wer die Rasse, oder das Volk, oder den Staat, oder die Staatsform, die Träger der Staatsgewalt oder andere Grundwerte menschlicher Gesellschaftsgestaltung – die innerhalb der irdischen Ordnung einen wesentlichen und ehrengebietenden Platz behaupten – aus dieser ihrer irdischen Wertskala herauslöst, sie zur höchsten Norm aller, auch der religiösen Werte macht und sie mit Götzenkult vergöttert, der verkehrt und fälscht die gottgeschaffene und gottbefohlene Ordnung der Dinge"[17]. Unter Verurteilung des nationalsozialistischen Grundsatzes „Recht ist, was dem Volke nützt" wurde in der Tradition christlicher und naturrechtlicher Argumentation betont und eingeschärft, „daß der Mensch als Persönlichkeit gottgegebene Rechte besitzt, die jedem auf ihre Leugnung, Aufhebung oder Brachlegung abzielenden Eingriff vonseiten der Gemeinschaft entzogen bleiben müssen"[18]. In allen diesen Sätzen ist die Verteidigung bloß kirchlicher Interessen weit zurückgelassen – hier geht es um die Verteidigung menschlicher Würde und Grundrechte an sich. Zur seelischen Stärkung schließlich wurden die Gläubigen in Deutschland ermutigt, in ihrer Selbstbehauptung nicht nachzulassen; die Kirche werde auch weiterhin ihre Rechte und Freiheiten verteidigen, „im Namen des Allmächtigen, dessen Arm auch heute nicht verkürzt ist".
Die scharfe Analyse und Anklage der Enzyklika hat im gleichgeschalteten Deutschland und in der Weltöffentlichkeit großes Aufsehen erregt; sie hat wütende Proteste der Reichsregierung und eine massive antikirchliche Propagandakampagne hervorgerufen[19]. Eine Abschwächung oder gar die Einstellung des deut-

[17] D. Albrecht (Bearb.), Notenwechsel I, S. 410.
[18] Ebd. S. 430.
[19] Einzelheiten bei H. A. Raem, Pius XI.; H. G. Hockerts, Sittlichkeitsprozesse.

schen Kirchenkampfes hat die Enzyklika freilich nicht bewirkt. Und die Politik der europäischen Mächte gegenüber dem Dritten Reich ist, wie die englische Appeasementpolitik im Jahre 1938 erwies, durch die Enzyklika ebensowenig in negativem Sinn beeinflußt worden, wie vier Jahre zuvor durch das Reichskonkordat in positiver Hinsicht. Es besteht kein Zweifel, daß durch alle diese Wirkungen und Nichtwirkungen der Enzyklika das Urteil des Vatikans, und insbesondere dasjenige des Kardinals Pacelli, des späteren Papst Pius' XII., über Wert und Unwert öffentlicher vatikanischer Proteste nicht unbeeinflußt geblieben ist.

Die Berliner Nuntiatur

Eine wichtige Funktion in den Beziehungen des Hl. Stuhles zum nationalsozialistischen Deutschland besaß die Nuntiatur in Berlin, die dort bis 1945 fungiert hat[20]. Es hat während des Krieges Stimmen gegeben, auch im deutschen Episkopat, welche dafür plädierten, die Nuntiatur aufzuheben, um hierdurch ein Zeichen zu setzen. So hat Anfang 1943 der dem Papst nahestehende Berliner Bischof Konrad von Preysing direkt an Pius XII. die Frage gerichtet, „ob es gut ist, daß die erhabene Person Eurer Heiligkeit zur Zeit (Judenfrage bzw. -verfolgung usw.) durch einen Botschafter bei der Reichsregierung vertreten sei“[21]. Jedoch war der Hl. Stuhl der Auffassung, daß der praktische Nutzen des Fortbestandes der Nuntiatur den (bestenfalls kurzfristigen) moralischen und propagandistischen Effekt einer Aufhebung überwog[22]. Tatsächlich ist mit der Nuntiatur eine Nachrichtenzentrale für den deutschen Episkopat und später für die von deutschen Truppen besetzten Gebiete Europas, insbesondere Polens, erhalten geblieben, die gerade in der rigorosen Abschließungs-

[20] Die Tätigkeit des Nuntius Cesare Orsenigo 1933–1945 ist dokumentiert bei D. Albrecht (Bearb.), Notenwechsel III.

[21] Preysing an Pius XII., 23. Januar 1943: ADSS IX, S. 93.

[22] Vgl. die Äußerung Pius' XII. bei B. Schneider (Hrsg.), Briefe Pius' XII., S. 331f.

und Kontrollsituation während des Krieges unersetzlich war. Vor allem aber war es die Aufgabe des Nuntius, Wünsche, Forderungen und Beschwerden des Vatikans der Reichsregierung vorzutragen. In vielen hundert persönlichen und schriftlichen Interventionen, Noten und Memoranden ist der Nuntius Cesare Orsenigo dieser undankbaren Aufgabe über Jahre hinweg gegen unendliche Widerstände nachgekommen. Es ist gewiß, daß man sich hierfür eine kraftvollere, entschiedenere, eindeutigere Persönlichkeit hätte wünschen mögen. Andererseits ist deutlich, daß auch ein anderer Nuntius kaum mehr erreicht hätte, weil die Gegensätze nicht von den Personen abhängig waren, sondern prinzipieller Natur gewesen sind. Dabei hatte die Nuntiatur diesem Geschäft nachzugehen, ohne daß sie sich einer öffentlichen Meinung hätte bedienen können, die imstande gewesen wäre, durch Massenmedien und öffentliche Diskussion den vatikanischen Forderungen Rückhalt und Nachdruck zu verleihen. Ihre Tätigkeit vollzog sich angesichts der Gleichschaltung und Kontrolle des öffentlichen Lebens vor allem in den Kriegsjahren in einer eigentümlich isolierten, abgeschotteten Atmosphäre, die nur begrenzte – aber immerhin begrenzte – Aktivitäten gestattet hat.

Die neuen Reichsgebiete

Mit dem Anschluß Österreichs im März 1938 begann die deutsche territoriale Expansion, die sich schließlich bis zum Jahre 1942 zur direkten oder indirekten Beherrschung fast ganz Europas steigern sollte[23]. Diese Ausdehnung des deutschen Machtbereichs hat auch in die deutsch-vatikanischen Beziehungen einen weiteren Schwerpunkt gebracht, insofern nun von nationalsozialistischer Seite begonnen worden ist, in den neuen Reichsgebieten, die in mancher Hinsicht als Erprobungs- und Experimentierfeld neuer Formen von Herrschaft galten, die Kirche ohne die Fessel des Reichskonkordats auf den Status eines privaten

[23] Die grundlegende Dokumentation zur vatikanischen Politik im Zweiten Weltkrieg: ADSS I–XI.

Vereins herabzudrücken, mit allen negativen Folgen, die sich hieraus für ihre öffentliche Präsenz ergeben mußten[24]. Auch hier wird, ex negativo, die Bedeutung des Reichskonkordats ersichtlich. Es ging um die Ersetzung der Kirchensteuern in Österreich und dem Sudetenland durch sog. Kirchenbeiträge und um die rigorosere Handhabung staatlicher Kirchenkontrolle, schließlich auch um die Beschlagnahmung kirchlichen Eigentums, wie sie in diesem Umfang im Altreich noch nicht gewagt worden war. Die Welle der mit diffamierenden Methoden vorgenommenen Klosterbeschlagnahmungen und -enteignungen seit den ersten Kriegsmonaten bis zum Höhepunkt im Jahre 1941 hat sich aber dann auf alle Teile des Reiches erstreckt[25]. Von einem sog. Burgfrieden während des Krieges war zwar verbal, aber nicht in der Praxis die Rede. Die fortlaufenden Proteste des Hl. Stuhls gegen alle diese Maßnahmen über die Berliner Nuntiatur, die deutsche Vatikanbotschaft sowie beim Vatikanbesuch des Reichsaußenministers Ribbentrop im März 1940 blieben praktisch ohne jede Wirkung. Auch der vom Nuntius gesuchte Kontakt mit dem Reichsführer SS Himmler kam nicht zustande.

Humanitäre Aktionen

Keine oder nahezu keine Erfolge erzielte der Hl. Stuhl auch bei seinen jahrelangen intensiven Bemühungen seit Beginn des Zweiten Weltkriegs, die Reichsregierung zu einer Zusammenarbeit zur Linderung der Kriegsleiden zu bewegen[26]. Die Deutschen fanden sich nicht bereit, mit dem Vatikanischen Informationsdienst in Kriegsgefangenenfragen zu kooperieren; die religiöse Betreuung des Millionenheeres der Fremdarbeiter in Deutschland kam nur in engsten Grenzen zustande; die fortgesetzten Interventionen des Berliner Nuntius für Inhaftierte und zum Tode

[24] Zahlreiche Belege bei D. Albrecht (Bearb.), Notenwechsel II und III.

[25] Vgl. die Liste der beschlagnahmten und enteigneten Klöster bei D. Albrecht (Bearb.), Notenwechsel III, S. 761ff.

[26] Detaillierte Dokumentation dieser Probleme in ADSS II, VI, VIII, IX und X.

Verurteilte in deutschen Besatzungsgebieten, insbesondere in Polen, Belgien und Frankreich, wurden nur mit Zurückhaltung aufgenommen; seine Fürsprache für verfolgte Juden[27] stieß auf eine Mauer des Schweigens und der Zurückweisung.

Der Hl. Stuhl und Polen

Im Zentrum der auf die deutsche Regierung zielenden Bemühungen des Vatikans während des Zweiten Weltkriegs aber stand das Schicksal der Kirche im deutschbesetzten Polen, d.h. in den sogenannten Eingegliederten Ostgebieten, vor allem den Reichsgauen Danzig-Westpreußen und Wartheland, und dem Generalgouvernement[28]. Bereits in seiner ersten Enzyklika „Summi Pontificatus" vom Oktober 1939 hatte Papst Pius XII. vom Recht des polnischen Volkes „auf das menschlich-brüderliche Mitgefühl der Welt" gesprochen und er hatte dessen „Auferstehung nach den Grundsätzen der Gerechtigkeit und eines wahren Friedens" gefordert[29]. Die Welt wußte, was gemeint war, und der SS-Gruppenführer Heydrich hat die Enzyklika als „eine eindeutige Anklage gegen Deutschland" bezeichnet[30]. In den Jahren darauf hat sich der Hl. Stuhl auf verschiedenen Wegen, die freilich nur äußerst mühsam zu öffnen und nur sehr beschränkt offenzuhalten waren, um eine Linderung des polnischen Schicksals bemüht; vor allem die Berliner Nuntiatur hat in diesem Sinne jahrelang versucht, auf die deutsche Regierung einzuwirken. Es ging um das Schicksal der z.T. geflüchteten, z.T. vertriebenen oder inhaftierten polnischen Bischöfe; um die vielen in Konzentrationslager verbrachten polnischen Priester, dabei auch um den Versuch, den inhaftierten polnischen Priestern die Freilassung nach Südamerika zu erwirken. Es ging um die

[27] Vgl. D. Albrecht (Bearb.), Notenwechsel III, S. 670, 674f., 717, 742.

[28] Einzelheiten in ADSS III, 1 und 2; D. Albrecht (Bearb.), Notenwechsel II und III; M. Clauss, Beziehungen des Vatikans zu Polen; R. A. Graham, Il Vaticano, S. 157ff.

[29] ADSS I, S. 321, mit Korrekturen des Papstes.

[30] Heydrich an Lammers, 22. Juni 1940. Druck: D. Albrecht (Bearb.), Notenwechsel II, S. 216.

rigorose Beschränkung der Seelsorge vor allem im Warthegau; um die von deutscher Seite geforderte, diffamierende Trennung der dortigen Gläubigen nach Nationalitäten; es ging um päpstliche karitative Hilfe für die polnische Bevölkerung, die von den deutschen Behörden gezielt boykottiert wurde; es ging um die religiöse Betreuung der polnischen Zwangsarbeiter im Reich; und nicht zuletzt ging es einfach um den direkten Kontakt mit den polnischen Katholiken zur Information, als Voraussetzung jeder positiven Einflußnahme auf ihr Schicksal.
Den entscheidenden Einschnitt in diesen vatikanischen Bemühungen bildete ein Geheim-Befehl Hitlers vom Juni 1942, also zur Zeit der größten deutschen Machtausdehnung[31]. Er hat schlagartig die diplomatisch-politischen Beziehungen des Deutschen Reiches mit dem Hl. Stuhl auf das Gebiet des Altreichs im Umfang von 1933 beschränkt, weil der Hl. Stuhl nicht bereit war, die deutschen Annexionen in Europa als definitiv anzuerkennen. Mit diesem Führerbefehl wurden weite Teile Europas weiterer offizieller Einwirkung des Vatikans entzogen, nämlich die ausgedehnten, seit Kriegsbeginn von Deutschland annektierten oder besetzten Gebiete (Polen, Benelux-Staaten, der größere Teil Frankreichs), ebenso aber auch das Saargebiet, Österreich, das Sudetenland, das Protektorat Böhmen und Mähren sowie das Memelgebiet. Die Reichsregierung weigerte sich also künftig von vornherein, Themen, die diese Gebiete und ihre Bewohner betrafen, mit dem Vatikan oder dessen Vertretern überhaupt zu erörtern, geschweige denn, daß sie bereit war, Wünschen oder Forderungen des Vatikans bezüglich dieser Gebiete nachzukommen.

Pius XII. und der Zweite Weltkrieg[32]

Fragt man nach den Grundsätzen, denen Papst Pius XII. gegenüber den Großmächten und also auch dem Dritten Reich im

[31] D. Albrecht, Politische Klausel.
[32] J. Becker, Vatikan und Zweiter Weltkrieg; R. A. Graham, Il Vaticano; K. Repgen, Außenpolitik der Päpste mit weiteren Literaturhinweisen.

Zweiten Weltkrieg gefolgt ist, und nach den Kategorien, mit denen er den fürchterlichen Ereignissen dieser Jahre gegenüberstand, so ist uns heute deutlich, daß er prinzipiell unterschieden hat zwischen moralischer und politischer Neutralität gegenüber Kriegführenden und Kriegsereignissen. Moralische Neutralität im Sinne einer passiven Gleichgültigkeit, einer Teilnahmslosigkeit gegenüber den Leiden des Krieges, lag Pius XII. ferne; dies war natürlich, dies hat auch in sehr umfangreichen vatikanischen Hilfsaktionen seinen Niederschlag gefunden. Jedoch hielt sich Pius XII. gleichzeitig verpflichtet zu politischer Neutralität, und das heißt zu Unparteilichkeit im völkerrechtlichen Sinne. Diese Unparteilichkeit verpflichtete ihn dazu, alle an einem militärischen Konflikt beteiligten Staaten gleich zu behandeln, ohne Rücksicht auf die rechtlich-moralische Bewertung eines der Kriegführenden als Aggressor. Der Papst hat diese völkerrechtliche Unparteilichkeit in seinen öffentlichen Erklärungen und Handlungen auf das Strikteste eingehalten, wie vor allem Josef Becker herausgearbeitet hat. „Auf keine militärische Aggression von seiten der Achsenmächte und der Sowjetunion und auf keinen Völkerrechtsbruch der Anglo-Amerikaner folgte unmittelbar eine öffentliche Verurteilung durch den Papst, die nach ihrer Form seine neutrale Stellung über den Parteien hätte flagrant kompromittieren können“[33]. Die einzigen Ausnahmen bildeten die bekannten Telegramme an die Monarchen Belgiens, der Niederlande und Luxemburgs, in denen er die Invasion der deutschen Truppen im Mai 1940 unzweideutig als unprovoziert und widerrechtlich kennzeichnete, sowie öffentliche Äußerungen über Polen in den Jahren 1939 und 1943. Trotz wiederholten Drängens der Westmächte sprach der Papst keine öffentliche Billigung des Kampfes der westlichen Demokratien gegen die Achsenmächte aus. Auf der anderen Seite findet sich keine offizielle vatikanische Äußerung, die den deutschen Überfall auf die Sowjetunion als Kreuzzug gegen den Bolschewismus gerechtfertigt hätte, obwohl Pius XII. den Bolschewismus als nicht weni-

[33] J. Becker, Vatikan und Zweiter Weltkrieg, S. 174.

ger gefährliche Bedrohung Europas wie den Nationalsozialismus eingeschätzt hat.

Soviel man sieht, ist Pius XII. diesen Weg der politischen Neutralität und Unparteilichkeit aus mehreren Gründen gegangen, aus Gründen, die er bereits vorgefunden hatte, und aus einem Grund, der zwar dem Papsttum an sich angemessen war, aber doch von diesem Papst in besonderer Weise als seine spezifische Aufgabe aufgefaßt worden ist. Was er bereits vorfand, das war erstens die Formel des Vatikanischen Konzils von 1870, daß es die primäre Aufgabe des Papstes sei, die Einheit der Kirche über alle nationalen Zerklüftungen und über alle nationalen Gegensätze hinweg zu wahren[34]; und das war zweitens die Bestimmung des Lateranvertrages von 1929, die den Hl. Stuhl zur politischen Neutralität bei internationalen Konflikten verpflichtete[35]. Dies waren vorgegebene Bindungen. Der dritte Grund war die besondere Zielsetzung Pius' XII., durch politische Neutralität den Hl. Stuhl während des Krieges zu humanitärer Aktion und zur Friedensvermittlung zu befähigen. Man hat bei Pius XII., der seine Tätigkeit in der „Großen Politik" einst im Dienst der päpstlichen Friedenssondierung von 1917 begonnen hatte, von einer wahren Leidenschaft für den Frieden gesprochen[36] und man hat auf den Kernsatz seines Friedensappells vom August 1939 als deren sinnfälligsten Ausdruck verwiesen: „Nichts ist verloren mit dem Frieden; alles kann verloren sein mit dem Krieg"[37]. Nachdem der Krieg aber nun doch gekommen war, wurde es zum erklärten Ziel des Papstes, zu einem Frieden beizutragen,

[34] Ebd. S. 178.

[35] Artikel 24: „Hinsichtlich der ihm auch auf internationalem Gebiet zustehenden Souveränität erklärt der Hl. Stuhl, daß er den weltlichen Streitigkeiten zwischen den anderen Staaten und den ihretwegen einberufenen internationalen Kongressen fernbleiben will und wird, sofern die streitenden Parteien nicht gemeinsam an seine Friedensmission appellieren. In jedem Falle behält er sich jedoch vor, seine moralische und geistige Macht geltend zu machen. Infolgedessen wird die Vatikanstadt stets und in jedem Falle als neutrales und unverletzliches Gebiet angesehen". Druck: L. Schöppe (Hrsg.), Konkordate seit 1800, S. 169.

[36] V. Conzemius, Eglises chrétiennes, S. 469; D. Albrecht, Zur Friedensdiplomatie des Vatikans.

[37] Radioansprache vom 24. August 1939. Druck: ADSS I, S. 230ff.

der – anders als die Friedensschlüsse nach dem Ersten Weltkrieg – nicht schon den Keim für einen neuen Krieg in sich barg. Es ging ihm also darum, eine Wiederholung der verhängnisvollen weltpolitischen Entwicklungen der Jahre 1919–1939, die er als Nuntius in Berlin und als Kardinalstaatssekretär intensiv erlebt hatte, und deren Folgen er nun im Zweiten Weltkrieg vor sich sah, auszuschließen. Mit anderen Worten: Es ging dem Papst nicht um irgendeinen, sondern um einen gerechten und daher dauerhaften Frieden, dessen Grundlinien er in seinen Weihnachtsansprachen beschrieb[38]. Und zwar sah es Pius XII. nicht nur als die Aufgabe, sondern auch als die besondere Befähigung des Hl. Stuhles an, als Vermittler eines solchen Friedens zwischen den Großmächten aufzutreten. Hierfür war politische Neutralität die unabdingbare Voraussetzung. Betrachtet man diese Zielsetzung, dann heißt die Frage nicht nur, was der Papst getan und geleistet hat, um einen solchen Frieden zu erreichen, sondern auch, was er geopfert oder auch unterlassen hat, um sich die Fähigkeit zur Friedensvermittlung und dem Hl. Stuhl die Qualität eines potentiellen Vermittlers zu bewahren.

Was das zweite betrifft, so scheint sicher zu sein, daß das sog. Schweigen des Papstes gegenüber der Ausrottung der europäischen Juden in den Jahren 1942 bis 1944[39] mit seinen Bemühungen, sich die Befähigung des Friedensvermittlers zu bewahren, in keinem Zusammenhang steht. Andererseits hat sich Pius XII. hinsichtlich der Frage, in welcher Weise ein Papst kraft Amtes verpflichtet sei, gegen den Völkermord an den Juden öffentlich Zeugnis abzulegen, auch nicht dahingehend entschieden, primär seiner Wahrheitsmission zu folgen und öffentlichen Protest zu erheben. Vielmehr ist er nach den Zeugnissen, die wir besitzen, einem dritten Motiv gefolgt: Nämlich in öffentlichen Erklärungen zwar in allgemeiner Weise Mord und Völkermord zu verurteilen, jedoch von spezifischen, unmittelbar auf die Deutschen

[38] Die Weihnachtsansprachen sind mit kritischem Apparat gedruckt in den entsprechenden Bänden der ADSS. Deutsche Übersetzung der Texte bei A. F. Utz / J. F. Groner (Hrsg.), Aufbau und Entfaltung I und II.

[39] Zusammenfassend und mit weiteren Literaturhinweisen: K. Repgen, Außenpolitik der Päpste, S. 94ff.

zielenden Erklärungen zu diesem Problemkreis abzusehen, in der Hoffnung, sich dadurch zwar begrenzte, sehr begrenzte, aber in dieser Begrenzung doch noch effektive Wege zur Rettung bedrohter Menschen offenzuhalten. „Der Papst und seine Mitarbeiter waren aufgrund ihrer Erfahrungen mit dem Nationalsozialismus fest überzeugt, daß ein flammender päpstlicher Protest den Mordaktionen nicht Einhalt gebiete, sondern deren Tempo und Umfang vergrößere und zugleich die verbliebenen Möglichkeiten zugunsten der Juden etwa in Ungarn und Rumänien zerstöre“[40]. Nach allem, was wir heute über den Stellenwert wissen, den Judenfrage und Judenvernichtung in der Ideologie und den Planungen der nationalsozialistischen Führung und insbesondere Hitlers selbst eingenommen haben[41], kann mit großer Sicherheit gesagt werden, daß ein päpstlicher Protest an dem Vorgang selbst nicht das Geringste geändert hätte – von den Möglichkeiten, einen solchen Protest plausibel und mit Wirkungen bekanntzumachen – wem bekanntzumachen? – ganz abgesehen. Dennoch ist die Frage berechtigt, ob es nicht dem Selbstverständnis der Kirche und der Wahrheitsmission des Papsttums angemessener gewesen wäre, angesichts der Ungeheuerlichkeit der Vorgänge einfach ein Zeichen zu setzen, also – in den Kategorien Max Webers – primär gesinnungsethisch statt verantwortungsethisch zu handeln. Ein wichtiger Hinweis für die Urteilsbildung in dieser Problematik scheint zu sein, daß der Papst, wie wir heute wissen, sich diese Frage unaufhörlich selbst gestellt hat[42], und daß die Entscheidung, anders zu handeln, weder blind noch leicht noch leichtfertig, noch auch unter sachfremden Gesichtspunkten gefällt, immer auf Neue gefällt worden ist, sondern allein auf Verantwortung gegenüber den leidenden Menschen hin. Man kann diese Entscheidung gewiß diskutieren, aber man hat ihre Beweggründe zu respektieren. Tatsächlich haben viele

[40] Ebd. S. 95.

[41] U. D. Adam, Judenpolitik im Dritten Reich; E. Jäckel, Hitlers Weltanschauung; E. Jäckel / J. Rohwer (Hrsg.), Der Mord an den Juden im Zweiten Weltkrieg.

[42] Vgl. etwa B. Schneider (Hrsg.), Briefe Pius' XII., S. 240 und 280; ADSS IX, S. 217.

Achsenmächte ?

Tausende ihr Leben den jahrelangen päpstlichen Bemühungen verdankt, vor allem in der Slowakei, in Ungarn, in Rumänien sowie in Kroatien[43]; den bekanntesten Fall bildet das Schicksal der römischen Juden im Oktober 1943[44].

Wenn Pius XII. in seinen öffentlichen Handlungen und Äußerungen gegenüber den Kriegführenden das Prinzip der politischen Neutralität und der völkerrechtlichen Unparteilichkeit strikt eingehalten hat, so hat dieser Haltung nicht ein gleiches Prinzip in seinen nichtöffentlichen Äußerungen und Handlungen entsprochen. Hier stand der Papst vielmehr eindeutig auf *einer* Seite, aber nicht orientiert an der Trennungslinie der Kriegsfronten – hier die USA, England und die Sowjetunion, dort die Achsenmächte –, sondern an der Unterscheidung zwischen demokratisch-rechtsstaatlichen Mächten auf der einen und totalitären Mächten auf der anderen Seite. Der Papst war nach dem Westen orientiert (ohne sich freilich in allen Punkten mit diesem zu identifizieren); auf der anderen Seite des Grabens sah er das nationalsozialistische Deutschland und die stalinistische Sowjetunion. Entsprechend dieser Orientierung hat Pius XII. im Winter 1939/40 in ungewöhnlicher Risikobereitschaft zwischen der deutschen Militäropposition und der britischen Regierung vermittelt, um wesentliche politische Voraussetzungen für eine Ausschaltung Hitlers zu schaffen[45]. Nach dem deutschen Überfall auf die Sowjetunion im Sommer 1941 war Präsident Roosevelt um rasche Hilfe der USA für die schwer ringenden russischen Armeen bemüht. Er stieß jedoch auf Gewissensbedenken nicht weniger amerikanischer Bischöfe und katholischer Laien, die argumentierten, daß entsprechend der Enzyklika Pius' XI. „Divini Redemptoris" (1937) jede Unterstützung des atheistischen Kommunismus untersagt sei. Damals, im September 1941,

[43] Zur Reaktion des Vatikans auf die Vorgänge in diesen Staaten vgl. die zusammenfassenden Einleitungen in ADSS VIII, IX und X; P. E. Lapide, Rom und die Juden; R. A. Graham, Il Vaticano, S. 221ff.

[44] ADSS IX, S. 50ff., R. A. Graham, Il Vaticano, S. 49ff.; O. Chadwick, Weizsäcker, the Vatican and the Jews.

[45] H. C. Deutsch, Verschwörung gegen den Krieg; P. Ludlow, Papst Pius XII.

hat Pius XII. auf dringende Bitten Roosevelts diese Enzyklika in einer Weise interpretiert, daß die Bedenken ausgeräumt wurden und dem Präsidenten geholfen war[46]. Die Zusammenarbeit und die prinzipielle Übereinstimmung Pius' XII. mit den westlichen Demokratien aber hat sich insbesondere in der Friedensfrage geäußert[47]. So hat der Papst in wiederholten Initiativen vom Frühjahr 1939 bis Kriegsende versucht, zunächst in Verbindung mit der englischen Diplomatie den Krieg zu verhindern, dann in intensiver Zusammenarbeit mit den USA Italien aus dem Krieg herauszuhalten, und endlich auf eine Friedensregelung hinzuarbeiten, welche allen demokratischen Staaten, auch einem nichtfaschistischen Italien und einem vom Nationalsozialismus befreiten Deutschland, zugute komme.

Ende Mai 1943 übergab einer der engsten Mitarbeiter des Papstes, Domenico Tardini, dem englischen Geschäftsträger beim Hl. Stuhl eine Mitteilung, die folgende Kernsätze enthielt: „Zwei Gefahren drohen der europäischen und christlichen Kultur, der Nazismus und der Kommunismus. Beide sind materialistisch, antireligiös, totalitär, tyrannisch, grausam und militaristisch [...] Nur wenn der gegenwärtige Krieg beide Gefahren beseitigt, Nazismus und Kommunismus, kann Europa in der Verbindung und Zusammenarbeit aller Länder Frieden finden“[48]. Zweifellos ist dies auch die Ansicht des Papstes gewesen. Offensichtlich war das letzte Ziel, das die vatikanische Politik durch die Zusammenarbeit mit den Westmächten und mit der angestrebten Friedensregelung verfolgte, die strikte Abgrenzung und dauerhafte Festigung Europas gegenüber dem Totalitarismus jeglicher Spielart, dem nationalsozialistischen wie dem kommunistischen. Tatsächlich ist dieses angestrebte Ziel nicht erreicht worden, da es dem Papst nicht gelungen ist, auf die Nachkriegsplanungen und -entscheidungen der Großmächte auch nur den geringsten Einfluß

[46] Der Sachverhalt ist dokumentiert in ADSS V, Nrn. 56, 59, 74, 75, 78 und 93. Vgl. auch ebd. S. 13ff. sowie G. Q. Flynn, Roosevelt and Romanism.

[47] Eine umfassende Darstellung dieser Bemühungen auf der Grundlage der Akten der beteiligten Mächte steht noch aus.

[48] Aufzeichnung Tardinis, 30. Mai 1943. Druck: ADSS VII, Nr. 216; vgl. ebd. Nr. 315.

auszuüben. Denn wie schon in der Schärfe des Kirchenkampfes, so fehlten ihm auch gegenüber der Hektik des totalen Krieges und gegenüber dem weltpolitischen Kalkül der Großmächte die realen Mittel, seine Zielsetzungen nicht nur auszusprechen, sondern sie auch zu verwirklichen. Diese Problematik war freilich nicht an die Person Pius' XII. geknüpft. Vielmehr war und ist sie das Dilemma des Papsttums in der modernen Welt überhaupt – nur daß sie in der extremen Situation der nationalsozialistischen Zeit und des Zweiten Weltkrieges besonders deutlich und für den Hl. Stuhl besonders deprimierend zum Ausdruck kam.

Ludwig Volk †

Nationalsozialistischer Kirchenkampf und deutscher Episkopat*

I. Hitlers Machtergreifung und die Situation des deutschen Katholizismus

Die Berufung Adolf Hitlers in die Reichskanzlei, von der NS-Propaganda als Machtergreifung gefeiert, bedeutete verfassungsrechtlich gesehen zunächst keinen Einschnitt, setzte vielmehr die Reihe der 1930 mit Brüning begonnenen Präsidialkabinette fort. Erst die turbulente Entwicklung der Folgezeit mit der rücksichtslosen Machtausweitung der NSDAP erwiesen den 30. Januar 1933 als einen Wendepunkt der Nachkriegsgeschichte. Während die katholischen Parteien, Zentrum und Bayerische Volkspartei, den Kabinetten Papen und Schleicher aus eigenem Entschluß ferngeblieben waren, wurde jetzt ihr Angebot zum Mittragen der Regierungsverantwortung von Hitler mit taktischen Finessen unterlaufen.

Den Temperatursturz im Gefolge von Hitlers Machtantritt samt den Vorboten einer um sich greifenden Unfreiheit bekamen katholische Organisationen wie alle nicht im Regierungslager stehenden Gruppen im Wahlkampf vor dem 5. März 1933 bereits empfindlich zu spüren. Von Zeitungs- und Versammlungsverboten reichten die Einschüchterungsaktionen bis zu Tätlichkeiten gegen Wahlredner und Parteianhänger. Auf die eindeutige Distanzierung katholischer Verbände von der NS-Bewegung reagierte der preußische Innenminister Göring mit ungewöhnlicher

* Der folgende Beitrag des 1984 verstorbenen Autors ist zuerst 1980 an anderer Stelle unter der Überschrift „Nationalsozialismus“ erschienen und 1987 in Volks Gesammelten Aufsätzen nachgedruckt worden.

Schärfe. In einem Appell an den Reichspräsidenten Hindenburg machte sich Kardinal Bertram als Vorsitzender der Fuldaer Bischofskonferenz zum Sprecher aller um die Sicherung der Wahlfreiheit besorgten Katholiken.

Für die Bischöfe galt weiterhin, was sie im Sommer 1932 erneut bekräftigt hatten, daß nämlich in der von der NSDAP erstrebten Alleinherrschaft, „für die kirchlichen Interessen der Katholiken die dunkelsten Aussichten sich eröffnen" würden[1]. Mit dem Rückgriff auf den Wahlhirtenbrief des Vorjahres gaben sie zu erkennen, daß sich an ihrer Einschätzung der Partei des NS-Kanzlers mit dem 30. Januar nichts geändert hatte. Sie wurde nach wie vor bestimmt durch die hirtenamtliche Absage[2] an die weltanschaulichen Irrtümer des Nationalsozialismus vom Frühjahr 1931. Soweit katholische Wähler im Grenzbereich von Kirchenlehre und Politik auf Bischofsworte hörten, standen sie der durch Staatskrise und Massenarbeitslosigkeit emporgetragenen Hitlerbewegung nicht mehr orientierungslos gegenüber. Jedenfalls hatte die klare Abgrenzung gegenüber dem Nationalsozialismus nicht unwesentlich dazu beigetragen, daß der Wählerblock von Zentrum und BVP vor Erosionsschäden, wie sie anderen Parteien zum Verhängnis wurden, bewahrt geblieben war. So überzeugend die bischöflichen Kundgebungen den Rassenhaß und Nationalismus in der NS-Agitation verworfen hatten, so schwer war es ihnen gefallen, das eigentlich Beunruhigende an dieser fast epidemisch um sich greifenden Erweckungsbewegung in Begriffe zu fassen. Denn beängstigender als einzelne Programmpunkte von ihrem Inhalt her war der beispiellose Radikalismus, mit dem sich Hitler zu ihrer Realisierung über alle Widerstände hinwegsetzte.

Wie an der Stimmverteilung nach den „Rauschwahlen" vom 5. März 1933 abzulesen war, hatten auch Terror und Einschüchterung den Zentrumsturm in keiner Weise erschüttert. Das wog

[1] Vgl. B. Stasiewski (Bearb.), Bischöfliche Akten I, S. 844.

[2] Zum Text der von den verschiedenen Kirchenprovinzen nacheinander erlassenen Kundgebungen vgl. B. Stasiewski (Bearb.), Bischöfliche Akten I, Anhang Nrn. 5–7 und 11–13.

jedoch nicht die Tatsache auf, daß sich bislang abseits stehende Nichtwähler mit ihren Hoffnungen und Ängsten nicht den demokratischen Parteien, sondern Hitler zugewandt hatten. Die Hürde der absoluten Mehrheit nahm er damit zwar nicht, aber die Bahn zu unumschränktem Machtgebrauch hatte er sich schon vor dem Urnengang mit der „Reichstagsbrandverordnung" vom 28. Februar 1933 frei gemacht. Das von ihm jetzt betriebene Ermächtigungsgesetz sollte seinen Führungsanspruch dauerhaft fundieren. Ein letztes Mal wurden für diesen Reichstagsbeschluß auch die Mandatsträger des politischen Katholizismus gebraucht, doch nicht mehr als Zünglein an der Waage, sondern als prestigeförderndes Ornament. Der Entscheid über das Ermächtigungsgesetz stürzte die Fraktionen von Zentrum und BVP in einen Zwiespalt. Mit einem Ja würde Hitlers Regierungsanspruch parlamentarisch besiegelt. Ein Nein zu der Vorlage, die sich als „Gesetz zur Behebung der Not von Volk und Reich" präsentierte, mußte das Zentrum in einen Widerstreit mit sich selbst bringen. Denn keinen Programmpunkt hatte der Parteivorsitzende Prälat Kaas seit Herbst 1932 mit größerem Nachdruck verfolgt als das Ziel einer Sammlung der bestimmenden politischen Kräfte. Das erklärt, warum zwei Drittel der Zentrumsabgeordneten bereits mit dem Vorsatz nach Berlin reisten, für das Ermächtigungsgesetz zu stimmen. Dem widersprach entschieden eine Gruppe um Brüning, beugte sich aber schließlich der Geschlossenheit der Fraktion zuliebe dem Mehrheitsvotum. Immerhin konnte Kaas geltend machen, das Ja des Zentrums an feste Regierungszusagen verfassungs- und kulturpolitischer Natur geknüpft zu haben, wenn auch das Hauptziel, die Rücknahme der Notverordnung vom 28. Februar 1933 unerreicht blieb. In dem Glauben, dem übergeordneten nationalen Interesse zu dienen, und zu Bedingungen, deren Respektierung sie nicht mehr erzwingen konnten, haben sich die katholischen Parteien nicht anders als kleinere Fraktionen in der Reichstagssitzung vom 23. März 1933 selbst ausgeschaltet[3]. Damit nicht zufrieden,

3 Zu den Vorverhandlungen mit der Regierung und der Entschlußbildung in der Reichstagsfraktion des Zentrums vgl. R. Morsey, Untergang , S. 115–151.

zielte Hitler auf ihre Vernichtung. Den Ansatz sollte eine natikanische Order zur Entklerikalisierung des Zentrums bieten, die über ein mit dem Hl. Stuhl abzuschließendes Reichskonkordat zu gewinnen war. Für den Umfassungsangriff von hinten inspirierte sich Hitler an einer Bestimmung des italienischen Konkordats von 1929, die Priestern und Ordensleuten jede parteipolitische Betätigung untersagte. Im Italien Mussolinis umschrieb dieser Konkordatsartikel zum Zeitpunkt des Vertragsabschlusses lediglich einen bereits eingetretenen Zustand, im nationalsozialistisch regierten Deutschland von 1933 sollte die gleiche Bestimmung ihn erst schaffen. Der Plan eines Konkordats zwischen dem Vatikan und dem Deutschen Reich war schon anfangs der zwanziger Jahre aufgetaucht und öffentlich diskutiert worden, galt als kulturpolitisches Desiderat, erschien aber den Bischöfen weniger dringlich als der Kurie. Eine Vielzahl von Vertragsentwürfen, das zeitweilig intensive Interesse des Auswärtigen Amtes und Vorstöße von Zentrumspolitikern hatten jedoch das entscheidende Hemmnis, nämlich das Fehlen einer Konkordatsmehrheit im Reichstag, nicht wegzuräumen vermocht.
Nun aber verschaffte das Ermächtigungsgesetz dem NS-Kanzler eine Bewegungsfreiheit wie keinem Regierungschef vor ihm, und Hitler verlor keine Zeit, sie zu einem kirchenpolitischen Schachzug zu nutzen. In Vizekanzler von Papen, der sich als Sachwalter des deutschen Katholizismus in der Regierungsmannschaft verstand, stieß er nicht nur auf einen Zeugen für die unverminderte Konkordatsbereitschaft der Kurie, sondern auch auf einen nicht leicht abzuweisenden Überbringer der Vertragsofferte.

II. Das Dilemma der Bischöfe

Den Weg nach Rom versperrte indessen immer noch die Barriere der bischöflichen Warnungen vor dem Nationalsozialismus. Freilich waren auch sie mittlerweile in den Strudel revolutionärer Infragestellung geraten und vor allem denjenigen Katholiken als revisionsbedürftig erschienen, die sich aktiv mitgestaltend in den

Umformungsprozeß einschalten wollten, um nicht wie ihre Väter im Bismarckreich wiederum als Reichsbürger zweiter Klasse verfemt zu werden. Aber auch dort, wo man den „Aufbruch der Nation" kritischer betrachtete, wollten immer mehr Gläubige wissen, wie sie es mit der „rechtmäßigen Obrigkeit" zu halten hätten, nachdem der Regierungschef mit dem Führer einer weltanschaulich zensurierten Partei identisch war.

In dem hier angelegten Konflikt zwischen Kirchengehorsam und Bürgerpflicht, der sich bei längerem Zuwarten verschärfen mußte, hatte Hitlers Regierungserklärung vom 23. März 1933 überraschend einen Ausweg geöffnet. Die programmatischen Sätze des NS-Kanzlers zur Kirchenpolitik konnten die Bischöfe nicht unbeachtet lassen. In der Eile, mit der Kardinal Bertram den Verständigungsfaden aufgriff, um seinerseits die früheren allgemeinen Warnungen vor der NSDAP bedingt zurückzunehmen, spiegelte sich die Erleichterung des Episkopatsvorsitzenden. Durch die Bischofskundgebung[4] vom 28. März 1933 wurde die Partei des NS-Kanzlers zwar vom Odium der Nichtwählbarkeit befreit, doch sollte sie damit keinesfalls dem Kirchenvolk zur Wahl empfohlen werden, wie von Bertram inspirierte Kommentare in der Zentrumspresse erläuterten. Dennoch war von einer Entspannung wenig zu spüren. Statt dessen mehrten sich revolutionäre Zwangsmaßnahmen und konfrontierten die Bischöfe mit unlösbaren Problemen: Die reihenweise Entlassung katholischer Beamter, Judenboykott, Pressionen gegen die Mitglieder kirchlicher Verbände, besonders der Lehrer und Lehrerinnen. Nach der Selbstaufgabe des politischen Katholizismus im Ermächtigungsgesetz suchten die in ihrer Freiheit und Existenz Bedrohten jetzt Schutz bei den Bischöfen.

Auf dem Hintergrund eines stürmisch vorangetriebenen Umbruchs staatlicher und gesellschaftlicher Institutionen gewann das von Papen Anfang April 1933 in Rom vorgetragene Konkordats-

[4] Zu den Schritten und Überlegungen, die zu der Haltungsänderung des Episkopats führten, vgl. im einzelnen L. Volk, Reichskonkordat, S. 67–86. – Zur Textentwicklung vgl. die Gegenüberstellung von Entwurf und Endfassung, in: B. Stasiewski (Bearb.), Bischöfliche Akten I, Nr. 14a.

angebot eine zusätzliche Dimension[5]. Zielten die vatikanischen Vertragswünsche bis dahin vornehmlich auf eine Sicherung der Bekenntnisschule, so machte jetzt der Drang zu grenzenloser Machtausweitung kirchliches Wirken in der Öffentlichkeit ganz allgemein und insbesondere das katholische Vereinswesen in höchstem Maße schutzbedürftig.

Noch strikter gegenwartsbezogen war Hitlers tragendes Konkordatsmotiv, der auf den Bestand des Zentrums zielende Entpolitisierungsartikel. Diesem die existenzbedrohende Spitze abzubrechen, hatte Prälat Kaas, auf den Spuren des Vizekanzlers Anfang April 1933 in Rom auftauchend, bei den anlaufenden Konkordatsverhandlungen eine für Uneingeweihte – und dazu gehörten schon nächste Parteifreunde – höchst mißverständliche Doppelfunktion übernommen. Ohne sogleich den Zentrumsvorsitz abzugeben, wozu er sich erst Anfang Mai entschloß, wurde er zum faktischen Angelpunkt der zehnwöchigen Vorverhandlungen, indem er als engster Berater Kardinalstaatssekretär Pacellis, als Vertrauensmann des deutschen Episkopats und als persönlicher Beauftragter des Vizekanzlers den Vertragstext bis zur Unterschriftsreife förderte. Daß er Hitlers Entpolitisierungsforderungen nicht zu entschärfen vermochte, war nicht seine Schuld und erwies sich sehr rasch als nebensächlich. Jedenfalls schützt ihn sein zäher Widerstand gegen diffuse Verdächtigungen wie der des Verrats an den katholischen Parteien. Freilich verleitete das enge zeitliche Nebeneinander von Zentrumsauflösung und Konkordatsparaphierung (5./8. Juli 1933) fast unwiderstehlich dazu, zwischen beiden Ereignissen einen Kausalzusammenhang herzustellen. Dabei wurde nur zu gerne übersehen, daß Zentrum und Bayerische Volkspartei keineswegs das spezielle Schicksal teilten, das ihnen Hitler auf dem Umweg über die Entklerikalisierung

[5] Zu der Kontroverse über den angeblichen Zusammenhang zwischen dem Konkordatsangebot Hitlers und dem Zentrums-Ja zum Ermächtigungsgesetz vgl. die 1978 erschienenen Beiträge von K. Repgen, Entstehung; K. Scholder, Vorgeschichte, sowie K. Repgen / K. Scholder, Nachwort zu einer Kontroverse, in: Vierteljahrshefte für Zeitgeschichte 27 (1979), S. 159ff. Hierzu weiterhin K. Repgen, Der Historiker und das Reichskonkordat; ders., Strategie.

zugedacht hatte, sondern daß sie – und zwar als letzte – das Schicksal aller nichtnationalsozialistischen Parteien teilten, die im Sommer 1933 ohne Ausnahme der zweiten Revolutionswelle zum Opfer fielen. Mit dem Ziel der Zentrumszerschlagung konzipiert, dann aber vom Umsturzgeschehen überholt, mußte das Reichskonkordat aus Hitlers Sicht schon im Augenblick der Unterzeichnung als eine überflüssige Vertragsbindung erscheinen. Nachdem es innenpolitisch ins Leere stieß und Teile des Parteivolks von der Notwendigkeit des Abschlusses nur schwer zu überzeugen waren, handelte Hitler folgerichtig, wenn er sich ersatzweise zum außenpolitischen Reputationsgewinn gratulierte.

In dem Bemühen, zu retten, was noch zu retten war, hatten sich die kirchlichen Unterhändler während der abschließenden Beratungen Anfang Juli 1933 im Vatikan ganz auf die Sicherung des katholischen Vereinswesens konzentriert. Nicht mehr die Bekenntnisschule, sondern der Verbandsschutz beanspruchte höchste Priorität, als Berlin in einer Blitzaktion gegen katholische Verbandszentralen noch in letzter Minute vollendete Tatsachen zu schaffen und etwa die Deutsche Arbeitsfront die katholischen Arbeitervereine zur Selbstaufgabe zu nötigen suchte. Wie keine andere Konkordatsbestimmung war darum die Fassung des Art. 31 geprägt von den Rückstößen des zweiten Revolutionsbebens. Was nach mehrfacher Textanpassung herausgekommen war, trug die Spuren hastiger Improvisation, verschaffte aber jedenfalls den an den Abgrund der Gleichschaltung gedrängten Verbänden die lebensrettende Atempause[6].

Daß die Führung der Hitler-Jugend schon wenige Tage nach der Konkordatsunterzeichnung mit dem Verbot gleichzeitiger Mitgliedschaft in HJ und konfessionellen Jugendverbänden letzteren das Existenzrecht bestreiten konnte, ohne von Regierungsseite korrigiert zu werden, war von schlimmer Vorbedeutung für die von Partei und Staat zu erwartende Ausführungspraxis.

[6] Nicht mehr das rettende Ufer erreichten aus unterschiedlichen Ursachen: Der Volksverein für das katholische Deutschland, der Friedensbund deutscher Katholiken und der Katholische Lehrerverband. Dagegen konnte sich der Verein katholischer deutscher Lehrerinnen noch bis 1937 behaupten.

Mit der Etablierung des nationalsozialistischen Einparteistaats waren dem deutschen Katholizismus die Organe und Institutionen genommen, sich im politischen Raum noch länger Gehör zu verschaffen. So wenig es in die Leitungskompetenz der Bischöfe fiel, Positionen auszufüllen, die im öffentlichen Leben bis dahin Repräsentanten des politischen Katholizismus innegehabt hatten, so wenig konnten sie sich der Erwartung entziehen, derzufolge ihnen für den katholischen Volksteil eine schwer zu definierende, aber jedenfalls zusätzliche Führungsverantwortung zugewachsen war. Diese zu bejahen und dann auch wahrzunehmen, konnte gerade einem so betont pastoral und strikt unpolitisch eingestellten Episkopatsvorsitzenden wie dem Breslauer Kardinal Bertram nicht leichtfallen. Wie sehr die Bischöfe durch die Revolutionsgeschehnisse alarmiert waren, zeigt ihr zweimaliges Zusammentreten im Mai und August 1933 in Fulda, noch mehr aber die Überwindung der episkopalen Mainlinie in der Teilnahme der bayerischen Oberhirten (erstmals seit 1905) an der Fuldaer Bischofskonferenz. Ausdrücklicher als bisher wurde damit der Breslauer Kardinal zum Wortführer des Gesamtepiskopats.
Unter der Devise, den katholischen Volksteil in das „Neue Reich" zu führen, hatte Vizekanzler von Papen zwar schon im Frühjahr einen Vertretungsanspruch angemeldet, der den politischen Katholizismus überwinden sollte, damit aber nur ein dürftiges Echo geerntet. Die Reaktion war um nichts ermutigender, als er im Herbst 1933 in dem vom Zentrum hinterlassenen Vakuum sich als Sachwalter katholischer Belange neuerdings in Erinnerung brachte. Hatte zunächst der reichsideologisch orientierte Bund „Kreuz und Adler" die organisatorische Plattform abgegeben[7], so schwamm die daraus entwickelte „Arbeitsgemeinschaft katholischer Deutscher" (AKD) bereits ganz im nationalsozialistischen Fahrwasser. Bei Kirchenvolk und Klerus stieß das Grüppchen der von Papen gesammelten Brückenbauer auf Ablehnung oder Skepsis. Während sie unter ihren Glaubensgenossen für neue Vorleistungen an das NS-Regime warben, wurden

[7] Zu den reichsideologischen Strömungen im deutschen Katholizismus vor und nach 1933 vgl. K. Breuning, Vision des Reiches.

sie von diesem völlig im Stich gelassen. Das hinderte indessen nicht, daß sich auch der Freiburger Erzbischof Gröber von den Entspannungsillusionen des Vizekanzlers zeitweilig blenden ließ. Zorniges Erstaunen weckte darum im November 1933 Gröbers Eigensinn, der AKD ein förderndes Geleitwort mit auf den kurzen Lebensweg zu geben.

III. Verschleppter Konkordatsvollzug

Was immer man katholischerseits vom Konkordatsabschluß erhoffte, eines mußte die Ratifizierung am 10. September 1933 an den Tag bringen: Wie ehrlich es Hitler mit dem Kirchenvertrag meinte. Sicherster Prüfstein für korrekten Konkordatsvollzug war die Behandlung der katholischen Vereine. Dabei mußte der Test in jenen Landesteilen erhöhte Aufmerksamkeit wecken, wo die Kluft zwischen Vertragsnorm und Polizeipraxis am krassesten war wie in Bayern. Dort beherrschten mit der bis 1934 noch nach Ländern gegliederten Politischen Polizei Himmler und Heydrich das Feld, zwei Namen, die im Zuge nationalsozialistischer Selbstentfaltung zu Kurzformeln für das Wesen des SS-Staates wurden. Nachdem im Juni 1933 prügelnde SA-Kolonnen den 1. Deutschen Gesellentag in München auseinandergetrieben hatten, wurde daraus unter Verdrehung des Sachverhalts ein Vorwand konstruiert, über alle katholischen Vereine in Bayern ein Versammlungsverbot zu verhängen. Vom Konkordatsabschluß wurde diese Knebelung nicht nur nicht berührt, vielmehr wurden die Vereine im September durch ein Betätigungsverbot von Heydrich zu völliger Reglosigkeit verurteilt.

Die Erbitterung der bayerischen Katholiken fand ein Ventil in dem von der Landesregierung gewünschten Hirtenwort[8] des bayerischen Episkopats zur Reichstagswahl vom 12. November 1933. Darin war auch auf Vorkommnisse verwiesen, die die Bischöfe „mit Kummer und Sorge erfüllen". Weiterhin wurde die Erwartung geäußert, „daß überhaupt die Belastung des

[8] Vgl. B. Stasiewski (Bearb.), Bischöfliche Akten I, Nr. 98.

Katholischen Gewissens aufhören und die Gleichberechtigung der Katholiken vor dem Gesetz und im Staatsleben anerkannt werde". Da solche Töne der Bayerischen Landesregierung nicht ins Propagandakonzept paßten, verbreitete sie eine für ihre Zwecke zurechtgestutzte Kurzfassung, während sie die Publikation des vollen Wortlauts zu unterdrücken suchte. Gegen die Verfälschung der Bischofskundgebung verwahrten sich der bayerische Episkopat wie der Hl. Stuhl in scharfen Protesten.

Wie sehr sich der Dissens zwischen Katholischer Kirche und NS-Staat bereits vertieft hatte, wurde an den weit über München und Bayern hinaus begierig aufgenommenen Adventspredigten Kardinal Faulhabers im Dezember 1933 vor aller Welt sichtbar[9]. Das Eintreten des Münchener Erzbischofs für die Lebenswerte des Alten Testaments, dem von Rosenberg und seinen Nachbetern verhöhnten Judenbuch, wirkte nicht nur als Gegenstoß auf ein Zentraldogma der NS-Doktrin. Mit dem Widerspruch gegen verordnete Meinung wurde zugleich das Recht auf die persönliche Überzeugung proklamiert. Wie eine Erlösung empfanden es darüberhinaus viele Katholiken, daß mit den Kardinalspredigten aus den Reihen des Episkopats erstmals eine Gegenstimme laut wurde und das bedrückende Schweigen der Bischöfe gebrochen wurde. Die Versuchung, daraus auf Unwissen und Passivität zu schließen, war weitverbreitet, verfehlte aber trotzdem die Wirklichkeit.

Bei einer Zwischenbilanz am Ende des Machtergreifungsjahres mußten sich die Bischöfe in den düsteren Besorgnissen, die sie von jeher vor einer Herrschaft Hitlers und seiner Partei erfüllt hatten, auf deprimierende Weise bestätigt fühlen. In ihre nie besiegte Skepsis hatte sich im Sommer 1933 die Hoffnung gemischt, daß das von der NS-Regierung angestrebte und unterzeichnete Reichskonkordat das Wirken und die Entfaltungsmöglichkeit der Kirche auch unter den veränderten politischen Rahmenbedingungen garantieren werde. An der Sabotierung der Verbandsschutzvorschriften durch Staats- und Parteistellen hatte

[9] Anfang Februar 1934 waren die fünf Predigtbändchen bereits in 150000 Exemplaren verbreitet.

sich statt dessen mit jedem Monat bedrohlicher abgezeichnet, daß das Konkordat nicht einen Schutzwall zur Fortexistenz, sondern lediglich eine Folie für Vertragsbrüche abgebe. Eine solche Alternative zu loyalem Konkordatsvollzug war bei der Unberechenbarkeit Hitlers nicht von vornherein auszuschließen gewesen, beim Abwägen des Für und Wider vor der Unterzeichnung dem Hl. Stuhl aber immer noch vertretbarer erschienen als ein vertragsloser Zustand.

In der kritischen Einschätzung von Hitlers Kirchenpolitik waren die deutschen Bischöfe eines Sinnes, so sehr die Vorstellungen über die angemessene Gegenreaktion nach weiterer Klärung der Fronten auseinanderliefen. Einig waren sie auch in der Ablehnung des verspäteten Optimismus, von dem sich der Freiburger Erzbischof Gröber im Herbst 1933 zu eigenmächtigen Sonderaktionen verführen ließ. Ein brüskes Stoppsignal aus Rom, Zurechtweisung aus den eigenen Reihen und die unversöhnliche Gegnerschaft örtlicher Parteiführer heilten ihn schon nach wenigen Monaten von seinem Mittlerehrgeiz.

Ungleich realistischer war Kardinal Faulhaber, der mit der Prognose recht behalten sollte, die NS-Regierung werde sich mit dem Eingreifen zugunsten der katholischen Verbände Zeit lassen, bis es nichts mehr zu schützen gäbe. Wie die Entwicklung veranschaulichte, hätte nichts die Hinhaltetaktik der Ministerialinstanzen treffender charakterisieren können. Während die Herausgabe der vom Konkordat geforderten Schutzbestimmungen für katholische Vereine planvoll verzögert wurde, konnten NS-Organisationen ihre Diskriminierungspraktiken ungestört weiterbetreiben[10]. Nach dem Beispiel der HJ übernahm so im April 1934 die Deutsche Arbeitsfront, ein Zwangsverband mit gewerkschaftlichen Aufgaben, das Verbot der Doppelmitgliedschaft, um damit katholische Arbeiter aus den kirchlichen Vereinen herauszudrängen. Da die Konsequenzen im Weigerungsfall bis zum Verlust

[10] Zum Kampf um den Fortbestand von zwei der bedeutendsten katholischen Verbände und zum Verlauf der Vereinsschutzverhandlungen vgl. J. Aretz, Katholische Arbeiterbewegung; H.-A. Raem, Katholischer Gesellenverein; B. Schellenberger, Katholische Jugend.

des Arbeitsplatzes reichten, stürzte der Entscheidungszwang jeden Betroffenen in ernste Konflikte. Die für Anfang Juni 1934 vorzeitig einberufene Plenarkonferenz des deutschen Episkopats erhoffte von abschließenden Verhandlungen über den Verbandsschutz noch immer eine positive Wende, entsandte aber mit Gröber und Berning Unterhändler, die in Berlin nicht mit der gebotenen Härte auf Einhaltung der Konkordatsartikel beharrten und sich auf fatale Zugeständnisse einließen. Unverzeihlich war die Bereitschaft der Bischofsdelegation zu Direktverhandlungen mit Spitzenvertretern der NS-Organisationen, die nichts als ihren Monopolanspruch kannten, anstatt auf der Pflicht und Zuständigkeit des Reichsinnenministers für korrekten Konkordatsvollzug zu bestehen. Den für das NS-System typischen Machtdualismus zwischen Staat und Partei somit seitens der Bischöfe formell als Gegebenheit hinzunehmen, war ein unverzeihlicher Mißgriff. Das Verhandlungsergebnis, mit der Preisgabe von Konkordatspositionen belastet, wurde im Episkopat scharf kritisiert und vom Vatikan, da von seiner Zustimmung abhängig, zurückgewiesen. Noch in Unkenntnis dieses Fehlschlags mußte das Kirchenvolk, voller Erwartung auf ein klärendes Wort inzwischen mit der Enttäuschung fertig werden, daß ein gemeinsamer Hirtenbrief aus Fulda, obwohl schon in den Händen des Klerus, in letzter Minute aus verhandlungstaktischen Rücksichten zunächst zurückgestellt wurde, was die Gestapo dazu benutzte, ihn zu beschlagnahmen und die Verlesung ihrerseits zu verbieten. Aus den gleichen Überlegungen entfiel die Absendung eines bereits versandfertigen Beschwerdebriefs an Hitler[11].

IV. Kardinal Bertrams Eingabenpolitik

Auf das Recht und Gesetz mißachtende Blutbad des 30. Juni 1934, in der NS-Version als „Röhmputsch" ausgegeben, gab es von bischöflicher Seite keinen Kommentar, obwohl zu den

[11] Zu den beiden Dokumenten vgl. B. Stasiewski (Bearb.), Bischöfliche Akten I, Nrn. 156 und 158.

Gemordeten auch drei prominente Katholiken[12] zählten und das Kirchenvolk verstört nach dem Urteil der Oberhirten fragte. Allein Bischof Galen (Münster) wagte es, noch im Abstand von zwei Jahren an die „frischen Gräber" jener zu erinnern[13], „die das katholische Volk für Märtyrer des Glaubens hält, weil ... das Dunkel, das über ihre Gräber gebreitet ist, ängstlich gehütet wird". Freilich war es nicht verwunderlich, daß die Bischöfe, zumeist betagt und in einer anderen Welt großgeworden, Anpassungsschwierigkeiten hatten, wenn sie sich in den bis dahin nicht nur ihnen unvertrauten und auch weithin unvorstellbaren Daseinsbedingungen eines totalitären Weltanschauungsstaates nicht nur zurechtfinden, sondern auch weisunggebend vorangehen sollten. Versuche einer Standortbestimmung fanden in der Regel ersten und oftmals auch letzten Halt in einem ziemlich vagen Kulturkampfbegriff. Was daran stimmte, war die Frontstellung Staat gegen Kirche. Dagegen unterschied sich die Staatlichkeit des Bismarckreiches von derjenigen der NS-Herrschaft ganz erheblich. Während dort kirchliches Selbstverständnis unter obrigkeitsstaatliches Ordnungsdenken gebeugt werden sollte, war der Unterwerfungsanspruch des NS-Systems seiner Natur nach grenzenlos. Und wenn im preußischen Kulturkampf die katholische Kirche auch keineswegs „gerecht" behandelt wurde, so respektierte die Staatsgewalt doch immer noch gewisse rechtsstaatliche Normen. Hitlers Machtausübung jedoch war nicht zuletzt gerade dadurch charakterisiert, daß er zur Erreichung seiner Ziele Recht und Moral bedenkenlos beiseiteschob.

Sich auf das äußere Erscheinungsbild der Kirchenbedrückung versteifend, hielt Kardinal Bertram wenig von spezifizierender Unterscheidung am Kulturkampfbegriff und postulierte für sich das Recht, seine Abwehrhaltung gegen das NS-Regime nach den im Bismarckreich empfangenen Eindrücken zu bestimmen. Die hartnäckige Berufung auf Kulturkampferfahrungen trug ihm

[12] Es handelt sich um den Münchener Redakteur Fritz Gerlich, den Berliner Ministerialdirektor Erich Klausener und den Reichsführer des katholischen Sportverbands „Deutsche Jugendkraft" Adalbert Probst.

[13] Vgl. Predigt Galens in Xanten am 9. Februar 1936. Druck: P. Löffler (Bearb.), Galen-Akten I, Nr. 150.

denn auch den Vorwurf ein, mit den Kategorien von damals den wesentlich andersgearteten Charakter der nationalsozialistischen Gewaltherrschaft zu verfehlen.

Staatsbehörden gegenüber den kirchlichen Standpunkt zur Geltung zu bringen, diente die schriftliche Eingabe, ein Instrument, das der Breslauer Kardinal virtuos zu handhaben verstand. Es war dies auch nach dem Anbruch der NS-Herrschaft das gegebene Mittel, bischöflichem Einspruch Gehör zu verschaffen, und Bertram gebrauchte es mit staunenerregender Produktivität und Promptheit. Vertraulichkeit des Briefwechsels zwischen Episkopat und Regierung verstand sich in normalen Zeiten von selbst, wurde aber in dem Maße zum Problem, wie sich die Ineffizienz bischöflicher Proteste herausstellte, auf die es meist nicht einmal eine Antwort gab. Gewiß, die Bischöfe wußten, wie unermüdlich der Konferenzvorsitzende protestierte, das Kirchenvolk aber wußte es nicht und war deswegen je länger desto mehr versucht, aus dem faktischen Unvermögen des Episkopats, die Kirchenbedrückung abzuwehren, überhaupt auf das Fehlen bischöflicher Proteste zu schließen. Daß aus dem Verdacht der Passivität in den Gemeinden Unwillen und Mißtrauen keimten, gab ein Breslauer Pfarrer seinem Kardinal zu verstehen, als er schrieb: „Das katholische Volk ahnt wohl, daß seine gottgesetzten Hirten kämpfen, würde es aber dankbarst begrüßen, wenn die bischöflichen Proteste gegen Ungerechtigkeit, Lüge und Vergewaltigung auch zu seiner Kenntnis kämen“[14].

Nach der durch ärgerliche Mißgriffe verspielten Publikation des Hirtenbriefs vom Juni 1934 wurde eine Kundgebung des Gesamtepiskopats zur wichtigsten Forderung, die von Klerus und Kirchenvolk an die Plenarkonferenz des folgenden Jahres gerichtet war. Ihr verliehen zwei Dokumente[15] unüberhörbaren Nachdruck. In einer Denkschrift skizzierten die Führer der katholischen Massenorganisationen die Bedrängnisse ihrer Mitglieder und deren Erwartungen an den Episkopat. Sie verschwiegen darin nicht eine wachsende Unsicherheit, hervorgerufen durch

[14] Vgl. Dittrich an Bertram, 30. November 1935.

[15] Vgl. B. Stasiewski (Bearb.), Bischöfliche Akten II, Nr. 225/IVa.

die Undurchsichtigkeit der kirchlichen Aktion und ihrer Leitung. Das Schweigen in den großen Fragen habe weithin lähmend und bitter gewirkt, auch im getreuen Kirchenvolk und seiner Jugend. Es fehle nicht an der Bereitschaft zu großen und entscheidenden Opfern, was die Verbände aber nicht leisten könnten, sei das Martyrium ohne Auftrag.
Das zweite Schreiben[16] an die Adresse der deutschen Bischöfe stammte von Kardinalstaatssekretär Pacelli und kam einer päpstlichen Order gleich. Gefordert war darin „ein klärendes, richtunggebendes, von apostolischem Freimut getragenes Wort des Episkopats, welches für die bekämpfte und gefährdete Wahrheit mutig Zeugnis ablegt und den vielfältigen Formen des Irrtums die Maske abreißt". Den von solchen Impulsen bestimmten Hirtenbrief[17] durchzog als Leitmotiv die Mahnung: Stehet fest im Glauben! Den Leitern und Mitgliedern der unter Auflösungsdruck stehenden Verbände versicherten die Bischöfe, alles zu tun, „um den ihnen im Reichskonkordat verbürgten ruhigen Fortbestand und weiteres gesegnetes Wirken zu sichern". Eine mit Beweisstücken und Zitaten befrachtete Denkschrift[18] an Hitler sollte dem Letztverantwortlichen Fakten und Folgen der Kirchenbedrückung vor Augen führen und zum Eingreifen bewegen. Schlagender noch als im Entwurf vom Vorjahr wurde darin dargetan, daß der konzentrische Ansturm auf Christentum und Kirche in Deutschland voll entbrannt war.

V. Rosenbergs „Mythus" als Religionsersatz

Die Gegnerschaft folgte aus dem Wesen des totalitären Weltanschauungsstaats, der jede eigengeprägte und damit nicht beliebig umformbare Glaubensgemeinschaft mit einem den Erfahrungshorizont transzendierenden Weltverständnis als Fremdkörper und Negation seines absoluten Unterwertungsanspruchs zu

[16] Vgl. B. Stasiewski (Bearb.), Bischöfliche Akten II, Nr. 228.
[17] Vgl. B. Stasiewski (Bearb.), Bischöfliche Akten II, Nr. 230.
[18] Vgl. B. Stasiewski (Bearb.), Bischöfliche Akten II, Nr. 231/I.

eliminieren sucht. Folgerichtig wandte sich Hitler – nach dem Gelingen der politischen – der geistigen Gleichschaltung zu, indem er Anfang 1934 als nächstes Etappenziel ausrief, Deutschland nationalsozialistisch zu machen, was immer man darunter verstehen sollte. So verschwommen das klang, so sehr stand außer Zweifel, daß Hitler vor dem Planziel totaler Verfügbarkeit in der katholischen Kirche eines der störendsten Hindernisse erblicken mußte und tatsächlich erblickt hat. Obschon er es für taktisch klüger hielt, im Hintergrund zu bleiben und zweigleisig zu operieren, wurde die Stoßrichtung des von ihm angekündigten Indoktrinationsprogramms offenkundig, als er im Januar 1934 die Überwachung der gesamten geistigen und weltanschaulichen Erziehung der NSDAP einem Gefolgsmann übertrug, der sich im „Mythus des 20. Jahrhunderts" als radikaler Antikatholik und Kirchenhasser ausgewiesen hatte. Dennoch pflegte Hitler weiter die für katholische Ohren bestimmte Version, Rosenbergs Schmähschrift sei eine „Privatarbeit", der er persönlich fernstehe. Beim Gespräch mit Bischöfen (Schulte, Februar 1934; Preysing, Oktober 1935; Faulhaber, November 1936) gehörte diese Versicherung zum festen Ritual, gelegentlich noch durch den Vorwurf pointiert, erst kirchlicher Widerspruch habe den „Mythus" zum Bestseller gemacht. Wie vordergründig zweckhaft auch immer, war Hitlers Distanzierung zumindest insoweit echt, daß ihm der Wahrheitsgehalt von Rosenbergs Ideenkonglomerat im Grunde tatsächlich gleichgültig war. Was er am „Mythus" schätzte und weshalb er dessen Thesen mit parteiamtlichem Echtheitssiegel als nationalsozialistisches Grundwissen den Massen seiner Anhänger injizieren ließ, war dessen Charakter als einer mit dem Christentum unvereinbaren und unverträglichen Gegenlehre. In den Köpfen von „Mythus"-Lesern war kein Platz mehr für die Wahrheiten des Evangeliums. Dieser utilitaristische Aspekt hatte es Hitler angetan, als er zum Zwecke ideologischer Gleichrichtung ein oberstes Lehramt für Religionsersatz errichtete und es dem Verfasser des „Mythus" übertrug[19].

[19] Zum Gesamtkomplex vgl. R. Baumgärtner, Weltanschauungskampf.

Daß man kirchlicherseits Hitlers Option als einen schlimmen Affront betrachten müsse, gab der Vatikan unverzüglich zu verstehen, indem er Rosenbergs Pamphlet auf den Index verbotener Bücher setzte. Die Befürchtungen waren nur zu begründet. Dennoch übertraf die nun anhebende Indoktrinationskampagne, die von Rosenberg dirigiert und aus seinem „Ideengut" bestritten wurde, an Breite, Dichte und Penetranz alle bisherigen Vorstellungen. Mit riesigem publizistischem Aufwand wurde der nationalsozialistische Religionsersatz in die Öffentlichkeit getragen, in Schulungskursen und Schulungsmappen allen Bevölkerungsschichten eingehämmert. Auf Breitenwirkung mußte darum auch die kirchliche Abwehrarbeit angelegt sein. Sie brachte in Kürze eine Fülle von Entgegnungen hervor, die von populären Kleinschriften bis zu wissenschaftlichen Studien reichten. Zentraler Bezugspunkt für diesen neuen Zweig der Kontroversliteratur wurde das „Neuheidentum", ein bewußt vager Begriff, unter dem alles subsumiert und zurückgewiesen werden konnte, was an Antikatholischem umlief, wegen seiner nationalsozialistischen Abkunft aber nicht immer beim Namen genannt werden durfte.

VI. Antikirchliche Zwangsmaßnahmen

Trotzdem blieb es eine Auseinandersetzung mit ungleichen Waffen. Dem Monopol des Reichsrundfunks und der Übermacht der vom Propagandaministerium straff gelenkten Tagespresse hatte die Kirche nur ein publizistisches Potential entgegenzuhalten, dessen Äußerungsmöglichkeiten Schritt für Schritt reduziert wurden. Es begann Mitte 1933 damit, daß katholischen Tageszeitungen untersagt wurde, sich als solche zu bezeichnen. In der Reichsschrifttums- und Reichspressekammer schmiedete sich das NS-Regime dann Disziplinierungsinstrumente, jede mißliebige Meinungsäußerung zu ersticken. Der äußeren Vereinheitlichung zu einer regierungshörigen „deutschen" Presse folgte wirtschaftlich die Zwangsüberführung in NS-Regie. Den Vernichtungsschlag gegen die katholischen Tagesblätter, vor 1933 der nationalsozialistischen Konkurrenz an Zahl und Verbreitung weit überlegen, führte Propagandaminister Goebbels mit der Amann-Anordnung vom 24. April 1935. Wer von den katholischen Zeitungsverlegern den Weg der Entmündigung und Wesensverleugnung nicht in einer Auffanggesellschaft des Reiches bis zum bitteren Ende gehen wollte, mußte aufgeben.

Eine den kirchlichen Sonntagsblättern anfangs eingeräumte Sonderstellung blieb nicht lange unangetastet. Den Lebensnerv ihrer inhaltlichen Gestaltung traf im Februar 1936 die Vorschrift, daß jeder Beitrag vom Religiösen auszugehen habe. Geschah das nicht, so galt der Beitrag als politisch und damit als Übergriff in einen der Kirchenpresse verbotenen Bereich. Unter dem heuchlerischen Vorwand, die Bistumsblätter auf das ihnen allein gemäße Religiöse festzulegen, bezweckte die Reglementierung tatsächlich nichts anderes, als die Beiträge so auszudünnen, daß sich die Leserschaft gelangweilt abwenden würde. Verstöße ausfindig zu machen oder zu konstruieren, kostete die parteilichen Zensoren keine Mühe. Die dann fällige Verwarnung schloß mit der Drohung, das Kirchenblatt als politisch einzustufen und unter einem zulassungspflichtigen Schriftwalter in die Zwangsjacke der gleichgeschalteten Presse zu stecken.

Zu den Zynismen nationalsozialistischer Pressepolitik gehörte die sogenannte Auflagennachricht, die, vom Propagandaministerium zugestellt, ohne Rücksicht auf den Wahrheitsgehalt und ohne eine Distanzierung der Redaktion publiziert werden mußte. Welche Konflikte hier angelegt waren, wurde drastisch fühlbar, wenn die Bischöfe vor der Notwendigkeit standen, offiziell verbreitete Falschmeldungen richtigzustellen.

Die Übermacht seines Medien-Imperiums in den Unterdrückungskampf zu werfen und dem Ansehen von Kirche und Klerus einen vernichtenden Schlag zu versetzen, erblickte Goebbels in den zwischen 1935 und 1937 laufenden Devisen- und Sittlichkeitsprozessen eine verlockende Möglichkeit. Materielle Verstöße gegen Devisenbestimmungen lagen bei einigen Kongregationen mit finanziellen Verpflichtungen über die Landesgrenzen hinweg zweifellos vor, waren allgemein wegen der vielen und unüberschaubaren Gesetzesvorschriften keine Seltenheit. Während aber etwa Wirtschaftskreisen der Ausweg diskreter Bereinigung offengehalten wurde, kamen Verfehlungen im kirchlichen Bereich ins Scheinwerferlicht der Öffentlichkeit. Zum gleichen Zweck der Diskriminierung wurde auch beim Aufgreifen von Sittlichkeitsvergehen ein doppelter Maßstab angelegt[20]. Soweit die Verfahren gegen Priester und Ordensleute im Gerichtssaal spielten, wurden sie juristisch durchaus korrekt abgewickelt. Ganz regimehörig aber verhielten sich die obersten Justizbehörden, wenn sie im Ansetzen, im Vorziehen oder Hinauszögern von Prozeßterminen nach den tagespolitischen Bedürfnissen verfuhren. In Szene gesetzt wurde daran anschließend die Diffamierungskampagne gegen Klerus und Klöster nach den Weisungen des Propagandaministeriums. Doch trotz oder vielleicht gerade wegen des massierten Einsatzes von Rundfunk und Presse und trotz der Knebelung kirchlichen Widerspruchs endete die Aktion mit einem grandiosen Fehlschlag. Gewiß gab es Bevölkerungsschichten, die für die These von der katholischen Kirche als Sittenverderberin und den Klöstern als Brutstätten des Lasters nicht unempfänglich waren, insgesamt aber war die Verallgemeinerung der Vorwürfe so handgreiflich und die Lautstärke der Entrüstung so überdreht, daß sie einen Großteil des Publikums abstießen. Zumindest galt das für den katholischen Bevölkerungsteil, wo die pausenlosen Prozeßberichte in der Tat Widerwillen und Mißtrauen erzeugten, keineswegs aber gegen den Stand der Priester und Ordensleute, sondern gegen die Drahtzieher des antikatholischen Verleumdungsfeldzugs.

Mit dem Abklingen der Revolutionswirren im Sommer 1933 war die Hoffnung nicht unbegründet, die wiederhergestellte Staatsautorität werde auch der Kirche jeder Funktionärswillkür gegenüber zu ihrem Recht verhelfen. Die Desillusionierung vollzog sich in zwei Schritten. Zunächst mußten die 1934 nach Berlin entsandten Bischöfe erleben, wie Innenminister Frick über die Sabotierung von Konkordatsvorschriften durch die Partei untätig hinwegsah und den Alleinanspruch der NS-Organisationen als

[20] Vgl. dazu ausführlich H. G. Hockerts, Sittlichkeitsprozesse.

Gegebenheit hinnahm[21]. Schon ein Jahr später war der Minister vollends im Parteimann aufgegangen, als er im Juli 1935 katholische Vereine in einer Kampfrede für überflüssig erklärte, weil sie die „Entkonfessionalisierung des öffentlichen Lebens" behinderten. Das Schlagwort schützte Eifer für das Idol nationalsozialistischer Volksgemeinschaft vor, der zuliebe alle Überreste von Pluralität auszumerzen waren, zielte aber darüberhinaus auf völlige Entkirchlichung und Entchristlichung. Fast gleichzeitig heizte ein scharfmacherischer Erlaß Hermann Görings das antikatholische Klima weiter an. Mit ebenso schneidenden wie dunklen Wendungen suchte darin der zweite Mann in der NS-Hierarchie in seiner Eigenschaft als preußischer Ministerpräsident den Verwaltungsapparat gegen Regungen eines angeblich noch immer nicht überwundenen „Politischen Katholizismus" aufzubringen. Das zu staatspolizeilicher Intervention aufrufende Etikett wurde automatisch allem aufgeklebt, was an kirchlichen Lebensäußerungen Spitzel-Augen nur immer mißfallen und mit dem Ausschließlichkeitsanspruch der Partei in der Öffentlichkeit kollidieren konnte.

Mit dem Übergreifen der antikirchlichen Agitation von der Funktionärs- auf die Ministerebene trat die Auseinandersetzung mit dem NS-Staat für den Vatikan in ein neues Stadium. Er beschränkte sich nicht darauf, die aggressiven Vorstöße Fricks und Görings in scharfen diplomatischen Noten[22] zurückzuweisen, sondern brachte deren Inhalt über Artikel des „Osservatore Romano" auch in die Öffentlichkeit, ja über die bischöflichen Amtsblätter zur Kenntnis des deutschen Klerus. Dezidiert verwahrte sich darin die Kurie „gegenüber dem Mißbrauch, der mit dem vieldeutigen Wort ‚politisch' getrieben wird und dem Versuch, alles, was von kirchlicher Seite zu Fragen des öffentlichen Lebens gesagt und getan wird, als eine Verletzung staatlicher Zuständigkeit zu bezeichnen und zu ahnden". Den Pauschalverdächtigungen Görings hielt Kardinal Pacelli die Tatsache entge-

[21] Vgl. L. Volk, Fuldaer Bischofskonferenz I, S. 21.
[22] Vgl. D. Albrecht (Bearb.), Notenwechsel I, Nrn. 64 und 65.

gen, „daß die im Konkordat gewährleistete Freiheit in der Darlegung und Verkündigung der katholischen Lehre durch die Spitzel- und Verbotstätigkeit der Geheimen Staatspolizei zu einem Schatten dessen geworden“ sei, „was sie konkordatsrechtlich sein müßte“.

Ebenfalls in die von totalitärem Durchsetzungsdrang erfüllte Atmosphäre des Sommers 1935 fiel die Nachricht von der Berufung eines Reichsministers für die kirchlichen Angelegenheiten. Bestimmend für Hitlers Entschluß zur Errichtung eines zentralen Kirchenressorts war die Zerrissenheit der evangelischen Landeskirchen, wo in der Auseinandersetzung mit den nationalsozialistischen „Deutschen Christen“ ein Kirchenkampf mit anderem Frontverlauf als auf katholischer Seite ausgetragen wurde, wo aber nicht zuletzt in der Kontroverse um Rosenbergs „Mythus“ gemeinsame Glaubensüberzeugung hervorgetreten war.

Die Ernennung von Hanns Kerrl zum Kirchenminister brachte in die NS-Kirchenpolitik zwar einen zusätzlichen Faktor, keineswegs aber einen Kurswechsel, so sehr sich der „homo novus“ anfangs um eine Verbesserung des Gesprächsklimas bemühte. Selbst die vorsichtige Prognose Bertrams, der mit Kerrl auf dessen Wunsch zusammengetroffen war und danach „eine sich allmählich anbahnende partielle Wendung in der Kirchenpolitik der Reichsregierung“ für möglich hielt[23], bewahrheitete sich nicht. Auf dem schmalen Fundament abgezweigter Kompetenzen aus dem Innen- und Erziehungsministerium konstituiert, wirkte die Neugründung als leichtgewichtige Behelfskonstruktion. Für Exekutivaufgaben war Kerrl auf die geneigte Unterstützung der Gestapo Himmlers und Heydrichs angewiesen, die ihre eigene Kichenpolitik betrieben und alles taten, den ungebetenen Rivalen im Zustand ohnmächtiger Abhängigkeit zu halten. Von oben nach unten, nämlich aus der Perspektive der Reichskanzlei, war dem Kirchenministerium von Anfang an die Rolle einer Pufferbehörde zugedacht, die Hitler vor beschöflichen Klagen abschirmen sollte. Nicht anders wurde der Kirchenminister zu

[23] Vgl. Bertram an Pacelli, 24. August 1935. Druck: L. Volk (Bearb.), Akten Kardinal Faulhabers II, S. 60f., Anm. 1.

seinem Schmerz auf der Ebene der Reichsressorts und im Kreis der Parteispitzen behandelt. Inmitten radikalerer Konkurrenten unter ständigem Beweiszwang, den Verdacht der Laxheit zu widerlegen und seine im eigenen Lager ignorierte Kompetenz dorthin richtend, wo allein man ihn noch respektieren mußte, suchte Kerrl Selbstbestätigung im Ersinnen neuer Zwangsmaßnahmen gegen die Kirchen.

VII. Schulkämpfe – regional gestaffelt

Wenn die Bischöfe über den Konkordatsabschluß hinaus alle Hände voll zu tun hatten, die vertraglich geschützten katholischen Vereine gegen die Polypenarme der NS-Organisationen zu verteidigen, so blieb ihnen doch die Genugtuung, daß zumindest auf dem für die Bewertung der Vertragspraxis entscheidenden Schulsektor die Konkordatsbestimmungen eingehalten wurden. Es war die Ruhe vor dem Sturm, obschon er nicht wie gegen den Verbandskatholizismus mit Blitz und Donner losbrach. Typisch für den Prozeß der Verdrängung kirchlichen Einflusses vom Erziehungssektor war, daß er ungleichzeitig, regional gestaffelt und scheinbar zusammenhanglos vorangetrieben wurde, wobei der föderativen Ausrichtung der Schulverhältnisse und Schulkompetenzen keine geringe Bedeutung zukam[24]. Es begann damit und wurde schließlich Methode, daß gesetzwidrige Eingriffe in die Schulform, in den Religionsunterricht, in die Lehrbefugnis der Religionslehrer, auf kommunaler oder Länderebene zunächst einmal unbeanstandet hingenommen, vom Reichserziehungsminister intern gutgeheißen und durch geheime Ministerialerlasse zu reichsweiter Praxis erhoben wurden. So etwa bei der Vorschrift, daß Religionslehrer eine Zulassung durch den Regierungspräsidenten benötigten, bei der die Gestapo mitzureden hatte, so bei dem Erlaß, der es Beamten verwehrte, ihre

[24] Vgl. W. Damberg, Kampf um die Schulen; J. Maier, Schulkampf in Baden.

Kinder auf Ordensschulen zu schicken oder das Verbot für Religionslehrer, in konfessionellen Jugendorganisationen tätig zu sein.

In der Beseitigung katholischer Bekenntnisschulen, für den Vatikan das Herzstück des Reichskonkordats, ging schon im Frühjahr 1934 das Land Hessen voran. Hier wie anderswo legte man Wert darauf, das vertragswidrige Vorgehen durch dubiose Abstimmungsverfahren legalistisch zu verbrämen. Mit allen Mitteln der Agitation und des Gewissenszwangs wurden widerstrebende Eltern 1935–1937 vor den Schulabstimmungen in München bearbeitet, während jede Aufklärungsarbeit der Kirche mit Polizeigewalt unterbunden wurde. Nach vier Jahren NS-Herrschaft fühlten sich dann Kultusminister und Oberpräsidenten allüberall so unangreifbar sicher, daß die Umwandlung der noch bestehenden Konfessionsschulen in „Deutsche Gemeinschaftsschulen“ ganz ohne das Requisit manipulierter Elternversammlungen auf dem Verordnungsweg verfügt werden konnte. Nachdem der Werbespruch, in der Gemeinschaftsschule bleibe der Religionsunterricht unangetastet, ausgedient hatte, gingen der Kultusminister in Württemberg und in Sachsen, beides engagierte Kirchengegner, dazu über, anstelle der religiösen Glaubensunterweisung einen betont antichristlichen „Weltanschauungsunterricht“ einzurichten, in den sie unter Mißachtung des Elternwillens alle schulpflichtigen Kinder hineinzuzwingen suchten. Die Tendenz, den Klerus wie einen Infektionsherd zu isolieren, gipfelte 1941 in der Verfügung, die das Erteilen von Privatunterricht durch Geistliche und Ordensleute selbst in weltlichen Fächern unter Strafe stellte.

Dem Episkopat gegenüber versuchte das Reichserziehungsministerium noch eine Zeitlang, offenkundige Konkordatsverletzungen durch rabulistische Auslegungskünste zu decken, so etwa mit der Unterscheidung, nur das System der Bekenntnisschule sei garantiert, nicht aber die Erhaltung jeder einzelnen Schule dieses Typs. Die Grenzen ministerieller Verantwortlichkeit im NS-Staat enthüllte schließlich das offenherzige Eingeständnis, mit ihren auf das Konkordat gestützten Forderungen sei zwar die

Kirche im Recht, doch sei es „den staatlichen Behörden nicht möglich, gegenüber der Partei die Rechte der Kirche zu vertreten oder zu verteidigen[25]. Damit wurde der Blick freigegeben auf die eigentliche Steuerungszentrale nationalsozialistischer Schulpolitik, die Parteikanzlei unter dem von pathologischem Kirchenhaß erfüllten Martin Bormann. Ursprünglich langfristige Zielvorgaben, verfielen die Stellungnahmen der Parteikanzlei zu Bildungsfragen immer mehr in den Ton unwidersprechbarer Weisungen, die Erziehungsminister Rust in Verordnungen umzusetzen hatte.

VIII. Die Enzyklika „Mit brennender Sorge"

Nach vier Jahren überwiegend negativer Vertragserfahrung mit dem Konkordatspartner Hitler entschloß sich Pius XI. im Frühjahr 1937 zu einem spektakulären Schritt. In der Enzyklika[26] „Mit brennender Sorge", heimlich verbreitet und am 21. März den deutschen Katholiken von der Kanzel verkündet, trat der Papst vor das Forum der Weltöffentlichkeit, um das NS-Regime für jedermann vernehmbar der Vertragsuntreue und Kirchenverfolgung anzuklagen. Der dramatische Vorstoß Pius' XI. befreite die Gemeinden von schwerem inneren Druck und traf die Machthaber wie ein Blitz aus heiterem Himmel. Was sie nicht hatten wahrhaben wollen, war geschehen: Zumindest für die Dauer eines historischen Augenblicks hatte der Papst die Initiative an die Kirche zurückgewonnen. Hitler und sein Kirchenminister wären kaum so überrascht gewesen, hätten sie vor 1937 das halbe Hundert vatikanischer Proteste mit den sich mehrenden Warnsignalen frühzeitig ernst genommen. Indessen war Hitlers Widerwille gegen ihre Lektüre nur zu verständlich.

25 Dies wurde Bischof Berning (Osnabrück), dem Unterhändler des Episkopats in Schulfragen, am 5. August 1938 im Reichserziehungsministerium erklärt.

26 Zum Text vgl. die Gegenüberstellung des von Kardinal Faulhaber stammenden Erstentwurfs und der Endfassung, in: D. Albrecht (Bearb.), Notenwechsel I, S. 404–443.

Indem sie nämlich mit juristischer Strenge Konkordatsnorm und nationalsozialistische Staatswirklichkeit nebeneinanderhielten, um die Kluft zwischen beiden aufzudecken, übten sie in einem Ausmaß und einer Grundsätzlichkeit Systemkritik wie bis dahin keine andere diplomatische Korrespondenz mit der NS-Regierung.
Das Papstwort erschöpfte sich nun keineswegs oder auch nur hauptsächlich in einem Protest gegen fortgesetzten Bruch von Konkordatsverpflichtungen, sondern umriß mit lehramtlicher Autorität Kernstücke katholischer Glaubensüberzeugung, die dem Mahlstrom pseudoreligiöser Begriffsverfälschung in der NS-Publizistik besonders ausgesetzt waren. Indem die Enzyklika christliche Grundpositionen, für nicht wenige evangelische Christen ebenso unverrückbar wie für Katholiken, gegen einen gemeinsamen Gegner verteidigte, wurde sie unversehens zu einem ökumenischen Ereignis, wie die begierige Aufnahme des Textes weit über die Konfessionsgrenzen hinaus bezeugte. Es war in der Tat die Sache der ganzen Christenheit, die hier vom römischen Pontifex vertreten wurde, und es war noch mehr als dieses. Implizierte doch das Nein des Papstes zur nationalsozialistischen Kirchenpolitik ein Nein zum Totalitarismus überhaupt. Denn mit dem absoluten Verfügungsanspruch wurde auch das System gesprengt, sobald wie hier eine Glaubensgemeinschaft ihr Recht auf Selbstbestimmung und Nichtanpassung vor aller Welt behauptete.

IX. Von der Agitation zur Repression

Von der moralischen Autorität des Hl. Stuhls auf die Anklagebank gebracht und über die Bloßstellung vor der Weltöffentlichkeit erbittert, übte Hitler nach zwei Seiten Vergeltung. Zum einen ließ er die zwölf Druckereien, die mit der Herstellung des Rundschreibens befaßt waren, in einem Akt beispielloser Rechtswillkür entschädigungslos enteignen. Zum anderen programmierte er die Justizmaschinerie auf eine neue Seite von Sittlichkeitsprozessen gegen Ordensleute, zu denen die Medien weisungsgemäß ein ohrenbetäubendes propagandistisches Begleitkonzert anstimmten, um das Weltecho der Enzyklika zu übertönen. Der Propagandaminister in Person steigerte die Hetztiraden zum gellenden Fortissimo. Daß Goebbels' Deutschlandhalle-Rede am 28. Mai 1937 einen Gipfel antikatholischer Aggressionsentladung bildete, war evident; daß sie zugleich einmal eine Wende nationalsozialistischer Verfolgungstaktik markieren würde, sollte erst die Folgezeit lehren. Tatsächlich endet im Sommer 1937 für den Kirchenkampf die Phase der geräuschvollen Agitation, charakterisiert durch die Namen von Rosenberg und Goebbels. Dafür beginnt die Phase geheimpolizeilicher Repression, verkörpert von Himmler und Bormann[27]. Das will freilich weder im einen noch im anderen Fall ausschließlich verstanden werden. In jeder Phase sind beide Elemente wirksam, überlagern und durchdringen sich. Dennoch ist das Vorherrschen eines Moments so ausgeprägt, daß zunächst die Agitation, dann die Repression für ein Stadium der Kirchenbedrückung im NS-Staat als typisch gelten kann.

In einer jahrelangen Dauerpolemik hatte die Goebbelspresse die Unterwerfung der Kirche unter die NS-Herrschaft zu einem innenpolitischen Hauptthema gemacht. Wenn jetzt die Angriffstaktik geändert wurde, so hatte das mehrere Gründe, etwa die Verlagerung von Hitlers Dynamik auf die Außenpolitik und das Vordringen Himmlers in der „Gegnerbekämpfung". Wenn fortan die Gestapo die Religionspolitik in die Hand nahm, dann lag aber darin auch das Eingeständnis, daß die Strategie, die Geschlossenheit der Kirche durch eine Vertrauenskrise zu erschüttern und zwischen Gläubigen und Klerus eine Kluft aufzureißen, letztlich fehlgeschlagen war.

Hatte der Propagandaminister die Autorität der Kirche zerstören wollen, so zielte die Gestapo auf ihren institutionellen Unterbau. Meist mied sie jede Publizität und schlug im Stillen zu, in jedem Fall aber verlustreich. Den Methodenwechsel bekamen zualler-

[27] Nominell nur Stabsleiter des Stellvertreters des Führers, lenkte Martin Bormann schon vor 1941 faktisch die Aktivitäten der Parteikanzlei, um nach dem Englandflug von Heß zur zweitmächtigsten Figur nach Hitler aufzusteigen.

erst die katholischen Organisationen zu spüren, die unter Berufung auf den Konkordatsschutz allen Kapitulationsaufforderungen und Knebelungsmaßnahmen zum Trotz ihre Existenz behauptet hatten. Der Reihe nach wurden liquidiert der Verein katholischer deutscher Lehrerinnen, der Katholische Jungmännerverband, die katholischen Arbeitervereine. Um eine reichsweite Gegenreaktion zu vermeiden, trafen die Vernichtungsschläge gegen die Massenorganisationen einen Diözesanverband nach dem andern, zuletzt schließlich die Zentralen (1939). Zur juristischen Bemäntelung jedweden Gewaltakts diente der Gestapo – nach Himmler „mit unanfechtbarem Recht"[28] – noch immer die Reichstagsbrandverordnung vom 28. Februar 1933 gegen kommunistische Umtriebe.

Auf die Verurteilung der NS-Religionspolitik in der Enzyklika, deren Erscheinen Kerrl als persönliche Niederlage empfand, hätte der Kirchenminister nur zu gern mit der Kündigung des Reichskonkordats geantwortet, um die Bahn für eine ungehemmte Kirchengesetzgebung frei zu machen. Hitlers anfängliche Bereitschaft erlahmte jedoch, je mehr er im europäischen Kräftefeld zum Sprung ansetzte. Ebensowenig hatte es aus entgegengesetzten Gründen im katholischen Bereich an Stimmen gefehlt, die eine Annullierung des Kirchenvertrags seitens der Kurie gefordert hatten. Außer einer flüchtigen Sensation hätte eine derart dramatische Distanzierung vom NS-Staat den deutschen Katholiken nichts eingebracht, wäre vielmehr den geheimen Wünschen des Kirchenministers nur entgegengekommen. Aus wohlüberlegten Gründen wollte darum auch die Enzyklika weder die Türe zu Verhandlungen zuschlagen, noch den staatlichen Partner aus der Konkordatspflicht entlassen.

Das enthob allerdings den deutschen Episkopat nicht der Notwendigkeit, das bisher verfolgte Abwehrkonzept neu zu überdenken. Dafür plädierte namentlich der Berliner Bischof Preysing, als er im Herbst 1937 bei Kardinal Bertram auf eine Umstellung der traditionellen Eingabenpolitik drängte, nachdem der

[28] Vgl. Himmler an Lammers, 9. Novenber 1939. Druck: L. Volk (Bearb.), Bischöfliche Akten IV, S. 819.

bloß interne Protest sich gegenüber dem braunen Totalitarismus als unwirksam erwiesen hatte. Statt dessen empfahl er die stärkere Einschaltung des Kirchenvolkes. Durch Bekanntgabe der kirchenfeindlichen Gewaltakte von der Kanzel herab müßten die Gläubigen über die wahre Situation aufgeklärt und die nur den Machthabern nützliche Fiktion eines Friedenszustands zwischen Kirche und Staat zerstört werden. Nur durch bewiesene Macht, nämlich durch die negativen Rückwirkungen auf die Stimmung des katholischen Volksteils könnten die Verantwortlichen beeindruckt und zu einer Änderung ihres Unterdrückungskurses genötigt werden. Mit seiner Lagebeurteilung stand der Berliner Bischof keineswegs allein, doch gelang es ihm nicht, den Episkopatsvorsitzenden vom Verteidigungsschema der Nicht-Irritation der Gegenseite abzubringen.

X. Gespaltenes Votum

Vom Anfang bis zum Ende der Hitlerherrschaft waren die vertraulichen Stimmungsberichte[29] der Regierungspräsidenten und des SD durchzogen von Klagen über die mangelnde Identifikationsbereitschaft rein oder überwiegend katholischer Regionen. Nach den Kategorien der Parteilogik durchaus konsequent bestand zwischen Kirchenbindung und Vorbehalten gegen den Nationalsozialismus ein direkter Zusammenhang. Kirchlich gebunden war gleichbedeutend mit politisch unzuverlässig. Vorbehalte gegen nationalsozialistische Kulturpolitik hatten schon die bischöflichen Warnungen von 1931 enthalten, sie wurden durch die nach 1933 praktizierte Kirchen- und Christentumsfeindlichkeit nur allzusehr bestätigt. Zwangsindoktrination und Bedrükkung provozierten notwendig Ablehnung. Nun wäre es allerdings falsch, wenn man das Verhältnis des Durchschnittskatholiken zum NS-Staat beschreiben will, das Nein zur NS-Kirchen-

[29] Vgl. dazu H. Boberach (Bearb.), Berichte des SD, sowie H. Witetschek / W. Ziegler / H. Prantl / K. Wittstadt (Bearb.), Regierungspräsidentenberichte I–VII.

politik als die einzige Determinante auszugeben. Es war das ein gewichtiges, aber nur eines in einer Reihe durchaus schwankender Bestimmungsstücke. Die Ablehnung, die es gegenüber der NS-Herrschaft hervorbrachte, war infolgedessen im Durchschnittsfall nur partiell und aus eben diesem Grund blieb daneben wie bei den Deutschen insgesamt Raum zur Bejahung. Diese schien dann weniger bedenklich, wenn sie der Realisierung von Zielen galt, die ihrer Natur nach keineswegs originär nationalsozialistische Programmpunkte, sondern wie etwa der Zusammenschluß mit Österreich partei- und grenzübergreifende Desiderate waren. Die Forderung nach Revision von Versailles war Gemeingut der Weimarer Parteien, aber offensichtlich brachte allein Hitlers Entschlossenheit zuwege, wonach sie vergeblich gestrebt hatten. So kann es nicht verwundern, daß in der Hochstimmung über vermeintliche Sternstunden nationaler Selbstfindung und bei der nachfolgenden Volksbefragung die alltäglichen Sorgen mit der NS-Herrschaft vorübergehend in den Schatten traten.

XI. Konkordatsfreie Räume

Allerdings mußten in solchen Augenblicken zumindest die Bischöfe an einer beständigeren Gewichtung der Vorgänge festhalten. Sie konnten denn auch nicht übersehen, daß in anderem Kontext positiv erscheinende Wendungen auf dem Felde der Außenpolitik Hitlers Sendungsbewußtsein ins Unangemessene steigerten und davon unmittelbar abhängig den Herrschaftsanspruch des NS-Systems als Ganzes. Augenfällig wurde der unterschiedliche Aufklärungsstand auf Bischofsebene an den kontrastierenden Reaktionen des österreichischen und des deutschen Episkopats nach dem „Anschluß" im März 1938. Während die in Wien beratenden Oberhirten in den allgemeinen Jubel hineingerissen wurden und zeitweilig die Orientierung verloren, konnten ihre deutschen Amtsbrüder, durch ein Jahrfünft nationalsozialistischer Regierungserfahrung gewarnt, die bedrückende Problematik jeder Machtausweitung des NS-Staates nicht verkennen.

Die Desillusionierung folgte auf dem Fuß. Nicht innerhalb von Jahren wie in Deutschland, sondern von Monaten erstarb der Wahnglaube Kardinal Innitzers, durch Eingehen auf einen scheinbar kooperationswilligen staatlichen Partner eine Wende in der Kirchenpolitik herbeizuführen. Anstatt der „Heimkehr ins Reich", für die sich unzählige Österreicher begeistert hatten, erlebt sie die Eingliederung in ein totalitäres Herrschaftssystem. Was das konkret bedeutete, bekamen die österreichischen Diözesen in rücksichtsloser Schärfe zu spüren. Im Schnellverfahren und durch eine Flut von Verordnungen und Erlassen wurde kirchlicher Einfluß aus Öffentlichkeit und Schule hinausgedrängt. Nachdem das österreichische Konkordat von 1933 von Hitler durch die Angliederung für erloschen erklärt war, konnte die NS-Führung erstmals Vorstellungen verwirklichen, die sie mit verheerenden Konsequenzen für katholische Lebensinteressen aus dem Begriff des „konkordatsfreien Raumes" entwickelte. Vor der Negativfolie antikirchlicher Zwangsmaßnahmen wurde zum Greifen deutlich, wovor selbst ein durch Vertragsbruch beschädigtes Reichskonkordat die Kirche im Altreich immer noch bewahrte.

Während die Welle des Enteignens, Auflösens und Zerschlagens über katholische Einrichtungen hinwegging, stießen radikale Kräfte mit der Konfiszierung ganzer Klöster noch einen Schritt weiter als in Deutschland vor. Wo immer in der Folgezeit rückgegliedert oder auf nationalsozialistisch eingedeutscht wurde, verfuhren Sonderbeauftragte aller Grade gegen die Kirche nach dem in Österreich erprobten Reduzierungsschema[30].

Mit der dort erzielten Einengung kirchlichen Lebens war es jedoch Bormann noch immer nicht genug. Eigentlich zukunftweisend sollte darum erst das Kirchenexperiment im Reichsgau

[30] Dazu heißt es in der Denkschrift des deutschen Episkopats an die Reichsregierung, 18. Dezember 1942: „Rings um Deutschland herum baut sich in allen besetzten Gebieten ein Wall von Erbitterung und Feindschaft auf, der zum guten Teil entstanden ist durch die rücksichtslosen Eingriffe der deutschen Partei- und Zivilverwaltungsbehörden in die Gewissensfreiheit und das Glaubensleben der Bevölkerung." Druck: L. Volk (Bearb.), Bischöfliche Akten V, S. 967–972, hier 969.

Wartheland sein, wo historisch gewachsene kirchliche Organisation nicht auf ein der Partei genehmes Maß zurückgeschnitten, sondern nach Auslöschung aller Strukturen aus dem Nichts unter staatspolizeilicher Aufsicht entwickelt wurde[31]. Nach dem von der Parteikanzlei entworfenen gesetzlichen Rahmen sollten die Kirchen beider Konfessionen den Kümmerstatus privater Kultvereine nicht überschreiten. Es kann kein Zweifel sein, daß im Warthegau modellhaft entwickelt wurde, was den Kirchen nach einem siegreichen Kriegsende als künftige Verfassung im Gesamtstaat zugedacht war.

XII. Krieg ohne Burgfrieden

Die Wegweisung des Episkopats zum Kriegsausbruch im Herbst 1939 beschränkte sich auf ein Minimum, einen Aufruf zu Pflichterfüllung und Gebet, von den meisten Diözesanbischöfen mit unterschiedlichen Akzenten ausgestaltet. Das war z.T. Prophylaxe gegen den allzeit lockersitzenden Vorwurf nationaler Unzuverlässigkeit an die katholische Adresse, entsprach aber primär der überlieferten Verhaltensnorm. Waffendienst im Kriegsfall gehörte zu den staatsbürgerlichen Grundpflichten, und so wie die Verantwortung für den Kriegsentschluß selbst war auch das Urteil über seine moralische Vertretbarkeit zunächst – und zwar aufgrund des Informationsstands ausschließlich – den Trägern der Regierungsgewalt vorbehalten. Noch war den Zeitgenossen abschreckend präsent, wie leidenschaftlich und wie vergeblich nach 1918 die Kriegsschuldfrage diskutiert worden war. Woher sollten an der Schwelle zum Zweiten Weltkrieg die deutschen Bischöfe die Kompetenz nehmen, über Recht oder Unrecht der streitenden Parteien zu befinden, wo sie sahen, daß noch nicht einmal über die Verantwortung am Ausbruch des Ersten entschieden war? Die Gewißheit der gerechten Sache war zweifellos

[31] Vgl. dazu B. Stasiewski, Die Kirchenpolitik der Nationalsozialisten im Warthegau; K. Śmigiel, Die katholische Kirche im Reichsgau Wartheland; H. Breitinger, Deutschenseelsorger.

vorläufig, weil von Staats wegen dekretiert. Aber wer sie anfechten wollte, geriet in Beweisnot.

Da nach offizieller Lesart dem Gebot zu nationaler Geschlossenheit im Krieg alles unterzuordnen war, hätte das zuallererst für den Kirchenkampf gelten müssen. Was jedoch folgte, war weder Burgfrieden noch Schonzeit, sondern verschärfte Repression. Sie setzte ein, sobald die Initiatoren der Kirchenbedrückung begriffen, daß sie mit dem Vorwand „kriegsbedingter Erfordernisse“ über ein Argument verfügten, mit dem schlechthin jede Gewaltmaßnahme zu bemänteln war. Dem Einblick der Betroffenen entzogen, wirkte sein Begründungsanspruch universal und umspannte mühelos den Bogen kirchenfeindlicher Beschränkungen und Aktionen, angefangen vom Verbot öffentlicher Gottesdienste nach Alarmnächten (vor 10 Uhr vormittags) und der Unterdrückung kirchlicher Feiertage, über die Beschlagnahme und Enteignung von Klostergut bis zur Totalliquidierung der Kirchenblätter.

In der Terminologie der Verfolger fiel regimekritisches Verhalten bis Kriegsbeginn unter die Rubrik „staatsfeindlich“. So wurde Bischof Sproll von Rottenburg Staatsfeindlichkeit zur Last gelegt, weil er der Wahl vom 10. April 1938 ferngeblieben war. Abseits jeder Rechtsprechung zwang ihn die Gestapo durch ein Aufenthaltsverbot für Württemberg bis zum Zusammenbruch des NS-Regimes zum Verlassen seiner Diözese[32]. War aber Auflehnung gegen die nationalsozialistische Kirchenpolitik schon im Frieden „staatsfeindlich“ gewesen, so steigerte das die Kriegslage zur „Feindbegünstigung“. Schärfste, jedenfalls unberechenbare Sanktionen drohten jedem, der trotzdem ein Wort der Kritik wagte. Die Ausweitung des Terrors bekam vor allem der Klerus zu spüren. Während vor 1939 nur wenige Einzelfälle mehrmonatiger KZ-Haft für einen katholischen Geistlichen nachweisbar sind, endete von da an die der ordentlichen Gerichtsbarkeit entzogene „Schutzhaft“, mit der die Gestapo schon bei kleinsten Verstößen gegen Kleriker vorzugehen pflegte, fast regelmäßig

[32] Vgl. dazu ausführlich P. Kopf / M. Miller (Hrsg.), Die Vertreibung von Bischof Joannes Baptista Sproll.

mit der Einlieferung ins Konzentrationslager. Wie alle Häftlinge wurden sie dort unbefristet, d.h. de facto bis zum Ende des Krieges, festgesetzt, sofern sie nicht den Peinigungen und Strapazen erlagen, denen sie auch im Priesterblock des Lagers Dachau ausgesetzt waren. So starben von 304 reichsdeutschen Priesterhäftlingen 67, von 83 österreichischen 18. Gab es in der Verwahrungshaft des Konzentrationslagers immerhin noch eine Überlebenschance, so machten Sondergerichte mit Angeklagten, auf die nach Ansicht der Gestapo die Paragraphen der Kriegsgesetzgebung paßten, kurzen Prozeß. Waren es Geistliche, so wurde Gegnerschaft zum NS-Staat vorausgesetzt und straferschwerend ins Urteil eingebracht.

XIII. Gegen die Euthanasie-Aktion

Dem aufs militärische Kampfgeschehen abgelenkten Blick der Öffentlichkeit entging eine ungleich tiefere Zäsur als der Kriegsausbruch selbst, obwohl beides aufs engste zusammenhängt, nämlich die totale Enthemmung von Hitlers Machtmißbrauch. So gesehen handelte Hitler persönlich völlig konsequent, wenn er die Wochen später erlassene Weisung zum Massenmord an den Geisteskranken auf den 1. September 1939 zurückdatierte[33]. Es dauerte Monate, bis Einzelindizien Verdacht erregten, und nochmals Monate, bis sie sich zum unbezweifelbaren Beweis verbrecherischen Treibens in den Euthanasie-Anstalten zusammenfügten. Über unmittelbar betroffene Bevölkerungskreise drang die alarmierende Nachricht auch an das Ohr einzelner Bischöfe.

Nacheinander protestieren im Sommer 1940 in der Reichskanzlei der Erzbischof von Freiburg mit dem Generalvikar von Rottenburg, Kardinal Bertram im Namen des Gesamtepiskopats auf Betreiben des Bischofs von Münster und im November 1940 Kardinal Faulhaber gegen das Mordprogramm der Euthanasie-

[33] Vgl. hierzu auch L. Volk, Episkopat I, S. 86–92.

Aktion[34]. Diese, wie gleichzeitige Vorstellungen von evangelischer Seite verhallten wirkungslos. Es gibt einen Begriff von dem ohnmächtigen Obrigkeitsrespekt aller Volksschichten, daß die Tötungsmaschinerie noch fast ein ganzes Jahr auf vollen Touren laufen konnte, ehe das Schweigen über den staatlich betriebenen Massenmord gebrochen wurde. Von den Kirchenmännern beider Konfessionen war es zuerst der Bischof von Münster, der in dem vom NS-Regime herbeigeführten Konflikt zwischen Lebensrecht und Staatsgewalt nicht nur in seinem Innern für die Gemordeten Partei ergriff, sondern das in seinen berühmt gewordenen Predigten vom Sommer 1941 auch öffentlich bekannte. Daß hier ein einzelner ungeschützt von der Kanzel herab das NS-Regime in die Schranken wies, indem er ihm ein Staatsverbrechen vorwarf, war ein Ereignis von unerhörter Brisanz. Sie bewirkte, daß die Galen-Predigten, obwohl in der deutschen Presse totgeschwiegen, immer wieder abgeschrieben in einer sich selbst reproduzierenden Welle über die Fronten hinweg in Europa verbreitet wurden.

Noch vor dem Ruchbarwerden der Euthanasie-Aktion war innerhalb des Episkopats der kirchenpolitische Gegensatz zwischen Berlin und Breslau nach dem Vorspiel vom Herbst 1937 erneut aufgebrochen. Der Widerspruch Preysings entzündete sich an einer Geburtstagsgratulation Bertrams an Hitler, die der Breslauer Kardinal im April 1940 ohne vorherige Befragung des Gesamtepiskopats abgeschickt hatte. Über die Tatsache und den Inhalt des Schreibens war der Berliner Bischof so aufgebracht, daß er das von ihm geleitete Pressereferat der Bischofskonferenz aus Protest niederlegte[35]. Zu seiner Rechtfertigung führte der Kardinal an, daß er gemäßigte Kreise in Hitlers Umgebung stärken müsse. Es war ein Akt der Verzweiflung, nicht der Hitlerbewunderung, wenn sich Bertram auch in den folgenden

[34] Zu den genannten Dokumenten vgl. L. Volk (Bearb.), Bischöfliche Akten V, Nrn. 570, 572, 574, 576; ders., Akten Kardinal Faulhabers II, Nr. 793.

[35] Druck des Briefwechsels Bertram – v. Preysing, in: W. Adolph, Hirtenamt und Hitlerdiktatur, S. 158–171.

Jahren zähneknirschend der Prozedur eines Geburtstagsschreibens unterzog, um wenigstens über das Vehikel von Glückwünschen chiffrierten Einspruch gegen Gestapopolitiker ins Führerhauptquartier zu senden. Von Anregungen zu einer energischeren Abwehrhaltung, ja schon von dem Vorschlag, das Kirchenvolk über die Machenschaften der Verfolger ins Bild zu setzen, wollte er dagegen nichts wissen.

XIV. Klostersturm 1941

Der Gesamtsituation war das um so weniger angemessen, als der Vernichtungskampf gegen Christentum und Kirche, angefacht von der verfrühten Siegesgewißheit maßgeblicher Parteifunktionäre, um die Jahreswende 1940/41 seinem Höhepunkt zustrebte[36]. Bormann spekulierte offensichtlich auf die Ausrichtung aller Energie und Aufmerksamkeit auf das Kriegsgeschehen, als er parteiintern im Januar 1941 zu einem Raubzug großen Stils an Ordenshäusern und Klöstern aufrief und den Gauleitern eine Blankovollmacht zum Beschlagnahmen und Besetzen von Kirchengut ausstellte. Ähnlich wie schon vorher vereinzelt in Österreich legte in den folgenden Wochen und Monaten die Gestapo in Überrumpelungsaktionen ihre Hand auf Klöster und Abteien, setzte die Ordensleute auf die Straße und erklärte die Gebäude für beschlagnahmt. Allein im ersten Halbjahr 1941 fielen nicht weniger als 123 größere Komplexe (Mutterhäuser, Studienanstalten, Provinzialate) dem Zugriff der Gestapo zum Opfer. Vor allem auf dem Lande kam es zu erregten Auftritten der umwohnenden Bevölkerung, doch nur über Hirtenbriefe konnten weitere Kreise von der Tatsache solcher massiver Rechtsbrüche und der Diskriminierung des Kirchenbesitzes erfahren. So konnte infolge des punktuellen, unüberschaubaren und scheinbar unzusammenhängenden Vorgehens eine umfassende Protestbewegung nicht entstehen. Als Gestapo-Kommandos dazu übergingen, neben Ordenshäusern auch Knaben- und Priesterseminare zu

[36] Vgl. hierzu auch L. Volk, Episkopat I, S. 92–97.

beschlagnahmen, zerrann die Illusion, der Eroberungszug werde vor Diözesaneinrichtungen haltmachen. Eindeutig klar wurde damit vielmehr, daß die Institution Kirche von der Parteizentrale zum Abbruch freigegeben war.

Nicht zufällig wirkten Klosteraufhebungen in Münster mit der brutalen Proklamierung des Macht-vor-Recht-Standpunkts bei Bischof Galen als zündender Funke, sich zum Sprachrohr der angestauten Empörung im Kirchenvolk zu machen. Daß Hitler daraufhin am 30. Juli 1941 durch einen Geheimerlaß kirchenfeindliche Maßnahmen zunächst stoppte, wäre ein beachtlicher Erfolg gewesen, hätte nicht Bormann alle Vollmachten besessen, die Führerweisung authentisch, d.h. ganz nach Bedarf, zu interpretieren. Daß damit keineswegs verletztes Recht wiederhergestellt werden sollte, zeigte nichts schonungsloser als das bürokratische Weiterlaufen der Enteignungsverfahren, mit denen Ministerialbehörden dem Eroberungszug der Gestapo ein legalistisches Mäntelchen überwarfen. Nicht mehr im gleichen Tempo, aber grundsätzlich ungebrochen wütete der Klostersturm bis 1942 weiter.

Der Verdacht, wenn nicht zentraler Steuerung, so doch höchster Protektion hatte sich geradezu aufgedrängt und es bedurfte keines großen Spürsinns, um hinter der Konfiszierungskampagne den Kirchenhaß Martin Bormanns auszumachen. Wie sehr ihn das Ersinnen neuer Kampfmaßnahmen zur Überwindung des Christentums unaufhörlich beschäftigte, verriet neben zahllosen Einzelverfügungen mit letzter Deutlichkeit ein Elaborat von Anfang Juni 1941 über die Unvereinbarkeit von Christentum und Nationalsozialismus. Auf den gleichen Tenor war die Parteipropaganda gestimmt und zwar in einer Lautstärke und Penetranz wie seit 1937 nicht mehr. Während die Kirchenblätter unter Berufung auf den Papiermangel gewaltsam eingestellt wurden, erlebten antichristliche Pamphlete Auflagen in Rekordhöhe.

Der gemeinsame Hirtenbrief[37] des deutschen Episkopats vom Sommer 1941 erhob lauten Protest gegen die Radikalisierung der

[37] Vgl. L. Volk (Bearb.), Bischöfliche Akten V, S. 462–469.

Kirchenbedrückung mitten im Krieg. Daß die Bischöfe darüber hinaus für Hitlers eben begonnenen angeblichen Kreuzzug gegen den Bolschewismus keine Empfehlung hatten, erregte den Zorn des Kirchenministers. Anstatt allen Gläubigen „Siegeswillen und Siegeszuversicht einzuflößen“, so warf ihnen Kerrl vor, hätten sie versucht, „das Vertrauen zur Führung des deutschen Volkes zu erschüttern“[38].

Zur Weiterbehandlung eines akuten Einzelproblems hatte die Bischofskonferenz einen „Ausschuß für Ordnungsangelegenheiten“, einen Ableger des schwerfälligen Fuldaer Gremiums geschaffen, der in enger Fühlung mit Ordensleuten und Laien und von diesen inspiriert, über den Gründungszweck hinausgriff, um für den Gesamtepiskopat initiativ zu werden. Unerläßlich schien den treibenden Kräften im Herbst 1941 ein Appell an Reichsregierung und Öffentlichkeit, in dem verbindliche Klarstellung gefordert würde, wie es der deutsche Staat mit Christentum, Kirche und menschlichen Grundrechten halte. Von evangelischer Seite sollte ein Schritt in derselben Richtung geschehen. Die Notwendigkeit, die Regierenden öffentlich, weil nur so ohne Ausweichmöglichkeit, zur Rede zu stellen, leiteten die Planer aus der Tatsache ab, daß schriftliche Einsprüche des Konferenzvorsitzenden gegen immer flagranter werdende Unrechtshandlungen ohne jede Reaktion blieben. Obwohl das Projekt innerhalb des Episkopats auf breite Zustimmung stieß, konkretisierte es sich nur bis zu einer scharfen und substantiierten Denkschrift an die Reichskanzlei, während die gleichzeitige Verlesung von der Kanzel, die allein ihm Nachdruck verliehen hätte, zurückgestellt wurde. Damit war aber auch die Chance vertan, an Bertrams Bedenklichkeit vorbei für das Kirchenvolk ein Zeichen episkopaler Entschiedenheit zu setzen.

Tatsächlich machten Bertrams Konfliktscheu und Loyalitätsskrupel den Konferenzvorsitzenden in dieser finstersten Phase der Hitlerherrschaft zu einer tragischen Belastung für die Handlungsfähigkeit des Gesamtepiskopats. Gewiß hörte er nicht auf,

[38] Vgl. Kerrl an Bertram, 4. August 1941. Druck: Ebd. S. 506f.

gegen fast jeden Übergriff in gewohnter Gewissenhaftigkeit Beschwerde einzulegen, war aber zugleich von der Maxime geleitet, nichts zu riskieren, was die hochgespannte kirchenpolitische Lage verschärfen konnte. Empfindlich traf ihn die Einschüchterungsparole „Feindbegünstigung", vor allem wenn sie aus der Reichskanzlei kam. Überfordert wie er wäre indessen wohl auch jeder andere an seiner Stelle gegenüber dem Jahrhundertverbrechen des Judenmordes gewesen.

XV. Judendeportation und „Endlösung"

Die Probleme der katholisch gewordenen Juden hatten die Fuldaer Bischofskonferenz von 1933 ab regelmäßig beschäftigt[39] und im März 1935 zur Gründung des Hilfsausschusses für katholische Nichtarier geführt, der vom Deutschen Caritasverband und dem St. Raphaelsverein getragen wurde. Zu seinem Hauptaufgabengebiet entwickelte sich die Beratung und Unterstützung von Auswanderungswilligen, wobei allerdings der zahlenmäßige Erfolg weit hinter den Erwartungen zurückblieb und in keinem Verhältnis zu den unternommenen Anstrengungen stand. Ursache dieses Mißverhältnisses war die Zurückhaltung möglicher Aufnahmeländer, die dem Zustrom jüdischer Einwanderer fast unübersteigbare bürokratische Hindernisse entgegensetzten[40]. Dem Wirken des St. Raphaelsvereins machte die Gestapo durch Zwangsauflösung im Juni 1941 ein Ende. Neben dem Caritasverband in Freiburg mit seinen Filialen wurde das von Preysing begründete „Hilfswerk beim Bischöflichen Ordinariat Berlin" zu einem herausragenden Stützpunkt kirchlicher Hilfsbemühungen. Die Namen von Gertrud Luckner (Freiburg) und Margarete Sommer (Berlin) stehen hier stellvertretend für andere. Gemessen an dem Unvorstellbaren, das sich im Millionenmord an den Juden abspielte, war unzulänglich, was immer dagegen geschehen konnte, und noch unzulänglicher, was tatsächlich dagegen

[39] Vgl. hierzu L. Volk, Episkopat II.

[40] Zum Wirken des St. Raphaelsvereins in dieser Phase vgl. L.-E. Reutter, Fluchthelfer.

geschehen ist. Das gilt auch für die Haltung von Kirchenvolk und Klerus. Der erste Akt des Dramas, die Deportation, spielte zumindest an Orten mit jüdischer Bevölkerung noch im engeren Wahrnehmungsbereich. Was „Umsiedlung in den Osten" bedeutete, enthüllte sich erst später, den meisten erst nach dem Zusammenbruch.

Es waren die Szenen beim Abtransport, „die in der Chronik dieser Zeit einmal mit den Transporten afrikanischer Sklavenhändler in Parallele gesetzt werden", die den Münchner Kardinal im November 1941 alarmierten und den Ruf nach einem Protest des Gesamtepiskopats erheben ließen, „damit wenigstens die härtesten Härten, die einmal auf unser Volk zurückfallen, vermieden werden"[41]. Bei Bertram jedoch lähmte die vorauszusehende absolute Vergeblichkeit jedes Schrittes zugunsten der Juden den Willen auch nur zu einer schriftlichen Intervention. Richtig sah der Breslauer Kardinal, daß Opposition gegen die Judenpolitik nationalsozialistisches Selbstverständnis an seiner reizbarsten Stelle traf. Trotzdem entband das nicht von der Pflicht zum Widerspruch. Er war nicht mehr aufzuschieben, sobald sich dunkel abzuzeichnen begann, daß die Deportierten auf eine Reise ohne Wiederkehr geschickt wurden. Das fiel zusammen mit Vorkehrungen der Erfassungsorgane, den Kreis der Verfolgten auszuweiten. Wiederholt und mit wachsender Schärfe warnte von diesem Augenblick an Bertram in Berlin vor einer Einbeziehung der Halbjuden und der Zerreißung christlich-jüdischer Mischehen. Dabei machte er geltend, „daß nach allgemein anerkannten Lebensgrundsätzen auch gegenüber den Angehörigen anderer Rassen unverrückbare Pflichten der Menschlichkeit bestehen"[42].

Mit unübersehbarem Gegenwartsbezug verteidigt schließlich der Dekalog-Hirtenbrief[43] vom August 1943 öffentlich das von jeder Staatsform zu respektierende Recht auf Leben. Zum 5. Gebot

[41] Vgl. Faulhaber an Bertram, 13. November 1941. Druck: L. Volk (Bearb.), Akten Kardinal Faulhabers II, S. 824f.

[42] Vgl. Bertram an mehrere Reichsministerien, 11. November 1942. Druck: L. Volk (Bearb.), Bischöfliche Akten V, S. 944f., Zitat 944.

[43] Vgl. L. Volk (Bearb.), Bischöfliche Akten VI, S. 197–205.

heißt es dort: „Tötung ist an sich schlecht, auch wenn sie angeblich im Interesse des Gemeinwohls verübt würde: An schuld- und wehrlosen Geistesschwachen und -kranken, ... an unschuldigen Geiseln und entwaffneten Kriegs- oder Strafgefangenen, an Menschen fremder Rasse und Abstammung. Auch die Obrigkeit kann und darf nur wirklich todeswürdige Verbrecher mit dem Tode bestrafen." Erschließen konnte sich der volle Bedeutungsgehalt dieser Aussage freilich nur dem, der von der Judenvernichtung und dem Massensterben in deutschen Kriegsgefangenenlagern im Osten bereits wußte. Bei der Mobilisierung einer Hörerschaft gegen die Ermordung der Geisteskranken lagen die Voraussetzungen anders. Dort konnte der Funke des Kanzelprotests von Galen zünden, weil er in ein Auditorium fiel, das von der Tatsache des Euthanasieverbrechens nicht erst überzeugt werden mußte, sondern durch vielfältiges Betroffensein im Verwandtenkreis davon sichere Kenntnis besaß. Nichts kann klarer beleuchten, wie entscheidend wichtig der Informationsstand der Zuhörer war, damit eine bischöfliche Verurteilung als solche verstanden werden konnte.

An deren Dringlichkeit im Fall des Völkermords ist nicht zu rütteln. Dennoch darf die Zwangslage nicht verkleinert werden, der sich die Bischöfe dann gegenübersahen, wenn sie den geforderten Kenntnisstand erst schaffen, konkret also einer reservierten, weil vom Regime gelenkten öffentlichen Meinung die Tatsache eines so unvorstellbaren und damit innerlich unglaubwürdigen Verbrechens überhaupt erst einmal bewußt machen sollten[44].

[44] Der Effizienz seiner Abschirmungsmaßnahmen war sich Himmler so sicher, daß er in einer Geheimrede am 6. Oktober 1943 hinsichtlich der Judenvernichtung, die er zwei Tage zuvor ein „niemals zu schreibendes Ruhmesblatt unserer Geschichte" genannt hatte, die Auffassung vertrat, man könnte „vielleicht in ganz später Zeit sich einmal überlegen, ... ob man dem deutschen Volk etwas mehr darüber sagt. Ich glaube, es ist besser, wir ... nehmen ... das Geheimnis mit in unser Grab". Druck: Der Prozeß gegen die Hauptkriegsverbrecher vor dem Internationalen Militärgerichtshof (IMG) Nürnberg 14. November 1945 – 1. Oktober 1946, Bd. XXIX, Nürnberg 1948, S. 145; Heinrich Himmler, Geheimreden 1933 bis 1945 und andere Ansprachen, hrsg. v. Bradley F. Smith und Agnes F. Peterson mit einer Einführung von Joachim C. Fest, Frankfurt/M.–Berlin–Wien 1974, S. 170f.

Zudem verfügten die Bischöfe mitnichten über das jeden Zweifel ausschließende, öffentlich verwertbare Beweismaterial, von den Mitteln zu seiner Verbreitung ganz zu schweigen. Es gehört zu den Rätseln alliierter Informationspolitik, daß sie von der durchschlagendsten aller moralischen Waffen gegen das NS-Regime, Hitler vor den Deutschen als millionenfachen Massenmörder zu entlarven und durch diese vernichtende Bloßstellung von seiner Machtbasis zu trennen, keinen Gebrauch machte.

XVI. Widerstand und Verfolgung

Ausdrucksformen der Gegnerschaft zum NS-Regime gab es unzählige, vom Schweigen über das Bekennen bis zur gewaltsamen Auflehnung. Allein schon bewußtes Katholischsein provozierte bei den Systemschützern Oppositionsverdacht. In der Reihe katholischer Tatzeugen gegen die Hitlerherrschaft markieren Claus Graf Stauffenberg und Max Josef Metzger die äußeren Pole von Widerstand, wobei zwischen dem zustoßenden Attentäter und dem Brücken bauenden Pazifisten der Widerspruch gegen die Tyrannei vielerlei Zwischenstufen kennt, dargestellt durch Namen wie Eugen Bolz, Alfred Delp und Bernhard Letterhaus. Nicht primär auf die Beseitigung des Diktators, sondern auf das Entwerfen einer staatlichen Neuordnung für die Zeit nach ihm waren die Zusammenkünfte des Kreisauer Kreises gerichtet, der auch für katholische Auffassungen und kirchliche Kontakte offen war. Doch schon die Absicht, über ein Deutschland nach Hitler hinauszudenken, galt als Hochverrat und todeswürdiges Verbrechen. Wie exponiert auch immer, stellte Papst Pius XII. alle Bedenken zurück, im Winter 1939/40 einer von der deutschen Militäropposition versuchten Friedenspolitik voranzuhelfen, die auf der Ausschaltung Hitlers basierte. Nur aufgeschoben hatte das Regime die Abrechnung mit dem Bischof von Münster, dem allein kriegspsychologische Rücksichten eine Galgenfrist bis zu Hitlers angestrebten Endsieg verschafften. Wo eine Ebene niedriger kein Aufstand des Kirchenvolkes drohte, schlug die Gestapo erbarmungslos zu wie etwa gegen den Berliner Dompropst Lichtenberg, der, obwohl todkrank, nach Dachau verfrachtet wurde und auf halbem Wege verstarb. Ähnlich wie im November 1936 in Oldenburg löste im Sommer 1941 in Bayern die Anordnung, die Kruzifixe aus den Schulräumen zu entfernen, vor allem bei der Landbevölkerung so einhelligen Protest aus, daß die Aktion gestoppt werden mußte.

Trotz schärfster Opposition zur Kulturkampfgesetzgebung des Kaiserreichs hatte der katholische Volksteil nie davon abgelassen, im Staat den Hüter der rechtlichen Grundordnung zu erblicken, wie korrekturbedürftig diese im einzelnen sein mochte. Sich im Kirchenkampf nach 1933 an diesem Staatsbegriff zu orientieren, wurde für Bischöfe und Kirchenvolk in dem Maße problematisch, wie nationalsozialistischer Machtgebrauch fundamentale Rechtsvorstellungen ignorierte. Daß auf die Herausforderung des totalitären Weltanschauungsstaats die treffende Entgegnung erst tastend gesucht werden mußte, darf bei der Fremdartigkeit des Phänomens in den dreißiger Jahren nicht verwundern. In der Auseinandersetzung mit dem NS-Staat ersatzweise die Funktion der ausgeschalteten originär politischen Kräfte wie Parteien, Verbände, Gewerkschaften zu übernehmen, hatte die Kirche keine Legitimation. In ihrer Existenz wurde sie von den Machthabern allein deswegen und zwar höchst widerwillig respektiert, weil sie als Gegebenheit und in ihrem Einfluß auf das katholische Volksdrittel nicht von heute auf morgen zu beseitigen war. Um so zahlreicher waren die Zwangsauflagen, alle kirchliche Aktivität so einzuengen, daß ihr öffentliches Wirksamwerden verwehrt und sie hinter die Kirchenmauern verwiesen würde. Wie hinter dem Einschließungsring, den das NS-Regime mit immer neuen organisatorischen Fesseln um die Kirche legte, die verbleibenden Wirkmöglichkeiten effizient und verantwortungsvoll zu nutzen seien, hat ein Grundsatzpapier aus dem Kölner Generalvikariat nach vier Jahren Kirchenbedrückung Anfang 1937 auf die Formel gebracht: „Das Glaubensleben in möglichst vielen Katholiken so zu vertiefen und zu stärken, daß sie den Prüfungen der Zeit gewachsen sind, auch wenn Bekennertreue von ihnen verlangt wird." Wo solche Bekennertreue gefordert war, mußte jedes Kirchenglied für sich selbst entscheiden. Auf allen Ebenen gab es neben der Bewährung auch Schwäche und Versagen. Mit diesem Eingeständnis hielten die Bischöfe in einem ersten Fazit nach der Hitlerherrschaft nicht zurück[45], warnten aber ebensosehr vor vorschnellem Rigorismus. Dem Drang zu Pauschalverdammungen hatte schon die Kriegspropaganda unbedenklich nachgegeben, das Entsetzen über das volle Ausmaß von Hitlers Gewaltverbrechen in den Konzentrations- und Vernichtungslagern gab ihm bei den Besatzungsmächten neuen Auftrieb. Wer wie die Bischöfe aus eigener Kenntnis mit der Komplexität der Lebensbedingungen unter totalitärer Herrschaft vertraut war, wo sich die Zonen des Bekämpftwerdens, des Abseitsstehens und des Einbezogenseins durchdrangen und vermischten, mußte auf der Notwendigkeit individueller Differenzierung entschieden bestehen.

Als Konzept kirchlichen Widerstands mag die Maxime „Bekennertreue durch Gewissensbildung" minimalistisch anmuten. Immerhin spricht für seine Vertretbarkeit die Bewährungsprobe, die es über 1945 hinaus durchlaufen hat. Es blieb oder wurde überall dort aktuell und in seiner Allgemeingültigkeit erhärtet, wo katholische Gemeinden und Diözesen hinter kommunistischem Vorzeichen unter totalitäre Herrschaft gerieten und ähnlicher oder schlimmerer Unfreiheit ausgesetzt wurden als im NS-Staat.

[45] Vgl. Hirtenbrief des deutschen Episkopats, 23. August 1945. Der Passus lautet: „Furchtbares ist schon vor dem Kriege in Deutschland und während des Krieges durch Deutsche in den besetzten Ländern geschehen. Wir beklagen es zutiefst: Viele Deutsche, auch aus unseren Reihen, haben sich von den falschen Lehren des Nationalsozialismus betören lassen, sind bei den Verbrechen gegen menschliche Freiheit und menschliche Würde gleichgültig geblieben; viele leisteten durch ihre Haltung den Verbrechen Vorschub, viele sind selber Verbrecher geworden. Schwere Verantwortung trifft jene, die auf Grund ihrer Stellung wissen konnten, was bei uns vorging, die durch ihren Einfluß solche Verbrechen hätten hindern können und es nicht getan haben, ja diese Verbrechen ermöglicht und sich dadurch mit den Verbrechern solidarisch erklärt haben." Druck: L. Volk (Bearb.), Bischöfliche Akten VI, S. 688–694, Zitat 689f.

Ulrich von Hehl

Das Kirchenvolk im Dritten Reich

Der Katholizismus vor 1933

Eine Betrachtung des Verhaltens der kirchlich gebundenen Bevölkerung im Dritten Reich muß zunächst davon ausgehen, daß der Katholizismus in Deutschland eine Minderheit war. Nach der Volkszählung vom 16. Juni 1933 waren von 65,2 Millionen Deutschen 21,2 Millionen römisch-katholisch, also nicht mehr als ein knappes Drittel[1]. Geschlossene katholische Siedlungsgebiete lagen vor allem im Westen und Süden des Reiches, in den Rheinlanden und Westfalen, im Ems- und oldenburgischen Münsterland, im Gebiet um Fulda, in Teilen der Pfalz und des Odenwaldes, in Bayern und Baden, aber auch im südöstlichen Schlesien. Charakteristische katholische Inseln waren das Eichsfeld in Thüringen, kleine Gebiete im Sorbischen und das ostpreußische Ermland.

Der statistischen Disparität entsprach auch in politisch-sozialer Hinsicht eine gewisse Sonderstellung, die nicht zuletzt ein Ergebnis des Kulturkampfes der Bismarckzeit war. Zwar hatte der Katholizismus den Makel der Reichsfeindschaft weitgehend überwunden und durch die Weimarer Reichsverfassung von 1919 die staatsbürgerliche Gleichberechtigung errungen, doch waren eine auffällige Unterrepräsentanz in vielen Führungsschichten und tiefe Gräben zwischen den Konfessionen geblieben[2].

Eine Folge der durch den Kulturkampf bewirkten innerkirchlichen Solidarisierung war nach außen hin namentlich ein weitverzweigtes Vereins- und Verbandswesen, das nahezu alle Lebens-

[1] Angaben nach Statistischem Jahrbuch für das Deutsche Reich 53 (1934), S. 14. Vgl. auch unten S. 199, Schaubild 1.

[2] Zur Geschichte des deutschen Katholizismus im 19. und 20. Jahrhundert vgl. die Überblicksdarstellungen in A. Rauscher (Hrsg.), Der soziale und politische Katholizismus I; H. Hürten, Geschichte des deutschen Katholizismus; K. Schatz, Zwischen Säkularisation und Zweitem Vatikanum.

bereiche des Kirchenvolks umfaßte. Zu Beginn der dreißiger Jahre kam eine Aufzählung gut und gern auf „zirka 280 große und kleine Organisationen und Organisatiönchen“[3] mit einer in die Millionen gehenden Mitgliederzahl, darunter so bedeutende Vereinigungen wie der Reichsverband der Katholischen Jugend Deutschlands mit 1,5 Millionen oder der Reichsverband der katholischen Arbeiter- und Arbeiterinnenvereine Deutschlands mit 315000 Mitgliedern[4].

Hervorstechendster Ausdruck katholischen Selbstbehauptungswillens war indessen die Zentrumspartei, die gerade durch ihr enges Zusammenwirken mit Verbänden und katholischer Presse recht eigentlich das begründete, was man „politischen Katholizismus“ nannte. Während des Kulturkampfes zur maßgeblichen Interessenvertretung der deutschen Katholiken geworden, hatte das Zentrum seither zwar ständig an Stimmen verloren, war aber für die Weimarer Republik eine zentrale politische Kraft geblieben[5].

Mit nachlassendem staatlichen Druck bei gleichzeitig fortschreitender „Säkularisierung“ des gesellschaftlich-religiösen Lebens in Deutschland hatten sich auch die Bindungen vieler Katholiken an ihre Kirche gelockert. Es ist daher sinnvoll, im folgenden nicht vom Katholizismus schlechthin, sondern vom „Kirchenvolk“ als demjenigen Teil zu sprechen, der kirchlicher Beeinflussung zugänglich war. Damit sind die sogenannten praktizierenden Katholiken gemeint, die im Sinne der (Osterkommunion-)Statistik als „bekenntnistreu“ angesehen werden. Das waren im Reichsdurchschnitt der Jahre 1930 bis 1933 ca. 62,4 von Hundert, also ein deutlich höherer Prozentsatz als heute (1986 zum Vergleich: 23,3 Prozent)[6].

Von diesen gut 62 Prozent bekenntnistreuen Katholiken haben bis zum Ende der Weimarer Republik etwa zwei Drittel das

[3] Vgl. K. Repgen, Hitlers Machtergreifung, S. 16.

[4] Angaben nach Kirchlichem Handbuch XVIII (1933/34), S. 104ff. Vgl. auch unten S. 202, Schaubild 4.

[5] Vgl. U. v. Hehl, Zentrumspartei.

[6] Angaben nach Kirchlichem Handbuch XVIII (1933/34), S. 288, und XIX (1935/36), S. 298. Die Vergleichszahl nach Kirchlichem Handbuch XXIX (1976/86), S. 12. Vgl. auch unten S. 200, Schaubild 2.

Zentrum und dessen bayerische Schwesterpartei, die BVP, gewählt. Ein Blick in die Wahlstatistiken zeigt, daß sich die beiden katholischen Parteien auf einen zwar geschrumpften, aber trotz allem doch festen Wählerstamm stützen konnten, der im Durchschnitt der Wahlen von 1919 bis 1933 bei 16,2 Prozent aller abgegebenen Stimmen lag[7].

Dieser Stetigkeit des Wahlverhaltens kommt gerade für die letzten Weimarer Abstimmungen besondere Bedeutung zu. Mit der Reichstagswahl vom 14. September 1930 war dem Nationalsozialismus erstmals ein atemberaubender Stimmenzuwachs gelungen, den Hitler im Juli 1932 noch einmal verdoppeln konnte. Fragt man daher unter konfessionellem Aspekt: „Wer verhalf der NSDAP zum Sieg?“[8], so ergibt sich, daß die Partei in nahezu allen „katholischen“ Wahlkreisen weit unter dem Reichsdurchschnitt blieb[9]. Die nationalsozialistischen Hochburgen lagen im Norden und Osten Deutschlands, daneben in Thüringen, Hessen und Mittelfranken. Nach 1930 wurde „der Konfessionsfaktor sogar zur wichtigsten Einflußgröße des nationalsozialistischen Wählerverhaltens überhaupt. Die NSDAP entwickelte sich nun immer stärker zu einer Partei des protestantischen Bevölkerungsanteils. In katholischen Gebieten, wo die Bewohner noch stark religiös integriert waren, dominierten Zentrum oder BVP eindeutig; die NSDAP hatte hier nur sehr geringe Erfolgsaussichten. Erst bei der Märzwahl 1933 gelangen ihr hier einige kleinere Einbrüche“, vornehmlich in ländlich strukturierten Wahlkreisen Bayerns und Badens[10].

Die Gründe für dieses Wahlverhalten wird man nicht nur in angestammter „Zentrumstreue“, sondern vor allem in der gemeinsamen Abwehrfront von Episkopat, Klerus, Verbänden, katholischer Presse und Zentrumspartei bzw. BVP suchen müs-

[7] Vgl. die Übersichten bei A. Milatz, Wähler und Wahlen, und J. Falter / T. Lindenberger / S. Schumann, Wahlen und Abstimmungen.

[8] So der Titel einer Untersuchung von J. W. Falter.

[9] Vgl. die Wahlkarten bei A. Milatz, Wähler und Wahlen, sowie die Beilage im hinteren Umschlagdeckel „Wahlverhalten der katholischen Bevölkerung Deutschlands 1932–1933“.

[10] J. W. Falter, Wer verhalf der NSDAP zum Sieg?, S. 16. S. auch ders., Wahlen und Wählerverhalten.

sen. Sie fand ihren spektakulärsten Ausdruck in den seit der Jahreswende 1930/31 erlassenen oberhirtlichen Warnungen vor dem Nationalsozialismus, in den jeweiligen Wahlhirtenworten der Bischöfe und zuletzt noch im „Mahnruf katholischer Volksverbände" vom 17. und im Wahlhirtenbrief vom 20. Februar 1933[11].

Gleichwohl konnten solche Aktionen nicht verhindern, daß Hitler im Bund mit der Kampffront Schwarz-Weiß-Rot nach der Reichstagswahl vom 5. März 1933 über die absolute Mehrheit der Stimmen verfügte. Zwar war ihm auch diesmal kein tiefer Einbruch in die Masse der katholischen Stammwählerschaft gelungen, doch hatten Zentrum und BVP ihre parlamentarische Schlüsselstellung verloren. Sie waren zur Mehrheitsbildung nicht mehr erforderlich.

Im Jahr der Machtergreifung

Noch entscheidender war für den deutschen Katholizismus das Datum des 30. Januar 1933. Denn mit der Übertragung der Kanzlerschaft an Hitler durch den greisen Reichspräsidenten von Hindenburg sahen sich Kirche und Kirchenvolk vor eine grundlegend veränderte Situation gestellt: Die autoritativ verurteilte NS-Bewegung hatte nunmehr die Staatsmacht inne; Hitler und seine deutschnationalen Koalitionspartner waren zur rechtmäßigen Obrigkeit geworden, der man nach alter kirchlicher Lehre den staatsbürgerlichen Gehorsam schuldete.

Jedes Zögern oder Abwartenwollen wurde überdies durch den stürmischen Verlauf der NS-Revolution überrollt. Namentlich seit den Märzwahlen war Deutschland in einen propagandistisch gesteigerten nationalen Rauschzustand versetzt und von der Aussicht auf „wahre Volksgemeinschaft" erfüllt. Der „Parteienhader von Weimar" schien endlich überwunden, und ein „Kabinett der nationalen Konzentration" versprach tatkräftige Lösung der drängenden politischen und wirtschaftlichen Fragen.

[11] Druck: B. Stasiewski (Bearb.), Bischöfliche Akten I, S. 1–7, 800–811 und 814–843.

1. Wahlplakat der Deutschen Zentrumspartei 1932

JUNGE FRONT

WOCHENZEITUNG INS DEUTSCHE JUNGVOLK

2. Jahr. Nr. 8 — Düsseldorf, 19. Februar 1933 — 10 Pfg.

In dieser Nummer:
- Aufruf katholischer Verbände
- Faschistische Taktik
- Presseball

Schreie, Wahrheit!

J. M. Als man im Februar 1919 in der Weimarer Nationalversammlung über das Gesetz zur Bildung einer vorläufigen Reichswehr debattierte, begrüßte ein deutschnationaler Abgeordneter die alten Berliner Schutzleute, die von der Revolution abgesetzt worden waren und dann, wie man sagt, unter Noskes Hilfe wieder in Weimar erschienen, mit dem mehr als bezeichnenden Wort „So kommt hoffentlich eins nach dem andern wieder!" Es ist alles eins nach dem andern wiedergekommen.

Und wer rückblickend einmal die Geschichte des Zusammenbruchs der Revolution von 1918 verfolgt, auf der sich dann die Revolution vom Januar 1933 aufbaute, der wird mit Erstaunen feststellen, mit welcher Leichtgläubigkeit die führenden Männer der Demokratie sich immer wieder von ihren erbittertsten Gegnern übers Ohr hauen ließen. Und mit welchem lächelnden Hohn die neuen Herrn dem deutschen Volke nach und nach den ganzen alten Klempnerladen wieder einrichten konnten, den es damals mit unendlichem Ekel ausgeräumt hatte. Aber die tapferen patriotischen Filme, die Reden, die vom Salböl der Gerechtigkeit troffen und den Himmel auf die Erde zu zaubern versprachen, und nicht zuletzt der „rollende Rubel", der aus den Taschen derer um Hugenberg, Papen und Hitler zu recht eindeutigen Zwecken unter das ausgepowerte Volk geschmissen wurde, — alles das hat seine sicher berechnete Wirkung nicht verfehlt.

Wir sind wieder so weit,

daß wir meinen, ein Volk sei im Rausch der Begeisterung zusammenzuschmieden und wir haben aus den Kriegsjahren gar nichts dazu gelernt, daß nämlich das „Erlebnis des Schützengrabens" nur eine kurzfristige Gemeinschaft herstellen kann, die lediglich einmal für eine kurze Notzeit aushält. Daß aber jeder Versuch, ein Volk auf die Dauer auf einen festen Grund zu stellen, andere Voraussetzungen benötigt, als einen Fackelzug und eine rissige Koalition, in der jeder den anderen möglichst auszustechen und in einem erbitterten Wahlkampf aus dem Sattel zu heben sucht — das hat das deutsche Volk offenbar noch nicht gelernt.

Darum muß uns vielleicht wieder einmal nach allen Regeln der Kunst vorexerziert werden, was es heißt, von denen regiert zu werden, die ihre Rezepte noch aus der Vorkriegszeit her in der Schublade liegen haben. Sie brauchten nur ihre Tresors aufzuschließen. Denn auch sie haben nichts dazu gelernt. Es sei denn, daß man das bißchen Sinn für Massenaufputschung, für Werbung, für raffinierte Ausnutzung der Notzeit eines Volkes als politische Großtat maskieren wollte. Uns scheint eher dieser Riecher für die Konjunktur, dieser Mißbrauch des Schlagwortes, diese vervielfältigte Anrufung Gottes für die Parteizwecke des Interessentenhaufens eine Erschütterung des Denkvermögens und eine Unverantwortlichkeit gegenüber den letzten Fundamenten darzustellen, daß wir uns wahrhaftig nicht wundern würden, wenn beim nächsten Mal alles das, was noch an christlichen Werten innerhalb des deutschen Volkes vorhanden ist, restlos über Bord gehen würde. Daß man vorne an der Spitze der Akteure Herrn von Papen sehen muß, das ist bitter und schmerzlich, aber nicht zu ändern. Von kleineren Männern wollen wir dabei ganz schweigen, die beim Zentrum nicht schnell genug nach vorne rückten und es nicht lassen können, sich als Gernegroß dem staunenden Volk zu zeigen.

Parteibuchbeamte an die Front

Man muß es den neuen Männern lassen: zimperlich sind sie nicht! Sie werfen mit einer Beschleunigung alles, was auch nur von ferne noch irgendwie nach „Novemberverbrecher" aussieht, aus den Ämtern, daß dagegen alle bisherigen Maßnahmen früherer Regierungen wie ein Puppentheater wirken. „Das Ende der roten Futterkrippenwirtschaft", schreibt der „Völkische Beobachter". Soll es der Anfang einer braunen oder schwarzweißroten Futterkrippenwirtschaft sein? Was die Republik im Jahre 1918 nicht wagte, ja was nicht einmal nach dem Kapp-Putsch im Frühjahr 1920 sich durchsetzte, nämlich eine in Haupt und Gliedern eindeutige Verwurzelung der Demokratie, das ist für den neuen Faschismus und für Hugenbergs Pläne erste und unerläßliche Voraussetzung: Besetzung der maßgebenden Stellen mit Parteibuchbeamten. Sie kennen wahrscheinlich Joseph de Maistre, den französischen Staatsphilosophen nicht, aber sie handeln nach einem seiner Worte: „Um die Ideen zu töten, muß man die Menschen töten." Und darum nutzen sie ihre Macht rücksichtslos aus und lassen alles, was ihnen nicht gefällt, in die Wüste gehen.

Und diese neuen Herren machen es nicht so, wie es die demokratischen Parteien zu tun beliebten, die oft und immer wieder an einflußreichen Stellen diejenigen einsetzten, die ihnen „politisch nahe standen". Die wußten dann im gegebenen Moment nichts Besseres zu tun, als schleunigst den Staub ihrer alten politischen Heimat von den Füßen zu schütteln, wenn sie glaubten, daß ihre Lackstiefel von der Demokratie vielleicht ein paar Dreckspritzer von unten her mitbekommen könnten, die ihnen das Fortkommen erschweren würden.

Es ist gut, daß wieder einmal der Sturm durch die Äste pfeift! Daß wir wieder einmal sehen, wer dann noch wagt, sich zu uns zu bekennen! Daß wir die Spreu wieder einmal vom Weizen sondern können! Daß wieder einmal ein paar Mann über Bord gehen, um sich auf einem anderen Schiff anwerben zu lassen, wo noch etwas katholischer „Anstrich" gebraucht wird, um damit den Dummen eine Schaustellung zu geben!

Auf Versprechungen können wir leider keine Rücksicht mehr nehmen. Wir haben ein innerstes Mißtrauen gegen diese billige Methode der Deutschnationalen. Herr Spahn und sein Anhang können uns nicht ermutigen, viel Vertrauen zu der Katholikenfreundlichkeit zu haben, die jetzt von Hugenbergs Werbern wieder einmal ganz groß geschrieben wird. Während Herr von Papen im Sportpalast schöne Reden über die Mitarbeit der Katholiken am Staat hält (als ob der deutsche Katholizismus darum auf Herrn von Papen hätte warten müssen!) schmeißt Herr Göring in Preußen einen Katholiken nach dem andern aus seinem Amt. Das ist der schneidende Gegensatz zwischen Theorie und Praxis, der in der „Harzburger Front" gang und gäbe ist! Das ist das Prinzip der Arbeitsteilung, auf das nur noch die ganz Dummen hereinfallen. Das sind die Methoden, mit denen sich dieses „autoritäre System" auch den letzten Kredit im deutschen Volke wegwirtschaften wird.

Stille Fahnenträger

Auf diese Art und Weise soll die Herrschaft derjenigen wieder eingerichtet werden, die noch Stellungen suchen, die sie ihrer Herkunft entsprechend glauben beanspruchen zu können. Vom Staatssekretär bis zum Nachtwächter werden die Posten vergeben. Die Bewerber drängen sich. Und die Methoden erinnern verzweifelt an die Tage der Besetzung von Rhein und Ruhr. 1918 haben sie die Gräben verlassen, und die Bewahrung des Reiches vor Zusammenbruch und völligem Untergang, die überließen sie neidlos den „Novemberparteien".

Denn bei dieser Arbeit setzte es Späne und man mußte hart anpacken. Es war keine Arbeit, bei der man große Reden halten konnte. Auch keine Arbeit, bei der man Lorbeerkränze einheimste. Im Gegenteil! Bei dieser Arbeit mußte man nach Versailles, mußte den Vertrag unterzeichnen und in ewigen mühseligen Verhandlungen langsam Schritt für Schritt neuen Boden für Deutschland gewinnen. Eine Tätigkeit, die Stresemanns frühen Tod zum Beispiel mitverschuldete und Brünings innerdeutsche Aufbauarbeit erschwerte.

Eines dürfen diese „Novemberparteien" jedenfalls für sich in Anspruch nehmen: die Ehrenerklärung, die ihnen die Rechtsparteien in der Nationalversammlung abgaben, als sie es fertigbrachten, sich an der Ratifizierung des Versailler Friedens vorbeizudrücken. Diese Ehrenerklärung sollte heute von allen Plakatsäulen und allen Zäunen herunter dem deutschen Volke erzählen, daß es in Deutschland Leute aus unseren Reihen gegeben hat, die den Mut hatten, durch das dunkelste Stück der deutschen Geschichte die Fahne der Wiedergeburt unentwegt, still und ohne Phrasendrescherei, aufrecht zu halten, trotz allem Schmutz, den man über sie ausgießen durfte. Aufrecht zu halten, als es noch Mut kostete, seine Haut für Deutschland zu Markte zu tragen. Aufrecht zu halten, als verhetzte Freibeuter Erzberger und Rathenau niederknallten. Aufrecht zu halten, als diejenigen, die heute die Früchte einheimsen wollen, sich an der Osthilfe gütlich taten oder sich an der Inflation, die ihnen Herr Cuno bescherte, auf Kosten des deutschen Volkes gesund machten.

Auf Kosten des deutschen Volkes!

Wie immer, so versucht auch jetzt eine kleine Schicht, zusammengesetzt aus Großlandwirten, aus Teilen der Schwerindustrie, aus ehemaligen Generälen, die wieder Morgenluft wittern, ihre Suppe an unserem Feuer zu kochen. Das Volk soll der Steigbügel sein, auf dem sie sich nun in die Amtlichkeit heben. Die Zeit zum Generalangriff scheint ihnen günstig wie nie. Daß dabei die nicht fehlen, für die ein Katholik schon immer so etwas wie ein leibhaftiger Gottseibeiuns war, bedarf kaum der Erwähnung. Das Bild wäre ja auch nicht vollzählig und nicht völlig abgerundet. Und wenn es gegen die verdammten Katholiken ging, dann haben sich die Herrn immer noch richtig zusammengefunden. Die „ganze Richtung" paßt ihnen eben nicht.

Wilhelm der Zweite scheint wieder einmal in Deutschland den Ton angegeben. Und wenn er es nicht selbst Höchstpersönlich ist — nun: Ton und Weise haben sich haargenau weiter vererbt: „Mein Wille, sie zu vernichten, ist ein unbändiger." Oberflächlichkeit ist wieder Trumpf. Der ganze Phrasenschwall eines billigen Patriotismus bläht sich zu einem üblen und ekelerregenden Bluff. Fürwahr: wir gehen herrlichen Zeiten entgegen. Auf Kosten des deutschen Volkes!

Schnitt von Leopold Krause

Hier wird nichts entschuldigt

Hier werden die Sünden der Republik nicht in Schutz genommen. Wir wissen von manchem Schritt, der besser unterblieben wäre. Wir wissen aber auch von manchem Unterlassen, das die Situation für die Demokratie erschweren mußte. Gerade wir Jungen haben manche Schwäche der Republik nur zähneknirschend ertragen. Wir haben den Liberalismus, der ja erst dem erbittertsten Feind die Möglichkeit seiner Existenz und seines Angriffs gab, als unbegreifliche Selbstunterhöhlung verflucht. Und wir haben ebenso manchen Mißgriff, der dem Gegner, nachdem er einmal da war, nur Wasser auf seine Mühlen gießen mußte, niemals verstanden.

Es war uns unbegreiflich, mit welcher Gleichgültigkeit diese Republik vergaß, sich ihren neuen Nachwuchs zu schaffen, der mit seinem Herzen zum Volk gehörte, weil er aus der Tiefe dieses unerhört leidenden und immer wieder verkannten Volkes selbst herkam. Wir haben fassungslos zusehen müssen, wie alle Mittel der Massenbeeinflussung für die Führer dieser Republik nicht vorhanden zu sein schienen, während der Gegner schon längst die Schlüsselstellungen entweder in seiner Hand hatte oder doch seinen Zugriff kühl und überlegen vorbereitete. Wir haben mit Schrecken mitansehen müssen, wie eine Stellung nach der andern verloren ging, weil die führenden Männer zwar das Ende kommen sahen und genau vorher wußten, aber nicht mehr die entscheidenden Maßnahmen zu ergreifen wagten. An innerer Entkräftigung brach dann das Gebäude zusammen, an dessen Entkräftung dann auch diejenigen einen hervorragenden Anteil hatten, die zwar in hohen Staatsstellungen saßen, aber mit ihrem Herzen kein Bekenntnis mehr zu diesem demokratischen Volksstaat zu sprechen wagten. Mit den Lippen fiel es ihnen schon schwer genug!

Aber alle diese Schwächen, alle diese Menschlichkeiten, alle diese psychologischen Fehler und taktischen Mißgriffe, — alles dies kann uns den Blick nicht dafür trüben, daß jetzt eine Attacke derjenigen auf alle Machtpositionen eingesetzt hat, die bereits heute mit eherner Stirne erklären, daß sie nicht mehr zu verschwinden gedenken. Daß sie also den Reichspräsidenten, der seinen Eid geschworen hat, mißbrauchen werden, um die Verfassung als einen Fetzen Papier zu betrachten und sich selber an der Futterkrippe zu verewigen. Auf Kosten des deutschen Volkes!

Erschütterte Lebensordnung

Denn darüber kann gar kein Zweifel sein, daß unser Volk in seiner Lebensordnung bis ins Innerste erschüttert ist. Der ekelhafteste Kampf ist über Gemeinde und Berufsstand bis in den Schoß der Familie vorgetragen. Und wir klagen diejenigen, die seit Jahren Land auf und Land ab ihre maßlose Hetze betreiben, an, daß sie ihr gerüttelt Maß von Schuld daran tragen, wenn unser Volk bis in seinen innersten Kern verseucht und vergiftet ist. Denn der wachsende Unfriede, der seit Jahren das Gebälk erschüttert, nimmt diesem Volk jede Ehrfurcht, jede Anerkennung menschlicher Gesittung, jede Möglichkeit zu einem gemeinsamen Impuls, einmal die Vergangenheit zu begreifen und der Zukunft ein Stück entgegen zu arbeiten. Denn schließlich ist das Vergangene immer nur der Anfang zum Streit, während es unsere Aufgabe wäre in fruchtbarer Auseinandersetzung der Zukunft zu dienen.

Was jetzt aber wieder heraufzieht, das ist nichts anderes, als der Versuch, mit unzulänglichen Mitteln an einer Aufgabe herumzudoktern, die uns zu groß sein sollte, als daß wir sie in die Hände der ewig Vorgestrigen fallen lassen dürften. Und auch da klagen wir an: daß der edle Wille derjenigen, die dem Sozialismus Hitlers und seiner Gefolgsmannen geglaubt haben, elendiglich mißbraucht wird, um die Herrschaft Hugenbergs und seines Anhangs zu befestigen. Die Herrschaft der Junker, die sich den Teufel um die Not der Bauern scheren, wenn sie nur ihre hohen Getreidepreise erhalten. Die Herrschaft jener Gruppe von Scharfmachern aus der Großindustrie, denen das Recht des Arbeiters ein Dorn im Auge ist. Die Herrschaft einer Militärkaste, die sich um die Reichswehr sammeln konnte und sie innerlich durchsetzte, so daß der letzte Versuch des Generals von Schleicher, die Reichswehr aus dem Klassenkampf herauszuhalten, schmählich scheiterte.

Was wollen wir denn?

Kann es all dem gegenüber noch eine Anbiederung geben? Muß hier nicht deutlich gesagt werden, daß wir in Deutschland vor dem Bürgerkrieg stehen? Glauben die Machthaber von heute, daß sie mit offenem Hohn sich lange auf ihren Sesseln halten werden? Ist es ihnen nicht klar, daß ihre Art und Weise alles Vergangene herunterzureißen und führende Männer der deutschen Arbeiterschaft zu mißhandeln, den weiten Massen das Blut zum Sieden bringt und sie in die offene Rebellion treibt? Manchmal hatte man in den letzten Tagen den Eindruck, daß man es mit Absicht und Ueberlegung dahin treiben wolle, um eine Möglichkeit in der Hand zu haben, schärfer vorzugehen und sich ein Alibi zu verschaffen, wenn das „Sozialistenhängen" los ginge. Wir sehen eine Welle von Blut über unser Volk hingehen, die über die kommen wird, die heute mit einer unerhörten Leichtfertigkeit im „Marxisten" nicht mehr den Volksgenossen sehen, sondern lediglich ein Freiwild, das zu vernichten „ein unbändiger Wille" großgezüchtet wird.

2. Leitartikel der katholischen Wochenzeitung „Junge Front" zur Reichstagswahl vom 5. März 1933

3. *Die Unterzeichnung des Reichskonkordats am 20. Juli 1933*

von links: Prälat Kaas, Vizekanzler v. Papen, Unterstaatssekretär Pizzardo (später Kardinal), Kardinalstaatssekretär Pacelli (später Papst Pius XII.), Substitut Ottaviani (später Kardinal), Ministerialdirektor Buttmann, Substitut Montini (später Papst Paul VI.), Botschaftsrat Klee

4. *Papst Pius XI.*
(1922–1939)

5. *Papst Pius XII.*
(1939–1958)
vormals Kardinal-
staatssekretär
Pacelli

6. *Adolf Kardinal Bertram, Erzbischof von Breslau (1914–1945), Vorsitzender der Fuldaer Bischofskonferenzen*

7. *Michael Kardinal von Faulhaber, Erzbischof von München und Freising (1917–1952)*

8. Clemens August Kardinal Graf von Galen, Bischof von Münster (1933–1946)

9. Konrad Kardinal Graf von Preysing, Bischof von Berlin (1935–1950)

10. HJ stört den Bekenntnismarsch der katholischen Jugend in Ulm, Mai 1933

Lesen und weitergeben!

Vom guten Recht der katholischen Jugend

Was sagt der Staat?

Das Konkordat:

Artikel 31: Diejenigen katholischen Organisationen und Verbände, die ausschließlich religiösen, rein kulturellen und karitativen Zwecken dienen und als solche der kirchlichen Behörde unterstellt sind, werden in ihren Einrichtungen und in ihrer Tätigkeit geschützt.

Diejenigen katholischen Organisationen, die außer religiösen, kulturellen oder karitativen Zwecken auch anderen, darunter auch sozialen oder berufsständischen Aufgaben dienen, sollen unbeschadet einer etwaigen Einordnung in staatliche Verbände, den Schutz des Artikels 31 Absatz 1 genießen, sofern sie Gewähr dafür bieten, ihre Tätigkeit außerhalb jeder politischen Partei zu entfalten.

Die Feststellung der Organisationen und Verbände, die unter die Bestimmungen dieses Artikels fallen, bleibt vereinbarlicher Abmachung zwischen der Reichsregierung und dem deutschen Episkopat vorbehalten.

Insoweit das Reich und die Länder sportliche oder andere Jugendorganisationen betreuen,. wird Sorge getragen werden, daß deren Mitgliedern die Ausübung ihrer kirchlichen Verpflichtungen an Sonn- und Feiertagen regelmäßig ermöglicht wird und sie zu nichts veranlaßt werden, was mit ihren religiösen und sittlichen Überzeugungen und Pflichten nicht vereinbar wäre.

Das Wort des Kanzlers

vor dem Konkordat:

Brief des Reichskanzlers Hitler an Kardinal Bertram vom 28. April 1933: „Eure Eminenz erwähnen in den verschiedenen Eingaben die Lage der katholischen Verbände und knüpfen daran die Erwartung, daß ihnen durch das neue Regiment keinerlei Schädigung erwachse. Ich darf Ihnen, Herr Kardinal, versichern, daß, insoweit solche Verbände keine parteipolitisch dem jetzigen Regiment feindliche Tendenzen pflegen, auch keine Absicht besteht, gegen sie vorzugehen. Die Regierung würde glücklich sein, wenn sich erweisen sollte, daß diese Voraussetzungen zuträfen. Denn sie wünscht nicht mit den beiden Kirchen in Deutschland Konflikte, sondern ein aufrichtiges Zusammenarbeiten zum Nutzen des Staates sowohl als auch zum Nutzen der Kirchen.

Ich darf Eure Eminenz bitten, den guten Willen und die guten Absichten der nationalen Regierung mit Vertrauen anzunehmen. Die nationalsozialistische Bewegung aber hat keinen sehnlicheren Wunsch als den, es möchten doch die beiden Kirchen dem Kampfe zur Niederzwingung des Bolschewismus und der Wiederherstellung einer wirklichen Autorität sowie der Stärkung und Festigung unseres gesamten Lebens ein gütiges Verstehen entgegenbringen."

anläßlich des Konkordates am 7. Juli 1933:

„Durch den Abschluß des Konkordates zwischen dem Heiligen Stuhl und der Reichsregierung erscheint mir genügend Gewähr dafür gegeben, daß sich die Reichsangehörigen des römisch-katholischen Bekenntnisses von jetzt ab rückhaltlos in den Dienst des neuen nationalsozialistischen Staates stellen werden:

Ich ordne daher an:

Die Auflösung solcher katholischer Organisationen, die durch den vorliegenden Vertrag anerkannt sind und deren Auflösung ohne Anweisung der Reichsregierung erfolgte, ist sofort rückgängig zu machen.

Alle Maßnahmen gegen Geistliche und andere Führer dieser katholischen Organisationen sind aufzuheben. Eine Wiederholung solcher Maßnahmen ist für die Zukunft unzulässig und wird nach Maßgabe der bestehenden Gesetze bestraft.

Ich bin glücklich in der Überzeugung, daß nunmehr eine Epoche ihren Abschluß gefunden hat, in der leider nur zu oft religiöse und politische Interessen in eine scheinbar unlösliche Gegensätzlichkeit geraten waren."

Auslegungsgrundsätze zum Konkordat

Am 31. Juli 1933 schrieb Herr Ministerialdirektor Dr. Buttmann, der Beauftragte des Reiches für die Verhandlungen mit dem Heiligen Stuhl, an den Hochwürdigsten Herrn Bischof Berning: „Die Auslegungsgrundsätze zu Artikel 31 habe ich inzwischen in der in Rom . . . endgültig vereinbarten Form durch die Presse veröffentlicht."

Die Auslegungsgrundsätze:

„Die Reichsregierung geht bei der Anwendung des Artikels 31 von folgenden Gesichtspunkten aus:

Die katholischen Organisationen und Verbände, die in Abs. 1 aufgeführt sind, sollen ihr Eigenleben völlig in sich führen können. Der Staat hat ihnen gegenüber keine weitergehenden Einmischungsbefugnisse, als sie sich aus der allgemeinen Treuepflicht der Staatsbürger gegenüber dem Staat an sich ergeben.

Die katholischen Organisationen, die in Absatz 2 aufgeführt sind, können, müssen aber nicht in staatliche Verbände (Dachorganisationen) eingeordnet werden. Die Einordnung darf nicht ihr vereins- und verbandsmäßiges Eigentum und Eigenleben, d. h. den katholischen Charakter und die Selbständigkeit in der Erfüllung ihrer satzungsmäßigen Aufgaben einschließlich der Führung der bisherigen Vereinstracht, der Abzeichen und Banner bei öffentlichem Auftreten ausschließen. Sie sollen also ihre bisherigen Satzungen beibehalten, es sei denn, daß in diesen Satzungen Zwecke vorgesehen wären, die dem neuen Staat an sich zuwiderlaufen. Ihr Vorstand soll nach den bisherigen Vereinssatzungen bestellt werden. Soweit nicht die etwaige Eingliederung in staatliche Verbände die Befolgung von Vorschriften notwendig macht, die sich aus der Einordnung an sich ergeben, soll von Eingriffen in das Vereinsleben abgesehen werden.

Die Mitglieder der katholischen Organisationen dürfen irgendeinen rechtlichen Nachteil in Schule und Staat aus ihrer Zugehörigkeit nicht erfahren.

Die Reichsregierung setzt voraus, daß die katholischen Organisationen bei einer Eingliederung sich mit ihren kirchlichen Behörden ins Einvernehmen setzen."

Bisher hat die Reichsregierung keines ihrer Worte widerrufen. Das gibt der katholischen Jugend ihr gutes Recht.

11./12. Flugblattaktion im Erzbistum Köln, Mai 1934:

Was sagt die Kirche?

Die deutschen Bischöfe

Der Deutsche Episkopat hat in seiner Fuldaer Konferenz vom 31. Mai 1933 zur Frage der Jugendverbände folgenden Beschluß gefaßt:

„Eine Staatsauffassung, nach der die gesamte Jugend ausschließlich vom Staat erfaßt und erzogen werden soll, innerhalb und außerhalb der Schule, in interkonfessioneller Gemeinschaft und eigener weltanschaulicher Prägung, lehnt die Kirche als mit der kirchlichen Lehre unvereinbar ab."

Untragbar für das Bewußtsein der katholischen Jugend wie für das Rechtsbewußtsein der deutschen Jugend überhaupt wäre ein Zustand der Rechtsunsicherheit und der Benachteiligung von Mitgliedern kirchlicher Jugendorganisationen in der Schule und im Arbeitsleben, namentlich auch in den staatlichen Formen des Jugenddienstes, Arbeitsdienst und Wehrdienst.

Untragbar für die Ehre der katholischen Jugendorganisation wäre es, neben bevorrechteten Jugendorganisationen als deutsche Jugend minderen Rechts und zweiter Klasse angesehen und behandelt zu werden, auch in den Fragen der Abzeichen, der Aufmärsche und des öffentlichen Lebens.

Untragbar erscheint vor allem auch jeder direkte oder indirekte Gewissenszwang, anderen weltanschaulichen Organisationen beizutreten oder zu parteimäßigen Bekenntnissen und Formen gezwungen zu werden, namentlich in der Gemeinschaft der Schule und der Arbeit.

Der Heilige Vater

Aus dem Rundschreiben des Heiligen Vaters vom 29. Juli 1931.

Es ist folglich ein ungerechtfertigter und mit dem Namen und Bekenntnis eines Katholiken unvereinbarer Anspruch, wenn einfache Gläubige kommen und die Kirche und ihr Haupt darüber belehren wollen, was genügt und was genügen muß für die christliche Erziehung und Ausbildung der Seelen und um in der Gesellschaft und vor allem in der Jugend die Prinzipien des Glaubens und ihre volle Auswirkung im Leben zu erhalten und zu fördern.

Eine Auffassung vom Staat, die für ihn die junge Generation ganz und ausnahmslos vom ersten Kindesalter bis zu den Jahren der vollen Reife in Anspruch nimmt, ist für einen Katholiken unvereinbar mit dem natürlichen Recht der Familie. Für einen Katholiken ist mit katholischer Lehre unvereinbar der Ausspruch, daß Kirche und Papst sich auf die äußeren Übungen der Religion (Messe und Sakramente) beschränken sollen, und daß die übrige Erziehung dem Staate gehört.

Osterbrief 1934

Geliebte Söhne!

Den Ausdruck kindlicher Ergebenheit gegen den Stellvertreter Christi und unverbrüchlicher Treue zur hl. Kirche, den ihr Uns übermittelt habt, nehmen Wir mit inniger Teilnahme und großer Genugtuung entgegen. Mit inniger Teilnahme: denn ihr habt in vorderster Linie für eure religiösen Ideale bereits große Opfer gebracht und bringt sie noch täglich. Mit großer Genugtuung über den Bekennermut, den ihr offenbart, und die echt übernatürliche Gesinnung, von der ihr beseelt seid. Trotz alles Schweren, durch das euch die Vorsehung hindurchleitet, und entgegen einer mit Lockrufen und mit Druck arbeitenden Propaganda für eine neue Lebensauffassung, die von Christus weg ins Heidentum zurückführt, habt ihr dem Heiland und seiner Kirche den Schwur der Liebe und Treue gehalten und bleibt gerade deshalb um so gefestigter in der Hingabe an Volk und Heimat, denen ihr wie in vergangenen Zeiten auch jetzt in engster Verbundenheit selbstlos dienen wollt.

Wir kennen aus verantwortungsvoller Hirtensorge — und Wir wissen, daß sie auch die große Sorge eurer Bischöfe ist — die Lage der katholischen Jugendlichen Deutschlands. Eure Verbände sollen jedenfalls wissen, daß ihre Sache Unsere Sache ist. Wir führen euch in väterlicher Liebe unter das Kreuz Jesu Christi, das auf euren Bannern leuchtet, und spenden euch, euren Eltern und Angehörigen als Kraftquelle unerschütterlicher Glaubenstreue von Herzen den erbetenen Apostolischen Segen.

Von der Treue der katholischen Jugend

Die Treue von Köln

Christi Himmelfahrt abends im Hohen Dom für die Jugend „Stunde der Sendung!" Christi Wort: „Jetzt sollt ihr mir Zeugen sein!" Zeugen im Worte, Zeugen im Leben, Zeugen im Blute! — Herrliches Schauspiel: die Riesenhallen des Domes füllt Jugend! Von der Kommunionbank bis zu den Portalen und über die Portale hinaus bis auf den Domplatz Kopf an Kopf: Jung-Männer, Jung-Frauen! Und drinnen und draußen ein Beten, ein Singen, ein Schwören der Treue!

Die Treue von Aachen

Am gleichen Tage! Der Bischof hatte eingeladen. Seines ganzen Bistums Jugend. Und 35 000 kamen! Die Mädchen mit Sonderzügen, die Jungen in Nachtwallfahrten, zu Fuß, mit dem Fahrrad. Die Jugend jeder Stadt des Bistums hatte in Aachen eine Kirche zugewiesen zur gemeinschaftlichen heiligen Kommunionfeier. Dann traf sich alle Jugend im Freien: Pontifikalamt. Nach der hl. Messe empfing der Bischof 2000 Jungführer. Nachmittags Feiern. Abends Weihespiel! Dann Abschied und Heimfahrt. Heil Christus, dem König!

Die Treue von Essen

Aus einem Brief: Gestern herrliche Marienhuldigung auf dem Münsterplatz, etwa 20 000 Männer und Jungmänner in prachtvoller Haltung. Vorbereitung durch etwa 150 Marienpredigten nach einheitlicher Disposition. Deo gratias.

Aus einem Brief: DJK. Essen steht. Vorige Woche Führerbesprechung. Konnte feststellen, daß nur in wenigen Abteilungen einige Leute abgesprungen sind. (Die „Deutsche Jugendkraft" hat dort schon 8 Wochen Spielverbot — und steht!)

Die Treue von Limburg

Das schönste Bild! Die Tausende der Jungmänner marschieren. Und in ihrer Reihe: der Bischof! — Versammlung! Der Bischof spricht. Von der Treue! „Ich reise jetzt nach Rom, zum Heiligen Vater. Was bringe ich ihm von euch mit?" Da erfüllt heiliger Geist die Jugend, wie aus einem Munde schallt tausendfach der Ruf: „Unsere Treue!"

Die Treue von Deutschland

Kann man nicht aus allen Gauen und Städten ähnliches melden?! Willkürlich nur wurde oben einiges herausgegriffen aus letzter Zeit!

Die katholische Jugend zählt mit der Jungschar etwa 1 300 000 in ihren Reihen!

Heil Christus, dem König der Jugend!
Heil unserm deutschen Vaterland!

Herausgegeben von der Pfarrgeistlichkeit der Stadt Köln. Imprimatur 15. 5. 34. David, Vic. gen.
Bachemdruck Köln, Fernruf 22 06 21

„Vom guten Recht der katholischen Jugend"

13. *Katholische Jugend im Kölner Dom 1937*

Dem politischen Katholizismus
Sage mir, mit wem du Umgang pflegst und ich sage dir, wer du bist.

14. Karikatur des antisemitischen Hetzblattes „Der Stürmer", 23. Juni 1938

15. „Bischof Sproll Volksverräter". Parole auf dem Bürgersteig vor dem Bischofshaus in Rottenburg, 11. April 1938

16. Verwüstungen im Rottenburger Bischofshaus nach der Demonstration vom 23. Juli 1938

17. *Pater Alfred Delp SJ (1907–1945) vor dem Volksgerichtshof, 9. Januar 1945*

18. Dompropst Bernhard Lichtenberg (1875–1943), Berlin

19. Josef Wirmer (1901–1944) vor dem Volksgerichtshof, 8. 9. 1944

20. Margarete Sommer
(1893–1965)

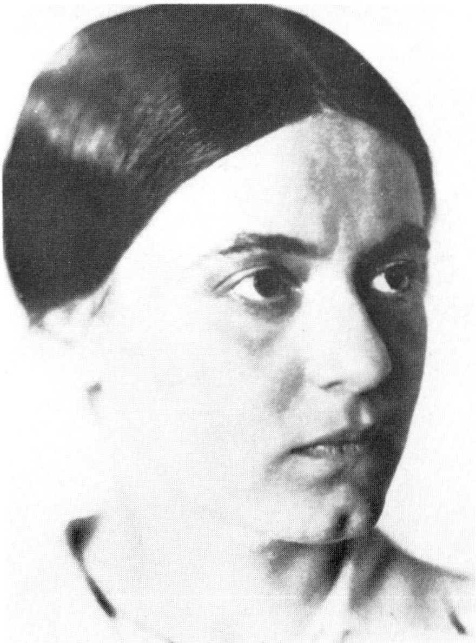

21. Edith Stein
(1891–1942)

22. *Fronleichnamsprozession in München 1945*

Das Prinzip von Hitlers Strategie hieß „Zuckerbrot und Peitsche". Wer nicht durch den Terror der SA-Banden „überzeugt" oder eingeschüchtert wurde, sollte durch seine „dezidiert … christlich klingende deutschnationale Phraseologie" übertölpelt werden[12], die Hitler vor allem beim „Tag von Potsdam" sowie zwei Tage später in seiner berühmten Reichstagserklärung vom 23. März 1933 einzusetzen verstand. Eine Folge war, daß im Laufe des März Verwirrung und Unsicherheit auch in den Reihen des Kirchenvolks um sich griffen. Bei vielen kamen Befürchtungen auf, nun abermals, wie im Kulturkampf, ins politische Abseits gedrängt oder als „Reichsfeinde" etikettiert zu werden; das „aus der Kaiserzeit stammende innerkatholische Trauma der nationalen Außenseiterrolle" wurde erneut virulent[13].

In dieser Situation war die bedingte, freilich überstürzt zustande gekommene Rücknahme der bischöflichen Warnungen vor dem Nationalsozialismus am 28. März 1933 als der Versuch zu verstehen, Hitlers anscheinend zum Frieden ausgestreckte Hand nicht wegzustoßen und den Gläubigen die Entscheidung des Entweder-Oder zu ersparen[14]. Das bischöfliche Einlenken löste daher bei vielen Erleichterung und Zustimmung aus, allerdings auch Kritik und Unverständnis. Kritische Einwände waren vornehmlich aus den Reihen des Zentrums und der Verbände zu hören, die sich im Frühjahr 1933 in besonderer Weise dem Sog von Umsturz und Gleichschaltung ausgesetzt sahen. Die Masse des Kirchenvolks hingegen, sofern sie überhaupt politisch interessiert war, wurde zwischen Furcht und Hoffnung, resignierendem Fatalismus oder vertrauensvoller Aufbruchsstimmung hin- und hergerissen, bis am Ende die Illusion überwog, es werde doch alles so schlimm nicht werden.

Allerdings fehlte es auch nicht an Gesten opportunistischer Anpassungsbereitschaft. Schon vor der Kundgebung des Episkopats waren viele der NSDAP oder anderen „nationalen" Organi-

[12] Vgl. K. Repgen, Hitlers Machtergreifung, S. 5.

[13] So W. K. Blessing, Kirche und Kirchenvolk, S. 22.

[14] Eine Synopse von Kardinal Bertrams Entwurf, Kölner Änderungswünschen und veröffentlichtem Text bei U. v. Hehl, Erzbistum Köln, S. 251ff.; zur Entstehung und Wirkung vgl. ebd. S. 32–37.

sationen beigetreten; der Volksmund sprach respektlos von „Märzgefallenen". Einem so nüchternen Beobachter wie dem Reichskanzler a.D. Wilhelm Marx schienen namentlich die (katholischen) Akademiker „ganz durcheinander" zu sein, und im „Kölner Bekenntnis der katholischen Beamtenvereine Deutschlands" vom Juni 1933 war geradezu von der „sittliche[n] Pflicht zur Mitarbeit am neuen Staat, an der neuen Wirtschaft und an der neuen Volkswirtschaft" die Rede, ein Aufruf, der zeigt, wie sehr man die vorgeblichen Ziele der Reichsregierung mit eigenen Wünschen gleichsetzen zu können glaubte[15]. Die Unterzeichnung des Reichskonkordats am 20. Juli 1933, das der Kirche die Respektierung ihrer Tätigkeitsfelder versprach, schien solchen Optimismus zu rechtfertigen. Treffend ist daher bemerkt worden: „Der Wind blies Hitler 1933 nicht ins Gesicht, sondern in den Rücken"[16].

Gerade der sich als „progressiv verstehende Teil" des deutschen Katholizismus[17], darunter, kaum zufällig, auch eine Reihe führender Theologieprofessoren wie Karl Adam, Hans Barion, Karl Eschweiler, Joseph Lortz oder Michael Schmaus, erlag dem Sammlungsruf des „Führers" und der Faszination durch den nationalen Appell. Das gilt in besonderem Maße für die zwar kleine, aber nicht einflußlose Gruppe deutscher „Rechtskatholiken" um Reichsvizekanzler von Papen, die sich vornehmlich aus Kreisen des Adels, des akademisch gebildeten Bürgertums und – allerdings wenigen – Mitgliedern des (hohen) Klerus zusammensetzte. Politisch von überlieferten Zentrumsaversionen, theologisch von visionärer Reichsromantik beeinflußt, fand sie ihre Organisationsform in dem am 3. April 1933 gegründeten „Bund Katholischer Deutscher ‚Kreuz und Adler'", der Anfang Oktober des gleichen Jahres zur „Arbeitsgemeinschaft Katholischer Deutscher" umgebildet wurde. Seine Hauptaufgabe sah dieser Kreis im Brückenschlag zwischen dem katholischen Volksteil und der NS-Bewegung; mit Kundgebungen und Broschüren

[15] Vgl. U. v. Hehl, Wilhelm Marx, S. 469, sowie ders., Erzbistum Köln, S. 38.
[16] Vgl. K. Repgen, Christen im Widerstand, S.266.
[17] So L. Volk, Reichskonkordat, S. 85.

suchte er für die Koexistenz beider Weltanschauungen zu werben, um „die vielen Reibungen, Schwierigkeiten und Mißverständnisse zu überwinden, die erklärlicherweise im Gefolge der nationalen Revolution und der Neuregelung des Verhältnisses zwischen Staat und Kirche aufgetreten sind oder täglich neu auftreten können"[18].

Die Fronten klären sich

Tatsächlich entsprang diese Sicht eher illusionärem Zweckoptimismus als realistischer Tatsacheneinschätzung. Während es im Sommer 1933 zunächst noch so ausgesehen hatte, als würden sich Kirche und Reichsregierung auf einer Ebene gegenseitiger Respektierung treffen können, wuchsen gegen Ende des Jahres die Zweifel. Unbeschadet aller konkordatären Zusicherungen mehrten sich die Übergriffe gegen das konfessionelle Verbands- und Pressewesen[19]. Den Gleichschaltungsdruck der Parteigliederungen bekamen insbesondere die katholischen Jugend- und Standesvereine zu spüren, die nicht nur schikanösen Betätigungsverboten, sondern auch ständigen Übergriffen durch Hitler-

[18] Papen an Bertram, 3. Oktober 1933. Druck: B. Stasiewski (Bearb.), Bischöfliche Akten I, S. 403, Anm. 1. – Vgl. in diesem Zusammenhang auch K. Breuning, Vision des Reiches, sowie G. Clemens, Martin Spahn, S. 207–222.

[19] An neueren Untersuchungen vgl. vor allem B. Schellenberger, Katholische Jugend; H. Küppers, Katholischer Lehrerverband; J. Aretz, Katholische Arbeiterbewegung; E. Kleinöder, Verfolgung und Widerstand; H.-A. Raem, Katholischer Gesellenverein; R. Padberg, Kirche und Nationalsozialismus; H. Schüngeler, Widerstand und Verfolgung; B. Lahrkamp, Auseinandersetzung; A. Reineke, Jugend; K.-W. Goldhammer, Katholische Jugend Frankens. Unter autobiographischem Aspekt s. O. Neisinger, Flugblätter; R. Eilers (Hrsg.), Löscht den Geist nicht aus, sowie als Beispiel heutiger Behandlung damaliger Erlebnisse aus linkskatholischer Perspektive C. Beilmann, Katholische Jugend in Gottes und dem Dritten Reich. Grundlegend für die Analyse der Verbandspresse K. Gotto, Junge Front / Michael. Zum Vorgehen gegen die katholische Presse vgl. K. A. Altmeyer, Katholische Presse; K. Ackermann, Hochland; S. Kessemeier, Katholische Publizistik; M. Hüsgen, Bistumsblätter in Niedersachsen; B. Lowitsch, Rhein-Mainische Volkszeitung; M. Geigges, Deutsche Bodensee-Zeitung; A. Brecher, Kirchenpresse unter NS-Diktatur. – Zum Pressewesen vgl. auch unten S. 203, Tabelle 5.

Jugend (HJ), Deutsche Arbeitsfront (DAF) oder andere Organisationen ausgesetzt waren. Diese Auseinandersetzungen nahmen in den Jahren 1934/35 an Härte zu, wurden durch Doppelmitgliedschaftsverbote vom 29. Juli 1933 (HJ), 27. April 1934 und 22. Juli 1935 (DAF) – d.h. Verbote gleichzeitiger Mitgliedschaft in konfessionellen und „nationalen" Organisationen – verschärft und mündeten schließlich in einen ebenso langwierigen wie zermürbenden Grabenkampf.

Der Totalitätsanspruch der NSDAP beschränkte sich jedoch nicht auf diese „Außenwerke" der Kirche, obgleich er hier für den einzelnen besonders spürbar wurde, sondern griff schon früh auf den weltanschaulichen Bereich über. Das wurde besonders augenfällig, als am 24. Januar 1934 mit Alfred Rosenberg ein entschiedener Gegner des Christentums parteiamtlicher Schulungsleiter und damit Gralshüter der NS-Lehre wurde. Die Schulungsveranstaltungen der Partei entwickelten sich immer stärker zu Zentren antikonfessioneller, besonders antikatholischer Hetze[20].

Es konnte nicht ausbleiben, daß diese Vorgänge immer mehr Kirchgängern die Augen öffneten, und so begann sich um die Jahreswende 1933/34 wachsender Unmut bei Klerus und Gläubigen zu regen. Im süddeutschen Raum waren es vor allem die „Adventspredigten" und die Silvesteransprache des Münchner Kardinals von Faulhaber, die in ihrer scharfen Frontstellung gegen das „Neuheidentum" weit über die Grenzen Bayerns hinaus Signalwirkung ausübten[21]. Im Westen dagegen, wo der Kampf gegen die katholischen (Jugend-)Vereine im Mittelpunkt der Auseinandersetzungen stand, entzündete sich der Unwille des Kirchenvolks vor allem an der schikanösen Unterdrückungspolitik durch NS-Organe. Gerade der gegen die Verbände erhobene Vorwurf der Staatsfeindlichkeit wurde als empörende Demütigung empfunden und führte zu spontaner Identifizierung mit dem „guten Recht" der katholischen Jugend.

[20] Vgl. R. Baumgärtner, Weltanschauungskampf.
[21] Vgl. L. Volk, Der bayerische Episkopat, S. 170–174, und D. Katte, Wort und Antwort, S. 120–142.

Schon von den Zeitgenossen ist dieser Stimmungsumschwung als tiefgreifender Sinneswandel verstanden worden, als ein vor allem religiös motivierter Abwehrwille, der seinen letzten Grund darin hatte, „daß“, wie der Kölner Erzbischof Schulte gegenüber Hitler ausführte, „die gläubige katholische Bevölkerung ... immer deutlicher erfährt, daß die regierende Bewegung gegenüber Kirche und Christentum eine grundsätzlich feindliche Haltung einnimmt“[22].

Bezeichnenderweise machte sich der Unmut in zunehmender Beteiligung am kirchlichen Leben Luft[23]. Zwar stieg die absolute Zahl der praktizierenden Katholiken nicht auffallend, doch wuchs deren Engagement. Gerade glaubensvertiefende Veranstaltungen wie Volksmissionen, Exerzitien und Einkehrtage wurden seit 1934 erheblich stärker besucht als in den Vorjahren, vor allem, weil sie sich kämpferisch mit dem „Neuheidentum“ auseinandersetzten. Geradezu sprunghaft nahm jedoch die Teilnahme an Prozessionen, Wallfahrten und Glaubenskundgebungen zu. Das war um so auffälliger, als solche Großveranstaltungen stark in die Öffentlichkeit wirkten und angesichts der kulturkampfähnlich verstandenen Herausforderung betont demonstrativen Charakter bekamen. Beispielhaft zeigt sich das an der „Kalker Bußwallfahrt“, einer alljährlich in der Karwoche stattfindenden Prozession Kölner Männer und Jungmänner. Mit 40000 Teilnehmern übertraf sie 1934 nicht nur die Beteiligung des Vorjahres um ein Viertel, sondern wurde auch durch die Ruhe und Würde ihres Verlaufs zu einer machtvollen Demonstration katholischen Selbstbehauptungswillen[24].

Kalk war kein Einzelfall. Die Fronleichnamsprozessionen wiesen durchweg Rekordbeteiligung auf. Im ostpreußischen Ermland wurden 1934 zwischen 30000 und 50000 Teilnehmer gezählt[25],

22 Promemoria Schultes für Hitler, 7. Februar 1934. Druck: B. Stasiewski (Bearb.), Bischöfliche Akten I, S. 548ff., Zitat 548.

23 Statistische Angaben für das Jahrzwölft des Dritten Reiches im Kirchlichen Handbuch XVIII (1933/34), S. 288; XIX (1935/36), S. 298; XX (1937/38), S. 250; XXI (1939), S. 286; XXII (1943), S. 325; XXIII (1944/51), S. 390–397.

24 Vgl. U. v. Hehl, Erzbistum Köln, S. 78.

25 Vgl. G. Reifferscheid, Bistum Ermland, S. 120.

50000 beim „märkischen Katholikentag“ in Berlin am 24. Juni 1934, am gleichen Tag auf dem oberschlesischen Annaberg 60000; 150000 feierten am 8. September 1934 in Altötting den Hl. Konrad von Parzham[26]. Von Juni 1934 bis Januar 1935 kamen bei Massenwallfahrten der Katholischen Arbeiterbewegung 200000 katholische Arbeiter zusammen[27].

Nicht weniger beeindruckend waren die Glaubenskundgebungen der katholischen Jugend. Wohl war die Mitgliederzahl im bedeutendsten Jugendverband, dem Katholischen Jungmännerverband (KJMV), aus erklärlichen Gründen „von 365000 Mitgliedern Anfang 1933 auf 252000 Mitglieder im Mai 1934 gesunken“; um so stärker beteiligten sich jedoch die verbliebenen sowie auch Nicht-Vereinsgebundene an den Großveranstaltungen des Jahres 1934. Insgesamt lag die Teilnehmerzahl im Reich bei vielen Hunderttausenden, doch ragen einzelne Ereignisse wie die Peter und Pauls-Feier 1934 in Essen mit 50–60000 Teilnehmern hervor[28].

Über die Gründe der ungewöhnlich hohen Beteiligung war sich die Staatspolizei durchaus im klaren. So heißt es in einem Lagebericht von Ende März 1934: „Es ist politisch bemerkenswert und aufschlußreich, daß sich die katholische Bevölkerung Kölns, und besonders die Männerwelt, in letzter Zeit stark zusammenschließt und an den kirchlichen Feiern und Veranstaltungen in derart großer Anzahl teilnimmt, wie man es kaum in den Vorjahren jemals erleben konnte ... Der Grund wird darin zu suchen sein, daß man die gegen die katholischen Verbände usw. getroffenen Maßnahmen nicht billigt und nun in aller Öffentlichkeit zeigen will, daß man nach wie vor treu zur katholischen Kirche steht“[29]. Das Geheime Staatspolizeiamt Karlsruhe machte gleichzeitig „das Treiben des kath. Klerus und dessen politischer Be-

26 Vgl. Glaubenstage und Glaubenswallfahrten 1934, Paderborn 1935, S. 31, 52 und 111. Dort auch viele anderen Zahlen von Großveranstaltungen 1934. Eine zusammenfassende Betrachtung jetzt bei W. Pötzl, Wallfahrten gegen das Hakenkreuz.

27 Vgl. J. Aretz, Katholische Arbeiterbewegung, S. 147.

28 Vgl. B. Schellenberger, Katholische Jugend, S. 126 und 128, Anm. 300.

29 Zitiert bei U. v. Hehl, Erzbistum Köln, S. 80.

auftragter" für diese Unruhe verantwortlich und hielt sie bezeichnenderweise für „weit gefährlicher in ihrer Wirkung als die Neuorganisation der KPD, die keine Massen hinter sich bringen kann, solange es gelingt, die wirtschaftliche Lage zu bessern"[30]. Allerdings sprach aus den spontanen Massenbekenntnissen auch Unzufriedenheit mit dem Verhalten mancher Kirchenführer. Namentlich solche Bischöfe wurden kritisiert, die durch betonte Zurückhaltung die Situation zu entschärfen suchten. Da ihre meist internen Proteste und Eingaben dem Kirchenvolk unbekannt blieben, faßte es ihren „Entspannungskurs" als Schwäche, Ängstlichkeit oder Verkennung der Lage auf und sang das Weihnachtslied „Ihr Hirten erwacht!" mit eindeutigem Hintersinn. Die Vertrauenskrise drohte sich im Frühjahr und Sommer 1935 noch zu verschärfen, als viele Priester und Gläubige, durch die Schikanen des täglichen Grabenkampfes bedrängt und entmutigt, nach klarer Entscheidungshilfe ihrer Oberhirten verlangten. Insofern drückte eine Denkschrift der katholischen Verbände an die Fuldaer Bischofskonferenz von Anfang August 1935 ein weitverbreitetes Gefühl des Alleingelassenseins aus, wenn sie in prononcierter Überspitzung vor dem „Martyrium ohne Auftrag" warnte[31].

In dieser Situation sorgten spontane Reaktionen im Klerus für Rückenstärkung der Gläubigen. Von tatkräftigen Dechanten oder Pfarrern angeregt, nannten gemeinsame Kanzelproklamationen in zahlreichen Dekanaten die gröbsten Übergriffe beim Namen. Reichsweite Kreise zog jedoch eine Broschürenaktion der Kölner „Abwehrstelle" unter Domvikar Joseph Teusch: Mehr als zwei Dutzend Massendruckschriften in einer Gesamtauflage von 17 Millionen vermittelten dem Kirchenvolk in den kommenden Jahren notwendige Klar- und Richtigstellungen. Ihr

[30] Bericht vom 14. April 1934. Druck: J. Schadt (Bearb.), Verfolgung und Widerstand, S. 86–96, Zitat 87.

[31] Text: B. Stasiewski (Bearb.), Bischöfliche Akten II, S. 234–254, Zitat 247. Zur Einschätzung der bischöflichen Haltung in der katholischen Emigrantenpresse vgl. H. Hürten (Bearb.), Deutsche Briefe; ders., W. Gurian; ders., Kulturkampf; ders., Der Deutsche in Polen, sowie F. Muckermann. Vgl. jetzt ferner die kritische Würdigung bei W. Ziegler, Bischöfe.

Vertrieb in den rund 11500 deutschen Pfarreien war ein ständiger Wettlauf mit dem Zugriff der Gestapo; er wäre ohne den Einsatz Hunderter freiwilliger Helfer nicht möglich gewesen[32]. In der Wirkung sind diese Schriften allenfalls noch mit der katholischen Wochenzeitung „Junge Front/Michael" zu vergleichen, die, ungeachtet aller Schwierigkeiten, seit Beginn des Dritten Reiches ihre Auflage kontinuierlich steigern konnte und bei ihrem endgültigen Verbot im Januar 1936 bei 330000 verkauften Exemplaren lag, soviel wie der „Völkische Beobachter"[33].
Zwei Aktionen ragen unter den Initiativen der „Abwehrstelle" hervor: die „Studien zum Mythus des 20. Jahrhunderts", die zur wichtigsten katholischen Antwort an den Parteiideologen Alfred Rosenberg wurden[34], und im Herbst 1936 die „Katechismuswahrheiten", eine gegen die NS-Weltanschauung gerichtete katholische Glaubenslehre in Merksätzen[35].

Der Höhepunkt der Auseinandersetzungen

Die Jahre 1936/37 brachten eine bedrohliche Verschärfung der kirchenpolitischen Situation, so daß sich die Reihen von Episkopat, Klerus und Kirchenvolk wieder fest zu gemeinsamer Abwehr schlossen.
Nicht nur hatten die sogenannten Devisenprozesse[36] der Jahre 1935/36 und der 1935 in Bayern ausgebrochene Kampf gegen die (katholische) Bekenntnisschule[37] für wachsendes Mißtrauen ge-

[32] Vgl. U. v. Hehl, Erzbistum Köln, S. 86–90 und 254.
[33] Vgl. K. Gotto, Junge Front/Michael, S. 224–227.
[34] Einer der Initiatoren, der Bonner Kirchenhistoriker Wilhelm Neuss, hat hierüber 1947 einen Bericht vorgelegt. Vgl. ders., Kampf gegen den Mythus.
[35] Text: L. Volk (Bearb.), Bischöfliche Akten IV, S. 16–20.
[36] Vgl. hierzu P. Rapp, Devisenprozesse.
[37] Zum nationalsozialistischen Schulkampf ist in den letzten Jahren eine vergleichsweise reiche Literatur entstanden. Vgl. neben der älteren Studie von R. Eilers, Nationalsozialistische Schulpolitik, namentlich E. Kleinöder, Kampf um die Schulen; J. Maier, Schulkampf in Baden; M. Köhler, Volksschule Harsum; V. Albers, Katholische Privatschulen; W. Damberg, Kampf um die Schulen; A. Lange-Stuke, Schulpolitik.

sorgt, auch vereins- und pressefeindliche Maßnahmen hatten in bedrohlicher Weise zugenommen. Überdies sorgten verbissen geführte Kampagnen der NSDAP, in denen zu Kirchenaustritt und „Entkonfessionalisierung des öffentlichen Lebens" aufgerufen wurde, für große Beunruhigung. Doch weit spektakulärer war der mit den Sittlichkeitsprozessen gegen katholische Ordensangehörige und Priester verknüpfte Verleumdungsfeldzug, mit dem im Frühjahr und Sommer 1936 und 1937 das moralische Ansehen der Kirche untergraben und ein Keil zwischen Klerus und Gläubige getrieben werden sollte[38]. Wie kein anderer Zeitraum sind daher diese beiden Jahre geeignet, Auskunft über den Erfolg oder Mißerfolg der nationalsozialistischen Propaganda und damit auch über die Bindungen der Gläubigen an die Kirche zu geben.

Da demoskopische Umfragen, wie sie uns heute geläufig sind, für das Dritte Reich fehlen und in einem totalitären Regime auch gar nicht durchführbar gewesen wären, ist eine Antwort zunächst einmal den kirchlichen Statistiken zu entnehmen, vor allem den Zahlen über die Kirchenaustritte und Osterkommunionen. Danach ergibt sich folgendes Bild: Während von 1933 bis 1935 mit „jährlich etwa 31000 Katholiken ... ungefähr 23000 weniger als jeweils in den drei Vorjahren" die Kirche verlassen hatten, stieg ihre Zahl „1936 auf 46000 und schnellte im nächsten Jahr um mehr als das Doppelte auf 108000 empor"; 1938 sank sie jedoch wieder auf 88700 und fiel in den nächsten Erhebungsjahren allmählich wieder unter die 40000-Grenze.

Gemessen an der Gesamtzahl der Katholiken ergibt die relativ hohe Austrittsquote von 1937, vermindert um die Zahl der gleichzeitigen Über- und Rücktritte, insgesamt einen Prozentsatz von 0,43: „Ein ‚Massenaustritt' aus der Kirche war dies zweifellos nicht". Weit höhere Austrittszahlen für die evangelische Kirche und „ein verstärkter Druck von Partei und Staat auf kirchenverbundene Personen, insbesondere Beamte", legen es daher nahe, die Austritte nicht als ausschließliche Folge der Prozeßkampagne, sondern als Ausdruck jener allgemeinen Schei-

[38] Hierzu grundlegend H. G. Hockerts, Sittlichkeitsprozesse.

dung der Geister zu betrachten, die seit 1935 zum Abbröckeln von "Taufscheinchristen" führte[39].

Ein Blick auf die Osterkommunion-Statistik bestätigt diese Annahme. Ihr zufolge kamen in den Jahren 1934 und 1936 jeweils über 62 von Hundert der deutschen Katholiken ihrer Osterpflicht nach, ein Prozentsatz, der 1937 und 1938 nur geringfügig unterschritten wurde (61,7 bzw. 61,6 Prozent). Die gleiche Tendenz ergibt auch die Zählung der Sonntagsmeßbesucher, doch liegen hierfür nicht aus allen Diözesen Angaben vor. Zusammenfassend kann demnach festgestellt werden, daß das „statistisch registrierbare Verhalten des deutschen Katholizismus ... durch die gewaltigen propagandistischen Anstrengungen in den Jahren 1936/37 nicht schwerwiegend oder gar einschneidend verändert worden" ist. Es „erwies sich vielmehr als bemerkenswert stabil"[40].

Der statistische Befund wird durch zeitgenössische Berichte bestätigt. Sie zeigen, daß der propagandistische Offensivstoß der Partei bei der Masse des Kirchenvolks auf wachsendes Mißtrauen stieß, weil die Gläubigen, wie es in einem der typischen Lageberichte heißt, überzeugt waren, „daß der Kampf nicht mehr dem politischen Katholizismus, sondern der Religion selbst gelte"[41]. Insofern war man auch hellhörig geworden gegenüber allen Versuchen, den Einfluß der christlichen Kirchen aus den (Bekenntnis-)Schulen zu verdrängen. Besonders nachhaltig haben sich die spontanen Protestaktionen der Bevölkerung des Oldenburger Münsterlandes, ihr sog. „Kreuzkampf", dem Gedächtnis eingeprägt, mit dem sie im November 1936 die Rückkehr der Kreuze in die Schulen erzwang, eine in Ausmaß, Wirkung und Resonanz einzigartige Bekundung religiöser Massenopposition im Dritten Reich[42].

Proteste und vereinzelte demonstrative Aufläufe sind auch für andere Teile des Reiches bezeugt, vornehmlich in ländlich-agra-

[39] Vgl. ebd. S. 186f. sowie unten S. 201, Schaubild 3.
[40] Ebd. S. 188ff.
[41] Vgl. H. Witetschek (Bearb.), Regierungspräsidentenberichte I, S. 153.
[42] Hierzu jetzt, die vielfältigen Aspekte des Geschehens ausleuchtend, J. Kuropka (Hrsg.), Zur Sache – Das Kreuz!

risch strukturierten Gebieten, wo Kirchentreue und Beharrungsvermögen der Bevölkerung besonders ausgeprägt waren.

Bedeutsamer waren jedoch kirchliche Schulabstimmungen, wie sie etwa im Frühjahr 1937 in Teilen der Erzdiözese Köln, im Februar 1939 dann in sämtlichen Pfarreien der Bistümer Köln, Aachen und Münster durchgeführt wurden. Daß mehr als 85 Prozent der erwachsenen stimmberechtigten Kirchenbesucher, also über 2¼ Millionen westdeutscher Katholiken, für die Bekenntnisschule und damit gegen den erklärten Willen der Reichsregierung votierten, übertraf alle Erwartungen. Auch im Diasporabistum Hildesheim, wo am 26. März 1939 abgestimmt wurde, war das Ergebnis „überwältigend“[43].

Von ungebrochener Glaubenstreue zeugte schließlich auch die hohe Beteiligung an religiösen Großveranstaltungen. Der Zufall wollte es, daß zwei herausragende Kundgebungen, die Bamberger Doppelfeier vom 9. Mai 1937 und die Aachener Heiligtumsfahrt vom 10.–25. Juli 1937, in die Wochen heftigster Anfeindungen fielen. Um so beeindruckender waren Zahl und Haltung der Teilnehmer: Mehr als 60000 strömten in Bamberg zusammen, um aus Anlaß der 700-Jahr-Feier der Domweihe und des 25jährigen Bischofsjubiläums von Erzbischof Hauck „ein Zeugnis der Treue zur Kirche“ zu geben[44]. Es verdient schon allein deshalb besonders beachtet zu werden, als die Teilnahme an öffentlichen Glaubensveranstaltungen inzwischen ein hohes Maß an Standfestigkeit voraussetzte, da sie nicht nur als „staatsfeindlicher Akt“ ausgelegt werden, sondern für manchen auch große berufliche Nachteile nach sich ziehen konnte. In einem Bericht der SD-Außenstelle Cochem über die dortige Fronleichnamspro-

[43] Vgl. U. v. Hehl, Erzbistum Köln, S. 186–192; W. Damberg, Kampf um die Schulen, S. 215–224, sowie A. Lange-Stuke, Schulpolitik, S. 114–121. Die letztgenannte Verfasserin weist jedoch lediglich für die Stadt Hildesheim das genaue Ergebnis aus; ihre Kritik am „moralischen Druck“ der Kirche beim Abstimmungsverfahren wirkt vor dem Hintergrund nationalsozialistischen (Meinungs-)Terrors eigentümlich naiv.

[44] So Kardinal Faulhaber, zitiert bei H. G. Hockerts, Sittlichkeitsprozesse, S. 205. Vgl. auch W. K. Blessing, Kirche und Kirchenvolk, S. 41–46.

zession vom 27. Mai 1937 heißt es unter der Überschrift „Beteiligung maßgeblicher Persönlichkeiten“ bezeichnenderweise: „Die Anzahl hat im Verhältnis zu den Vorjahren wesentlich abgenommen, obwohl auch in diesem Jahre noch eine recht beträchtliche Zahl von Beamten festzustellen war. Ein genaues Ergebnis kann erst nach Überprüfung des Bildmaterials übermittelt werden“[45]. Ein jeden Vergleich übersteigendes Ereignis wurde im Juli 1937 die Aachener Heiligtumsfahrt. Ungeachtet aller widrigen Umstände sind gegen 800000 Menschen aus allen Teilen Deutschlands zusammengeströmt, wobei schon für zeitgenössische Beobachter feststand: Nicht die Heiligtümer konnten diese Massen angelockt haben, sondern nur der Wille zum Bekenntnis des heftig befehdeten Glaubens, zum „stummen Protest“[46]. Zwei besonders charakteristische Verhaltensweisen, die sich vor allem in Aachen beobachten ließen, unterstreichen diesen Eindruck: die Unterbrechung von Predigten durch lauten Beifall und „eine wachsende Neigung, die Bischöfe in der Öffentlichkeit mit Ovationen zu empfangen“[47]. Dieses Verhalten und der ihm korrespondierende Unmut der nationalsozialistischen Überwachungsorgane ist gerade für die Auftritte des streitbaren Münsteraner Oberhirten Clemens August Graf von Galen eindrucksvoll bezeugt[48]. Zu Recht ließ sich daher nach dem ersten Halbjahr 1937 das Fazit ziehen: „Die Schwankenden fallen ganz ab, die Treuen werden um so treuer“[49].

[45] Vgl. P. Brommer (Bearb.), Die Partei hört mit, S. 406ff., Zitat 406.

[46] So der Titel einer Untersuchung von P. Emunds. Vgl. zum Vorgang auch H. L. Baumanns, Die Aachener Heiligtumsfahrt 1937.

[47] Vgl. H. G. Hockerts, Sittlichkeitsprozesse, S. 203.

[48] Ein Musterbeispiel sind die Vorgänge nach der Großen Prozession am 13. Juli 1936 in Münster, die in gleich dreifacher Widerspiegelung dokumentiert sind: durch Gestapobericht vom 14. Juli, Mitteilung im Kirchlichen Amtsblatt vom 15. Juli und Monatsbericht der Gauleitung Westfalen-Nord von Anfang August 1936. Synoptischer Druck: P. Löffler (Bearb.), Galen-Akten I, S. 403–412.

[49] So die Kölner Kirchenzeitung Nr. 31 vom 1. August 1937, S. 373f., Artikel: „Was Aachen war …“.

Um die Jahreswende 1938/39 war die Kirche weitestgehend auf den sakralen Bereich zurückgedrängt. Die kirchlichen Verbände und Organisationen, seit der „Machtübernahme" ohnehin stärkstem Druck und schleichender Auszehrung unterworfen, hatten stark an Bedeutung verloren, so daß die zahlreichen staatspolizeilichen Auflösungsverfügungen, die vor allem in die Jahre 1937–1939 fielen, nur einen seit langem erwarteten Schlußstrich zogen. Der Klerus stand unter scharfer Beobachtung; seine Predigten wurden auf „staatsfeindliche Äußerungen" hin überwacht, und die Gestapo sorgte durch harte Maßnahmen für äußerliche Ruhe.

Seit September 1939 bestimmte der Krieg das gesamte Leben in Deutschland. Schon bald beeinträchtigten Einberufungen, Massenevakuierungen aus frontnahen oder gefährdeten Gebieten und eine auf Arbeits- und Militärdienst sowie Kinderlandverschikkung beruhende „Wanderbewegung" das kirchliche Leben und stellten an die traditionelle Seelsorge kaum lösbare Anforderungen. Immerhin stimmte die Bischöfe zuversichtlich, daß der Klerus geschlossen und anpassungsfähig hinter ihnen stand und die Treue und Opferwilligkeit „breiter Schichten des katholischen Volkes" sich auch im Kriege „bestens" bewährte[50].

Während zunächst manches auf einen kirchenpolitischen Burgfrieden hingedeutet hatte, lieferte die Kriegslage doch schon bald beängstigend viele Vorwände, um den kirchlichen Wirkungsbereich noch weiter einzuschränken. Mit unterschiedsloser Härte schritt die Gestapo nun gegen jedwede oppositionelle Regung ein. Wie zahlreiche einschlägige Anweisungen, aber auch etwa

[50] So Kardinal Schulte auf der Fuldaer Bischofskonferenz, 20. August 1940. Text: L. Volk (Bearb.), Bischöfliche Akten V, S. 176–179, Zitat 179. – Zu den Auswirkungen des Krieges auf die Haltung des Kirchenvolks vgl. zuletzt die Regionalstudie von W. K. Blessing, Kirche und Kirchenvolk, S. 46–60, sowie H. Hürten, Kirche und Krieg, jeweils mit weiteren Literaturhinweisen. Nicht unproblematisch, da großenteils metahistorisch argumentierend, H. Missalla, Für Volk und Vaterland.

Hitlers Haßausbrüche im Führerhauptquartier oder entsprechende Notizen in den Goebbels-Tagebüchern anschaulich belegen, galt der Argwohn der NS-Führung vor allem dem katholischen Klerus. So überrascht es nicht, daß die Zahl inhaftierter oder in Konzentrationslager „verbrachter“ Priester mit Beginn des Krieges steil anstieg[51].

Besonderes Aufsehen erregte indes ein großangelegter Raubzug von Partei und Gestapo, dem während des ersten Halbjahres 1941 mehr als 120 Klöster, Ordenskomplexe und kirchliche Anstalten zum Opfer fielen[52]. Übereinstimmend betonen zahlreiche Stimmungs- und Lageberichte, daß der „Klostersturm“ „im höchsten Maße den Unwillen der katholischen Bevölkerung“ hervorrief[53] und umlaufende Gerüchte ins Uferlose steigen ließ. Auch die gleichzeitig vorangetriebene „Euthanasie“-Aktion, also die Massentötung sogenannten lebensunwerten Lebens, löste weit über den Kreis der Betroffenen hinaus heftige Unruhe aus[54]. Es ist für die Stimmung im Kirchenvolk, aber auch unter zahllosen Frontsoldaten ungemein bezeichnend, daß sich die Kunde von Bischof Galens berühmten drei Protest-Predigten vom Sommer 1941 wie ein Lauffeuer verbreitete und Tausende von Abschriften kursierten[55].

Hatten Kritik oder Mißstimmung in den ersten Kriegsjahren durch Hitlers „Blitzsiege“ relativ leicht überlagert werden können, so brachten das sinkende Kriegsglück in Rußland, die zunehmenden Fliegerangriffe und die angespannte Versorgungslage seit 1943 eine Wende zu innerer Unzufriedenheit. Sie verdichtete

[51] Vgl. W. Jochmann (Hrsg.), Monologe im Führerhauptquartier, und P. E. Schramm u.a. (Hrsg.), Hitlers Tischgespräche, jeweils passim; H. G. Hockerts, Goebbels-Tagebücher; U. v. Hehl (Bearb.), Priester unter Hitlers Terror, Einleitung, sowie unten S. 114ff.

[52] Vgl. hierzu L. Volk, Episkopat I.

[53] Vgl. M. G. Steinert, Hitlers Krieg, S. 176.

[54] Vgl. K. Nowak, „Euthanasie“; ders., Sterilisation und „Euthanasie“; M. Höllen, Kirche und NS-„Euthanasie“; H.-J. Wollasch, Ausbau und Bedrängnis. Unzureichend H.-W. Schmuhl, Rassenhygiene, S. 305–312 und 346–354, sowie namentlich Ernst Klees polemische Verzeichnung „Euthanasie“ im NS-Staat, passim.

[55] Text der Predigten vom 13. und 20. Juli sowie 3. August 1941: P. Löffler (Bearb.), Galen-Akten II, S. 843–851, 855–863 und 874–883.

sich zwar nicht zu politischer Opposition, wirkte sich aber längerfristig zugunsten der Kirche aus: „Jedenfalls wird die alte Erfahrung hundertfach bestätigt", kommentierte die NS-Parteikanzlei, „daß Zeiten der Not für die Kirche Zeiten der Ernte sind"[56].

Unmutsäußerungen oder gar Protestaktionen waren allerdings sehr enge Grenzen gesetzt. Schon wenige Tage nach Kriegsbeginn hatte ein staatspolitischer Erlaß lapidar gefordert: „Jeder Versuch, die Geschlossenheit und den Kampfwillen des deutschen Volkes zu zersetzen, ist rücksichtslos zu unterdrücken", und der Reichsführer SS Heinrich Himmler hatte dies kurz nach dem Überfall auf Rußland durch die Verfügung ergänzt, „... sämtliche hetzerische Pfaffen ... sowie Kommunisten und ähnliches Gesindel grundsätzlich auf längere Zeit einem Konzentrationslager [zuzuführen]"[57]. Daher konnte jede noch so harmlose regimekritische Äußerung eine große, unmittelbare Gefährdung bedeuten, doch muß auch eine andere wichtige Hemmschwelle genannt werden, die der Apostolische Nuntius Orsenigo folgendermaßen umschrieben hat: „Solange der Kampf nur um die Innenpolitik des Landes ging, war es für jeden leicht, zwischen antinationalsozialistischer und staatsfeindlicher Haltung zu unterscheiden ... Heute, wo es um die Außenpolitik geht, ist diese Unterscheidung wesentlich schwieriger; nur wenige verstehen, daß man gegen Hitler sein kann, ohne gegen den Staat zu sein, d.h. ohne Vaterlandsverräter zu sein ..."[58].

Leben und Überleben. Verfolgung, Zeugnis, Widerstand

Mit dem von Orsenigo aufgezeigten Spannungsverhältnis wird nicht nur erklärt, warum politisches Opponieren unter dem Druck des Krieges so existentiell schwierig war, sondern zu-

56 Zitiert bei M. G. Steinert, Hitlers Krieg, S. 390.
57 Ebd. S. 95; der Himmler-Erlaß vom 27. August 1941 zitiert nach K. Fettweis, Mentalitätsfrage, S. 128 mit Anm. 232.
58 M. G. Steinert, Hitlers Krieg, S. 95f.

gleich die grundsätzliche Frage aufgeworfen, wie der katholische Widerspruch gegen den Nationalsozialismus zu bewerten ist.
Folgt man den zahlreichen Äußerungen der Partei und der Überwachungsorgane, so ist die Antwort einfach: „Sie werteten die Glaubenstreue des Kirchenvolks als Beeinträchtigung ihres Totalitätsanspruchs und damit als staatsfeindlichen Akt und sprachen folgerichtig von „Widerstand". Nach ihrer Ideologie gab es keine „Staatstreue" ohne Zustimmung zur NS-Weltanschauung. Das Faktum, daß der einzelne Christ „Bürger zweier Welten" war, ließen sie nicht gelten. Das Kirchenvolk aber dachte anders.
Denn wie eindeutig sich die Gläubigen auch mit den Forderungen der Kirche zu identifizieren vermochten, waren sie doch zugleich loyale Staatsbürger und als solche beeinflußt „von den großen nationalen Strömungen" und Empfindungen der Zeit[59]. Deshalb entfiel auch der spezifisch „katholische" Solidarisierungseffekt, wie ihn sechzig Jahre zuvor der Kulturkampf hervorgebracht hatte. Man war jetzt weniger in konfessioneller als in grundsätzlich religiöser Hinsicht herausgefordert. Daher mußte auch die Antwort vorwiegend aus dem Glauben gegeben werden.
Niemand verstand dieses Dilemma besser für seine Zwecke zu nutzen als Adolf Hitler. Er konnte davon ausgehen, daß ungeachtet aller Unzufriedenheit mit kirchenpolitischen Maßnahmen des Regimes auch die Masse des Kirchenvolks, wenn vielleicht nicht hinter dem Nationalsozialismus, so doch hinter dem Staat und der Staatsführung stand. Der allgemein herrschende Führerkult hatte natürlich eine wesentliche Ursache in den großen Erfolgen der Hitlerschen (Außen-)Politik: Die Rückgliederung des Saarlandes 1935 und der „Anschluß" Österreichs im März 1938 sicherten dem „Führer" auch im katholischen Bevölkerungsteil eine enorme Popularität, war damit doch ein lange gehegter „Traum ... alle[r] gut denkenden und vaterslandstreuen Deutschen" erfüllt, wie der jeden nationalistischen Überschwangs gänzlich unverdächtige Reichskanzler a.D. Wilhelm Marx damals festhielt[60]. Gewiß

[59] Vgl. W. Adolph, Hirtenamt, S. 63.
[60] Zitiert bei U. v. Hehl, Wilhelm Marx, S. 486.

fehlte es auch auf diesem Höhepunkt „vaterländischer Begeisterung" nicht an Zeichen der Unzufriedenheit. Ein SD-Kommentar über die Volksabstimmung vom 10. April 1938 fand es jedenfalls „kennzeichnend, daß in denjenigen Orten mit rein oder überwiegend katholischer Bevölkerung sich die schlechtesten Abstimmungsergebnisse zeigten"[61]. Dennoch waren diese Unmutsbekundungen in ihrem Ausmaß begrenzt. Gerade die Saarabstimmung vom 13. Januar 1935 hatte gezeigt: Trotz aller Kritik am kirchenfeindlichen Kurs des Regimes war die emotionale Bindung an das „Vaterland" bei Bischöfen, Klerus und Kirchenvolk zu tief verwurzelt, als daß man seine grundsätzliche Entscheidung für Deutschland „von einer vorübergehenden innenpolitischen Konstellation abhängig" gemacht hätte[62].

Die prinzipielle Staatstreue der Katholiken entsprang aber nicht nur patriotischem Denken, sondern hatte auch eine religiöse Wurzel. Nach kirchlicher Lehre war sie eine Forderung des Glaubens und des Gewissens, die unabhängig vom „Wohlverhalten" des Staates bestand. Daher protestierte der Episkopat zwar gegen die Übergriffe des Regimes, hielt die Gläubigen aber zugleich zu loyaler Erfüllung ihrer staatsbürgerlichen Pflichten an. Umgekehrt war der Tenor der Kundgebungen und Abwehrmaßnahmen immer auch durch die Frage mitbestimmt, bis zu welchem Grade ihnen das Kirchenvolk folgen könnte und würde. Verglichen mit der faktischen Allmacht des Regimes, schienen die eigenen Möglichkeiten so sehr beschränkt, daß der Episkopat immer wieder versuchte, den Gläubigen die Entscheidung eines Entweder-Oder möglichst zu ersparen.

Das Dilemma eines jeden Christen – in Loyalität einer Staatsführung ergeben zu sein, deren Politik in wichtigen Punkten den Widerspruch des Gewissens herausforderte – erwies sich für die meisten als nicht lösbar. Die meisten Gläubigen suchten Krieg und NS-Herrschaft denn auch in stummer Abwehrhaltung und Überlebenshoffnung zu überstehen. Ihre Haltung umschrieb der

[61] Lagebericht der SD-Außenstelle Cochem, 28. April 1938. Druck: P. Brommer (Bearb.), Die Partei hört mit, S. 90.

[62] Vgl. M. Zenner in: Th. Schieder (Hrsg.), Handbuch der europäischen Geschichte, Bd. 7, Stuttgart 1979, S. 593.

Kölner Erzbischof Frings nach Kriegsende zutreffend: Sie hätten durch ihr Bekenntnis einen zwar stillen, doch wohlverstandenen Protest gegen Dinge eingelegt, die zu ändern in ihrer Macht nicht gestanden habe[63].

Aktiv-politischer Widerstand im engeren Sinne hat demnach nicht Aufgabe des Kirchenvolks als Kirchenvolk sein können, sondern blieb der Gewissensentscheidung des Einzelchristen vorbehalten. Die große Zahl katholischer NS-Opfer zeigt allerdings, daß viele Christen dieser Entscheidung nicht ausgewichen sind. Indem sie bereit waren, ungeachtet aller Anfechtungen durch den Gestapo-Terror der Stimme ihres Gewissens zu folgen, haben sie einer Forderung entsprochen, wie sie namentlich Bischof von Galen im Rückgriff auf den altchristlichen Begriff des Zeugnisses (gr. Martyrium) wiederholt erhoben hat: nämlich „Zeugen der Wahrheit", „Zeugen für Christus" und seine angegriffene Kirche zu sein[64].

Eine erste größere Übersicht katholischer Blutzeugen führt nahe an 200 männliche Opfer der NS-Justiz auf, Priester wie Laien, doch liegt ihre tatsächliche Anzahl mit Sicherheit erheblich höher[65]. Auch die Totenliste des 20. Juli 1944 nennt katholische Christen an maßgeblicher Stelle. Namen wie Graf Stauffenberg, Pater Delp und Joseph Wirmer oder führende Mitglieder der Katholischen Arbeiterbewegung wie Verbandspräses Otto Müller und die Arbeitersekretäre Nikolaus Groß und Bernhard Letterhaus können nur stellvertretend für viele andere genannt werden. Bekannt sind auch die Aktionen der Widerstandsgruppe „Weiße Rose", deren führende Mitglieder Willi Graf und Prof. Kurt Huber aus der katholischen Jugendbewegung stammten[66].

[63] Hirtenwort Frings', 27. Mai 1945. Druck: L. Volk (Bearb.), Bischöfliche Akten VI, S. 501–505, hier 502.

[64] Vgl. hierzu jetzt H. Hürten, Verfolgung, Widerstand und Zeugnis, mit grundsätzlichen Ausführungen zu Begriff und Qualität des kirchlichen Widerstands.

[65] Vgl. Unseren Toten von 1933 bis 1945, Fulda 1964.

[66] Aus der Fülle der einschlägigen Veröffentlichungen vgl. die Überblicke von R. Lill, Katholiken im Widerstand; ders. / H. Oberreuter (Hrsg.), 20. Juli. Portraits des Widerstands; R. Morsey, Christliche Demokraten

NS-Opfer wie die genannten, denen viele weitere Namen angefügt werden könnten, zeigen jedoch nur die Spitze eines Eisberges; die meisten Schicksale haben sich in großer Anonymität abgespielt. Welche Ergebnisse bei intensiver Nachforschung zu erwarten sind, beleuchten die folgenden Beispiele: Den Ermittlungen Eugen Weilers zufolge waren von den 447 deutschen Geistlichen, die während des Krieges in das Konzentrationslager Dachau eingeliefert wurden, 411 katholische Priester und 36 evangelische Pfarrer; der katholische Klerus stellte also 92% der Dachauer Priesterhäftlinge aus Deutschland[67]. Daß sich die Verfolgung vor allem gegen die katholischen Geistlichen richtete, bestätigt sich auch bei der Durchsicht von neueren Quellenpublikationen über Bayern sowie bei der Auswertung von Lageberichten nationalsozialistischer Überwachungsorgane[68].

Was sich hier mosaikartig zu einem noch vagen Gesamteindruck zusammenfügt, wird durch das Ende 1984 veröffentlichte Ergebnis einer biographisch-statistischen Erhebung über das Schicksal des katholischen Klerus im Altreich, also in Deutschland in den Grenzen von 1937, aber zuzüglich der Freien Stadt Danzig und des Sudetenlandes, gleichsam flächendeckend bestätigt[69]. Danach waren über 8000 Priester, d.h. mehr als ein Drittel des damals

in Emigration und Widerstand; H. Stehkämper, Protest, Opposition und Widerstand; J. Pottier (Hrsg.), Christen im Widerstand, sowie die im Literaturverzeichnis angeführten Beiträge von R. Bleistein, jeweils mit weiteren Literaturhinweisen.

[67] Die ausländischen Priester, besonders zahlreich waren die Polen, sind in dieser Zahl unberücksichtigt gelassen. Nachweis: E. Weiler, Die Geistlichen in Dachau, S. 45ff.; vgl. auch ders., Die Geistlichen in Dachau, Bd. 2, mit Anführung zahlreicher Einzelschicksale, sowie R. Schnabel, Die Frommen in der Hölle. Vgl. ferner G. Kimmel, Das Konzentrationslager Dachau, S. 349–413, hier 375.

[68] Vgl. H. Witetschek / W. Ziegler / H. Prantl / K. Wittstadt (Bearb.), Regierungspräsidentenberichte I–VII, sowie Widerstand und Verfolgung in Bayern 1933–1945. Archivinventare, Bde. 1–7/3, hrsg. von der Generaldirektion der Staatlichen Archive Bayerns, München 1975/77. Vgl. auch B. Vollmer (Hrsg.), Volksopposition; H. Boberach (Bearb.), Meldungen; J. Schadt (Bearb.), Verfolgung und Widerstand; T. Klein (Hrsg.), Lageberichte; ders. (Hrsg.), Regierungsbezirk Kassel; K. Mlynek (Bearb.), Gestapo Hannover; C. Abele / H. Boberach (Bearb.), Inventar staatlicher Akten; P. Brommer (Bearb.), Die Partei hört mit.

[69] Vgl. U. v. Hehl (Bearb.), Priester unter Hitlers Terror.

KZ Dachau 447 Geistl.
↳ 411 kath. Priest.
36 ev.

aktiven Seelsorgsklerus, von politisch motivierten Zwangsmaßnahmen des NS-Regimes betroffen. Auch diese Zahl ist inzwischen nach oben zu korrigieren. Nach in Kürze abgeschlossenen ergänzenden Nachforschungen, für die unter anderem die erhalten gebliebenen Bestände der Gestapo-Personenakten herangezogen wurden, ist von weiteren 2000 Geistlichen auszugehen, die die schikanöse Überwachungs- und Verfolgungspraxis des SS-Staates zu spüren bekamen.
Die „Vergehen“ der Gemaßregelten reichen von verbotswidriger Betätigung im katholischen Vereinswesen bis zu aktiver Hilfe für politisch und rassisch Verfolgte, von regimekritischen oder „defätistischen“ Äußerungen bis zur Mitwisserschaft und Teilnahme am politischen Widerstand. Entsprechend weit spannt sich auch der Bogen der Vergeltungsschläge: von „einfachen“ Drohungen und Verwarnungen über Geldstrafen und Gestapoverhöre, über Rede- und Predigtverbote, über Ausweisungen und Zwangsaufenthalte bis hin zu Mißhandlung, Verhaftung, KZ-Einlieferung, Hinrichtung und Ermordung. Der Prozentsatz der nachweislich von solchen Maßnahmen betroffenen Priester ist in den einzelnen Diözesen unterschiedlich hoch, wobei die Uneinheitlichkeit der Quellenüberlieferung zu berücksichtigen ist[70]. Doch unbeschadet solcher Einschränkungen ist mit großer Deutlichkeit zu erkennen, daß die Auseinandersetzungen durch den unbegrenzten Verfügungsanspruch des Nationalsozialismus provoziert waren. Er ließ keinen Raum für den Willen der Kirche, sinngebende und sinndeutende Instanz *neben* dem Staat sowie, in Erfüllung ihres göttlichen Verkündigungsauftrags, Hüterin und Wächterin in Glaubens- und Sittenfragen zu sein. Infolgedessen waren gerade ihre geistlichen Diener, die „Verräter aus der Schwarzen Internationale“ (Goebbels), dem Erfassungsdruck ausgesetzt, und zwar auf ihrem ureigenen Arbeitsfeld, der Seelsorge[71].

[70] Nähere Ausführungen ebd., Einleitung, mit Tab. 1. – Die Uneinheitlichkeit der Quellenlage kann in der in Vorbereitung befindlichen Neuauflage teilweise behoben werden.

[71] Instruktive Daten hierzu im tabellarischen Teil sowie in der Einleitung, ebd. S. LI–LVIII. Vgl. auch unten S. 204ff., Tabelle 7 sowie Schaubilder 6 und 8.

Sind (statistische) Übersichten über den – vergleichsweise leichter erfaßbaren – Klerus in einiger Reichhaltigkeit vorhanden[72], so fehlen sie für den Bereich der Ordensbrüder, Ordensschwestern und überhaupt für den Bereich der katholischen Laien-Verfolgung fast ganz[73]. Von Ausnahmen abgesehen, wissen wir nicht, wieviele Ordensleute beim Klostersturm vertrieben oder bei Erfüllung ihrer Aufgaben schikaniert und drangsaliert wurden. Wir wissen nicht, wieviele katholische Laien zur Emigration gezwungen waren, wieviele ehemalige Zentrumspolitiker, christliche Gewerkschaftler und katholische Verbandsangehörige, Lehrer, Lehrerinnen oder Fürsorgerinnen, wieviele prominente oder nichtprominente Katholiken wegen ihrer Glaubens- und Überzeugungstreue berufliche Nachteile oder Gestapo-Willkür in Kauf nehmen mußten. Treffend ist daher auch von einem „lautlosen Aufstand" gesprochen worden[74].

Ebensowenig läßt sich bisher zuverlässig nachweisen, ob und wieweit die vielen unbekannten Opfer des NS-Terrors für ihr

[72] Vgl. auch K. Hofen, Bistum Speyer; K. Engelbert, Schlesische Priester; L. Ploetz, Ermländische Priester; R. Stachnik, Danziger Priesterbuch; B. M. Kempner, Priester vor Hitlers Tribunalen; R. Schnabel, Die Frommen in der Hölle; J. Gottschalk, Breslauer Diözesanpriester; F. Heinsch, Priester der Grafschaft Glatz; H. Ott, Priester der Erzdiözese Freiburg; E. Weiler, Die Geistlichen in Dachau I/II; G. Baumjohann, Weltpriester des Erzbistums Paderborn; M. Münch, Priester in Dachau; H. Selhorst, Priesterschicksale Aachen; E. Pelke, Lübecker Christenprozeß; E. Janik, Klerus Passau; B. Möckershoff in: G. Schwaiger / P. Mai (Hrsg.), Bistum Regensburg, S. 89–144; H. Siebert, Eichsfeld unterm Hakenkreuz, S. 56–89; L. D. Walker, Priests vs. Nazis; F. Frei und N. Keil in: G. Schwaiger (Hrsg.), Erzbistum München und Freising, Bd. 1, S. 402–580; U. Wagener, Priester des Erzbistums Paderborn; B. Opfermann, Bistum Fulda; E. Wetzler, Geistliche in Ludwigshafen; K. Fettweis, Klerus Aachen, in: ders., Zwischen Herr und Herrlichkeit, S. 80–203.

[73] Ganz unzureichend und mit irreführendem Untertitel B. M. Kempner, Nonnen unter dem Hakenkreuz. Neben bereits angeführten Titeln vgl. beispielsweise W. Frühwald / H. Hürten (Hrsg.), Christliches Exil; E. Klausener, Frauen in Fesseln; U. Wagener, Katholische Beamte. Aufschlußreich für die Geschichte katholischer Verleger, deren Betriebe nach dem Druck der Enzyklika „Mit brennender Sorge" enteignet wurden, sind die Beiträge von H.-D. Graf über die Druckereien Borgmeyer und Herzig.

[74] So der Titel eines Buches von G. Weisenborn.

Verhalten bei Kirchenführung und Mitchristen genügend, rechtzeitig und angemessen Verständnis, Anerkennung und Hilfe gefunden haben. Es hat selbstverständlich auch in dieser Hinsicht oben wie unten Schwächen, Fehler und Versagen gegeben. Insofern appellierte der Präsident des ersten Deutschen Katholikentages nach dem Kriege an das ganze Kirchenvolk, wenn er feststellte: „Die Mehrzahl der erwachsenen einsichtigen Katholiken weiß um die eigene persönliche Schuld. Viele waren verblendet und unterschieden nicht mehr genug zwischen der Selbstbehauptung und dem Willen zur Macht. Die Herzen vieler von uns waren verhärtet gegenüber den unschuldig Leidenden, und viele unterlagen dem Mangel an Mut"[75].

Diesen Fragen hatte sich nach Kriegsende jeder Christ selbst zu stellen. An eindringlichen Aufrufen zur Gewissenserforschung hat es nicht gemangelt. In welchem Umfang ihnen entsprochen worden ist und welche Konsequenzen der Einzelne gezogen hat, entzieht sich naturgemäß dem Urteil des Historikers.

[75] Vgl. Der Christ in der Not der Zeit. Der 72. Deutsche Katholikentag vom 1. bis 5. September 1948 in Mainz, Paderborn 1949, S. 291.

Jürgen Aretz

Die katholische Arbeiterbewegung (KAB) im Dritten Reich*

Die Katholische Arbeiterbewegung (KAB)

Zwei – kategorial unterschiedliche – soziale Großgruppen haben sich dem Nationalsozialismus in geringerem Maße angepaßt und stärker widersetzt als andere: Arbeiter und Katholiken. Die Haltung der sozialistischen und kommunistischen Arbeiter ist oft untersucht worden. Weniger bekannt ist, wie sich betont katholische Arbeiter angesichts der nationalsozialistischen Herausforderung verhalten haben[1].

Eine geschlossene katholische Arbeiterschaft gab es in Deutschland vor 1945 vor allem in Oberschlesien, an der Saar und im heutigen Nordrhein-Westfalen: Bergleute im Aachener Raum, Textilarbeiter am linken Niederrhein sowie die Bergleute und Industriearbeiter im Ruhrgebiet. Seit dem Ende des 19.Jahrhunderts hatten diese katholischen Arbeiter ihre eigenen Vereine; erste Organisationsversuche gehen sogar in die 50er und 60er Jahre zurück. Diese Vereine sollten dazu beitragen, die katholischen Arbeiter der Kirche zu erhalten und die atheistische Propaganda der Sozialdemokratie abzuwehren, gleichzeitig aber auch, die kulturelle, soziale und politische Emanzipation der katholischen Arbeiter zu fördern. Organisatorisch folgten die Vereine dem Pfarrsystem. An der Spitze standen ein geistlicher Präses, der durch den zuständigen Diözesanbischof ernannt wurde, und ein aus dem Kreis der Mitglieder demokratisch gewählter Vizepräses.

* Gekürzter Vorabdruck aus: K. Düwell / W. Köllmann (Hrsg.), Rheinland-Westfalen im Industriezeitalter, Wuppertal 1983/84.

[1] Hierzu und zum Folgenden vgl. J. Aretz, Katholische Arbeiterbewegung, S. 7ff.

Am Vorabend des Ersten Weltkrieges gehörte jeder dritte katholische Industriearbeiter einem solchen Arbeiterverein an. Der größte und kirchlich wie politisch einflußreichste Regionalverband war der 1903 gegründete Verband katholischer Arbeiter- und Knappenvereine Westdeutschlands mit Sitz in Mönchengladbach, später Köln, der 220000 Mitglieder zählte. Das Verbandsgebiet umfaßte im wesentlichen die preußischen Provinzen Rheinland und Westfalen. Dieser Verband hat auch in der Auseinandersetzung mit dem Nationalsozialismus innerhalb der katholischen Arbeiterbewegung eine führende Rolle eingenommen.

KAB und Nationalsozialismus vor 1933

Als der preußische Innenminister Carl Severing im Frühjahr 1923 die rechtsextreme Deutsch-Völkische Freiheitspartei verbot, nahm die westdeutsche KAB das zum Anlaß, um in ihrem Verbandsorgan, der Westdeutschen Arbeiter-Zeitung (WAZ), auf eine andere rechtsextreme Gruppierung aufmerksam zu machen, die Nationalsozialistische Deutsche Arbeiterpartei. Dies war um so bemerkenswerter, als die NSDAP zu diesem Zeitpunkt auf München bzw. Bayern beschränkt war. In dem Artikel der WAZ hieß es, die NSDAP sei eine „geistige Zeitkrankheit", aber keine „sozialistische Arbeiterpartei". Ihre programmatische Basis liege in der Negation, im Antisemitismus und in der Gegnerschaft zur Sozialdemokratie, verbunden mit einem „greulichen Gemisch von nationalistischen und antikapitalistischen Phrasen"[2].
Obwohl der Hitler-Putsch im November des gleichen Jahres fehlschlug und der Rechtsextremismus in der Folge nur eine untergeordnete Rolle spielte, wiesen die katholischen Arbeitervereine immer wieder auf die Gefahr hin, die von der extremen Rechten drohte – unabhängig davon, daß sie zu dieser Zeit die extreme Linke, den Kommunismus, für den langfristig gefährli-

[2] ‚Verwirrung' (ungezeichneter Artikel), Westdeutsche Arbeiter-Zeitung Nr. 16 vom 21. April 1923.

cheren Gegner hielt. Carl Sonnenschein formulierte das unter Anspielung auf Papst Leo XIII. sehr einprägsam: „In der Welt wird siegen das leonische Rom oder das leninsche Moskau"[3].
Als die NSDAP bei den Reichstagswahlen von 1930 statt 12 107 Mandate errang, rückte die Hitlerpartei schlagartig in den Mittelpunkt des öffentlichen Interesses. Die westdeutsche KAB hatte schon Monate zuvor ihren Kampf gegen die NSDAP intensiviert und die Ablehnung im wesentlichen mit vier Argumenten begründet: der Nationalsozialismus führe (1) innenpolitisch zu Gewalttätigkeit und Unfreiheit, (2) außenpolitisch zum Krieg. Die wirtschafts- und sozialpolitischen Vorstellungen seien (3) abstrus und schließlich sei der Nationalsozialismus (4) aus kulturpolitischen und religiösen Gründen, wegen seiner Kirchenfeindlichkeit und des von ihm propagierten Rassismus „eindeutig" abzulehnen[4]. In ihrem Kampf gegen den Nationalsozialismus verfolgte die Führung der katholischen Arbeitervereine Westdeutschlands konsequent den republikanischen und demokratischen Kurs, der ihre Grundlinie seit der Gründung der Weimarer Republik bestimmte[5]: der „Volksstaat von Weimar" sollte die Alternative zum totalitären Nationalsozialismus sein. Seit jeher politisch eng mit dem Zentrum verbunden, der katholischen Volkspartei, unterstützte die KAB den letzten Zentrums-Kanzler Heinrich Brüning[6] und, weil eine andere Möglichkeit nicht mehr bestand, 1932 die Wiederwahl Hindenburgs zum Reichspräsidenten. Dessen Gegenkandidat war Adolf Hitler.
Als Hitler wenige Monate später, am 30. Januar 1933, zum Reichskanzler ernannt wurde, kam das für die Führung der KAB zu diesem Zeitpunkt ebenso überraschend wie für die übrigen

[3] Carl Sonnenschein, Referat aus dem Gründungskongreß der Katholischen Arbeiter-Internationale 1928, gedruckt in: Die Katholische Arbeiter-Internationale, hrsg. im Auftrag des Reichsverbandes der katholischen Arbeitervereine Deutschlands von Johannes Gickler, Mönchengladbach 1928, hier S. 91.

[4] J. Aretz, Katholische Arbeiterbewegung, bes. S. 49ff.

[5] Vgl. dazu Helga Grebing, Geschichte der deutschen Arbeiterbewegung, München [3]1972, u.a. S. 188f.

[6] J. Aretz, Katholische Arbeiterbewegung, S. 57ff.

demokratischen Kräfte: die Nationalsozialisten hatten bei den letzten Wahlen erhebliche Verluste hinnehmen müssen, und die NSDAP befand sich in einer internen Krise. Alles schien auf ihre Überwindung und ihren Niedergang hinzudeuten. In dem ungleichen Wahlkampf, der den Reichstagswahlen vom 5. März 1933 vorausging, setzte sich die KAB noch einmal rückhaltlos für die Erhaltung der Demokratie, parteipolitisch für das Zentrum ein. Zwar hielt sich die Partei dank des Wahlverhaltens der katholischen Bevölkerung bemerkenswert gut, doch der entscheidende Erfolg blieb aus. Zusammen mit ihrem deutsch-nationalen Koalitionspartner erreichte die NSDAP die absolute Mehrheit im Reichstag.

Erfolgreiche Selbstbehauptung 1933/34

Spätestens mit dem Ermächtigungsgesetz vom 24. März 1933 wurde klar, daß die Hitler-Regierung sich wesentlich von den vorangegangenen autoritären Regierungen von Papens und von Schleichers unterschied. Vergeblich suchte die KAB-Führung die Zentrumsfraktion zu einer Ablehnung des Ermächtigungsgesetzes zu bewegen[7]. Bei einer fraktionsinternen Probeabstimmung votierten etwa zehn Mitglieder gegen den Gesetzentwurf[8]. Zu ihnen gehörte Joseph Joos[9], führender Laie der westdeutschen KAB und stellvertretender Vorsitzender des Zentrums, und Hermann Joseph Schmitt, der Generalsekretär des Reichsverbandes der katholischen Arbeitervereine.
Einige Wochen später wurde bekannt, daß die Reichsregierung mit dem Heiligen Stuhl über ein Konkordat verhandele. Man wußte auch in der KAB, daß die Kirche seit langem eine vertragliche Regelung mit dem Staat anstrebte, entsprechende Ansätze aber an den früheren Mehrheitsverhältnissen im Reichstag gescheitert waren. Hitlers Vertragsofferte griff der Vatikan auf.

[7] Ebd. S. 77f.
[8] Vgl. dazu R. Morsey, Untergang.
[9] Dazu vgl. O. Wachtling, Joseph Joos; ders., Joseph Joos (1876–1965), in: Zeitgeschichte in Lebensbildern, Bd. 1, S. 236–250.

Vor allem der Verbandssekretär der westdeutschen Arbeitervereine, Bernhard Letterhaus[10], der zugleich für den Wahlkreis Düsseldorf-Ost im Preußischen Landtag saß, schenkte den in Aussicht gestellten staatlichen Garantien wenig Glauben. Diese Garantien kamen von Politikern, deren Gewalttätigkeit und Gesetzlosigkeit er in der Vergangenheit offen angeprangert, die er als „Ritter vom Schlagring und Stuhlbein" apostrophiert hatte[11]. Letterhaus glaubte überdies, daß die neue Regierung schon bald an den wirtschaftspolitischen Schwierigkeiten scheitern würde; von dem Vertragsabschluß befürchtete er einen Stabilisierungseffekt. Angesichts der zahlreichen Übergriffe, denen katholische Organisationen schon im Frühjahr 1933 ausgesetzt waren, forderte er, die Bischöfe sollten „in vollem Ornat in die Wilhelmstraße (dem Sitz verschiedener Ministerien und Reichsbehörden) ziehen und mit ihren Stäben an die Türen klopfen"[12].

Die Skepsis, die Letterhaus gegenüber der Vertragstreue der NS-Regierung hegte, erwies sich schon bald als berechtigt. Das Regime ging bedenkenlos über die getroffenen Vereinbarungen hinweg. Vor allem der im Reichskonkordat (Artikel 31) nur allgemein formulierte Schutz der katholischen Vereine erwies sich als unzureichend. Die KAB-Führung berief sich häufig genug erfolglos auf den Schutz des Konkordats, als die im Frühjahr 1933 gegründete Deutsche Arbeitsfront (DAF) nach der Zerschlagung der christlichen und sozialistischen Gewerkschaften auch die katholischen Arbeitervereine frontal angriff. Die Kampagne wurde eröffnet durch Robert Ley, den Führer der DAF, der am 22. Juni 1933 verkündete, konfessionelle Arbeitervereine seien „staatsfeindlich"[13]. Die Intensität der folgenden Kampagne unterlag gewissen Schwankungen, die mit der grund-

[10] Dazu vgl. J. Aretz, Bernhard Letterhaus (1894–1944), in: Zeitgeschichte in Lebensbildern, Bd. 2, S. 11–24.

[11] B. Letterhaus, ‚Wir kommen durch', in: Westdeutsche Arbeiter-Zeitung Nr. 8 vom 21. Februar 1931.

[12] Mündliche Mitteilung von Frau G. Letterhaus, 8. März 1974.

[13] Text: B. Stasiewski (Bearb.), Bischöfliche Akten I, S. 254, Anm. 2.

sätzlichen Auseinandersetzung zwischen Kirche und Staat zusammenhing[14].

Einen weiteren Höhepunkt erreichte sie, als Ley am 27. April 1934 die gleichzeitige Mitgliedschaft in der DAF und konfessionellen Arbeiter- und Gesellenvereinen verbot[15], eine Maßnahme, die praktisch nur katholische Organisationen betraf. Das sogenannte Doppelmitgliedschaftsverbot hatte schwerwiegende Folgen[16]: die DAF-Mitgliedschaft war im öffentlichen Dienst und ganz überwiegend auch in der Privatwirtschaft Voraussetzung für eine Einstellung bzw. Weiterbeschäftigung der Arbeitnehmer. Angesichts einer ohnehin kritischen Arbeitsmarktlage – noch auf Jahre hinaus gab es in Deutschland millionenfache Arbeitslosigkeit – wurden KAB-Leute, die ihrem Arbeiterverein treu blieben, von einem zusätzlichen Arbeitsplatzrisiko bedroht. Die bloße Mitgliedschaft in der KAB bedeutete in der Folge tausendfach den Verlust des Arbeitsplatzes und materielle Not für die meist kinderreichen Arbeiterfamilien. Hinzu kam, daß sich die DAF 1933 das Vermögen der Gewerkschaften angeeignet hatte. Anwartschaften auf Arbeitslosenhilfe aus gewerkschaftlichen Unterstützungskassen, auf Kranken-, Invaliden- und Sterbegeld, die KAB-Leute bei den christlichen Gewerkschaften erworben hatten, konnten daher nur aufrechterhalten werden, wenn man der DAF angehörte. Von dieser Regelung waren etwa 80% der KAB-Mitglieder betroffen, die damit zusätzliche Verluste in Kauf nehmen mußten.

Trotz öffentlicher Diffamierungen, konkreter materieller Bedrohung und vielfältiger Benachteiligungen blieben die KAB-Mitglieder ihrer Organisation in bemerkenswerter Weise treu: Ende 1934 registrierte die KAB noch 90% ihres ursprünglichen Mitgliederbestandes[17]. Die Mitglieder anderer Vereinigungen waren massenweise in nationalsozialistische Organisationen geströmt. Auch die illegal arbeitende Kommunistische Partei Deutschlands

[14] Vgl. oben S. 57ff.
[15] Text: B. Stasiewski (Bearb.), Bischöfliche Akten I, S. 665, Anm. 1.
[16] Vgl. J. Aretz, Katholische Arbeiterbewegung, S. 118ff.
[17] Ebd. S. 147.

konnte zu dieser Zeit nur noch auf – je nach Bezirk – etwa 8 bis 14% der Mitglieder rechnen, die ihr vor 1933 angehört hatten[18].

Die KAB im Kirchenkampf 1934–1939

Die Stabilität der katholischen Arbeitervereine ist einmal auf die traditionell starke religiös-weltanschauliche und politische Verankerung der Mitglieder in der KAB sowie auf die persönliche Einbindung in der Organisation zurückzuführen, zum anderen auch auf die nach 1933 fortgesetzte geistige Immunisierung gegen den Nationalsozialismus. Zwar wurde die offene politische Schulung unmöglich, aber die regimekritische Aufklärungsarbeit ging unter dem Deckmantel religiöser Unterweisung weiter. Man traf sich zu Vorträgen, Diskussionsrunden und Exerzitien; Geistliche und Arbeitersekretäre leisteten wertvolle Arbeit.

Die seit 1933 erzwungene Verbannung der KAB aus dem öffentlichen Leben forderte neuen Erfindungsreichtum heraus: Wallfahrten, die man früher nur in kleinerem Rahmen durchgeführt hatte, waren jetzt die letzte öffentliche Manifestationsmöglichkeit[19]. Sie fanden fortan als Massenveranstaltungen statt. Die erste große Wallfahrt wurde ausgerechnet zum 57. Todestag von Bischof Wilhelm Emanuel von Ketteler durchgeführt, den die KAB in besonderer Weise würdigte und verehrte. Die Wallfahrt nahm ihren Ausgang im Ruhrgebiet und führte zum Grabe Kettelers in Mainz. Die ungerade Jahreszahl, die keinen Jubiläumsanlaß darstellte, und die Art, wie die kirchliche, soziale und politische Bedeutung Kettelers herausgestellt wurde, machten deutlich, daß die Wallfahrt nicht nur religiöse, sondern auch politische Intentionen verfolgte. 30000 Arbeiter nahmen an den Feierlichkeiten teil.

Wenige Monate später kamen erneut über 30000 katholische Arbeiter nach Münster, um die „Gefallenen der Arbeit und des

[18] Vgl. Günter Plum, Die KPD in der Illegalität, in: Vierteljahreshefte für Zeitgeschichte 23, 1975, S. 219–325, hier S. 225.

[19] Vgl. J. Aretz, Katholische Arbeiterbewegung, S. 140ff.

Weltkrieges“ zu ehren. Zu einer „Dreikönigswallfahrt“ im Januar 1935 kamen noch einmal fast 35000 katholische Arbeiter nach Köln – zu einer Zeit, da der Sonntag einziger freier Arbeitstag war und Arbeiter ausschließlich auf öffentliche Verkehrsmittel angewiesen waren.

Wie die erhaltenen Gestapo-Berichte ausweisen, hat die Geheime Staatspolizei die regimekritischen Absichten der katholischen Arbeiter durchaus erkannt und ihre Tätigkeiten aufmerksam verfolgt[20]. In der Folge steigerten sich die Maßnahmen gegen die Vereine und ihre Mitglieder weiter. Den Arbeitersekretariaten wurde jede Rechtsauskunft verboten, um die KAB-Mitglieder zur Benutzung nationalsozialistischer Einrichtungen zu zwingen, und das Doppelmitgliedschaftsverbot der DAF wurde am 22. Juli 1935 verschärft.

Im Sommer 1935 verhaftete man den Bocholter Arbeitersekretär Josef Jakob, der belastendes Material mit sich führte. Daraufhin erging ein generelles Verbot der katholischen Arbeitervereine für den Regierungsbezirk Münster, eines der Zentren der KAB[21]. In den Gebieten, in denen man keine Vorwände für ein Vereinsverbot fand, sollten administrative Maßnahmen wie Redeverbote für Arbeitersekretäre die KAB als regimekritischen Unsicherheitsfaktor ausschalten. Durch geschickte Gegenmaßnahmen verstanden es die Arbeitervereine jedoch, die Anordnungen teilweise zu unterlaufen. So wichen Arbeitersekretäre, gegen die ein regionales Redeverbot verhängt worden war, auf andere Gebiete aus, bis reichsweite Redeverbote das ausschlossen. Die Versammlungen der Arbeitervereine wurden fortgesetzt überwacht, einzelne

[20] In einem Bericht des Geheimen Staatspolizeiamtes hieß es dazu, die Glaubensfahrten seien „Massenkundgebungen“, die „durchaus demonstrativen Charakter“ trügen und an denen „nicht nur religiöse Fanatiker“ teilnähmen, „sondern auch alle diejenigen, denen es darum zu tun ist, einer politisch oppositionellen Haltung Ausdruck zu verleihen“. Neben den „alten traditionellen Tagen“ suche man „neue Anlässe zu Massenkundgebungen zu verwerten oder aber einfach solche Anlässe zu erfinden“. Undatierter Gestapo-Bericht [zweites Halbjahr 1934]: „Der politische Katholizismus“ (Kommission für Zeitgeschichte, Bonn, Materialien KAB).

[21] Vgl. J. Aretz, Katholische Arbeiterbewegung, S. 171ff.

Vereine verboten, Mitglieder, Vorstände und Präsides bedroht, ihre Bewegungsfreiheit eingeschränkt, einige vorübergehend verhaftet. Aber auch diese jahrelangen Einschüchterungsversuche zeigten nicht den gewünschten Erfolg. Der Sicherheitsdienst stellte im August 1937 fest, „daß von sämtlichen maßgeblichen Führern des Westdeutschen Verbandes bis hinunter zu den kleinsten Amtsträgern der örtlichen Vereine nicht ein einziges Mitglied der NSDAP" anzutreffen sei[22].

Angesichts der vielfältigen Maßnahmen gegen die katholischen Arbeitervereine und ihre Mitglieder mußte es überraschen, daß die Machthaber erst relativ spät gegen die Westdeutsche Arbeiter-Zeitung vorgingen. Einen ersten Zusammenstoß hatte es im Frühjahr 1933 gegeben, als Joseph Joos in dem Blatt eine Urheberschaft der Nationalsozialisten beim Reichstagsbrand andeutete[23]; die Folge war ein dreiwöchiges Erscheinungsverbot[24]. Nikolaus Groß[25], der Schriftleiter der WAZ, und seine Mitarbeiter verstanden diese Warnung. Sie schrieben fortan zwischen den Zeilen, was sie, wie Joos später sagte, bei offener Formulierung an den Galgen gebracht hätte[26].

Im Jahre 1938 zögerten die Machthaber nicht länger: nach mehreren Verwarnungen des Schriftleiters wurde die Verbandszeitschrift, die inzwischen in „Ketteler-Wacht" umbenannt worden war[27], zunächst vorübergehend und schließlich endgültig verboten. Entgegen einer Verfügung der Reichspressekammer, die Beilagen in religiösen Zeitschriften untersagte, hatte ein Arbeiterverein in Düsseldorf 30 Exemplaren des Blattes die Einladung zu einem Vereinsvortrag beigefügt. Dieser Vorwand genügte, um die „Ketteler-Wacht" zu verbieten. Die Auflage betrug zu die-

[22] Bericht des SD-Unterabschnitts Düsseldorf, II / 1131-V.A. 275/36 an den SD-Oberabschnitt West in Düsseldorf vom 18. August 1937, in: Personalakte M. H. Hauptstaatsarchiv Düsseldorf.

[23] J. Joos, ‚Rauschwahlen': Westdeutsche Arbeiter-Zeitung Nr. 10 vom 11. März 1933.

[24] Vgl. J. Aretz, Katholische Arbeiterbewegung, S. 76.

[25] Dazu vgl. J. Aretz, Nikolaus Groß (1898–1945), in: Zeitgeschichte in Lebensbildern, Bd. 4, S. 159–171.

[26] Schreiben J. Joos' vom 28. Oktober 1961 (KAB-Archiv Bonn).

[27] J. Aretz, Katholische Arbeiterbewegung, S. 147f.

sem Zeitpunkt immer noch über 80000 Exemplare – gegenüber 145000 zum Jahresende 1932.

In den jahrelangen Auseinandersetzungen mit dem nationalsozialistischen Regime sahen sich die führenden Persönlichkeiten der KAB von manchen Bischöfen nicht verstanden und nur unzureichend unterstützt[28]. Um so dankbarer reagierten sie auf die Haltung etwa des Münsteraner Bischofs Clemens August Graf von Galen, der engagiert für die Arbeitervereine eintrat und mit seinem kirchenpolitischen Kurs eher den Vorstellungen der KAB entsprach als mancher seiner Amtsbrüder.

Die Katholische Arbeiterbewegung im Kriege

Der Kriegsausbruch hatte für die KAB existenzbedrohende Folgen. Wichtige Funktionsträger, so der Verbandssekretär Bernhard Letterhaus, wurden zur Wehrmacht einberufen. Joseph Joos fiel 1940 einer Denunziation zum Opfer und verbrachte fünf Jahre im Konzentrationslager Dachau.

Die Verbandsführung lag nach diesen Ausfällen in den Händen von Nikolaus Groß und von Verbandspräses Otto Müller[29], der den Aufbau der katholischen Arbeitervereine seit den 90er Jahren entscheidend geprägt hatte. Sie führten einen Verband, der durch Nazi-Übergriffe sowie durch regionale und lokale Verbote stark dezimiert worden war, aber bis Kriegsbeginn mit fast 50000

[28] So kam es zu einem Zerwürfnis zwischen Verbandspräses Otto Müller und dem Kölner Kardinal Schulte, die ursprünglich befreundet waren. Müller sagte in einem Brief, den er am Vorabend der Fuldaer Bischofskonferenz von 1936 schrieb, weite Kreise des katholischen Volkes sähen „nur ein tatsächliches Zurückweichen einer Kirche, die nach ihrer Meinung kompromißlos und unverzichtbar sich behaupten müßte und es nicht zur Genüge tut. (...) Viele Kreise des katholischen Volkes sind der Meinung, daß es zu einer solchen Einengung der kirchlichen Wirksamkeit nicht hätte kommen können, wenn der Widerstand der kirchlichen Autorität in aller Öffentlichkeit einheitlicher und sichtbarer gewesen wäre“. Eine Abschrift dieses Briefes vom 14. August 1936 befindet sich im Besitz von Frau Ursula Letterhaus, Bonn.

[29] Dazu vgl. J. Aretz, Otto Müller (1870–1944), in: Zeitgeschichte in Lebensbildern, Bd. 3, S. 191–203.

Mitgliedern ungefähr ein Viertel seines Bestandes von 1932 hatte halten können. Auch während des Krieges ging das Vereinsleben unter großen Schwierigkeiten weiter.

Bernhard Letterhaus wurde 1942 in das Oberkommando der Wehrmacht nach Berlin versetzt. In seinem neuen Aufgabenbereich hatte er als Referent der Presse- und Informationsabteilung Gelegenheit, sich an Hand der unzensierten Presse- und Agenturmeldungen der Alliierten ein Bild von der wirklichen Lage Deutschlands zu machen. Letterhaus, der schon lange in Verbindung zu oppositionellen Kreisen stand, lieferte in der Folge wichtige Informationen an den deutschen Widerstand. Besonders enge Verbindung hatte er zu dem sozialdemokratischen Arbeiterführer Wilhelm Leuschner, zu Max Habermann vom Deutsch-Nationalen Handlungsgehilfenverband, zu dem Zentrumspolitiker und christlichen Gewerkschafter Jakob Kaiser sowie zu dem ehemaligen Leipziger Oberbürgermeister Carl Friedrich Goerdeler[30].

Letterhaus stellte auch die Verbindung zwischen Berlin und der Kölner Verbandszentrale der Arbeitervereine her, dem Ketteler-Haus, wo bereits seit den 30er Jahren Gespräche und Diskussionen über die künftige gesellschaftliche und staatliche Ordnung Deutschlands stattfanden. Diese Erörterungen hatten begonnen, als man die ursprüngliche Einschätzung revidieren mußte, wonach das NS-Regime aufgrund innerer Schwierigkeiten oder alliierter Interventionen nach kurzer Zeit zusammenbrechen werde. Zu den Teilnehmern der Gesprächsrunden gehörten Johannes Albers, Karl Arnold, Willi Elfes, Andreas Hermes, Heinrich Körner und der Dominikaner Laurentius Siemer, ferner der Publizist Rudolf Pechel. Kontakte bestanden u.a. zu dem Canaris-Mitarbeiter Josef Müller, der mit Letterhaus „gut befreundet“ war[31], zu der ehemaligen Sozialpolitikerin Christine Teusch und zahlreichen anderen Persönlichkeiten – ein Hinweis auf die weitverzweigten Verbindungen des Kreises.

[30] Vgl. dazu E. Nebgen, Jakob Kaiser, S. 128ff.
[31] J. Müller, Bis zur letzten Konsequenz, S. 226.

Authentische Ausarbeitungen des Kölner Widerstandskreises liegen im Gegensatz etwa zum Kreisauer Kreis nicht vor, so daß verbindliche Aussagen über die programmatischen Positionen kaum möglich sind. Gerade in der letzten Kriegsphase traten ohnehin personelle Erörterungen für die Nachkriegszeit ganz in den Vordergrund.

Nachdem alle anderen Arbeiterorganisationen aufgelöst oder in die Illegalität gezwungen und schließlich zerschlagen worden waren, stellte die westdeutsche KAB die letzte oppositionelle Mitgliederorganisation der deutschen Arbeiterschaft dar[32]. Dabei war es von untergeordneter Bedeutung, daß die Vereine seit Jahren auf den weltanschaulichen Bereich zurückgedrängt waren und nicht unmittelbar politisch wirken konnten. Die katholischen Arbeitervereine bildeten ein Kräftereservoir für den demokratischen Wiederaufbau, und die Rolle des KAB im Nachkriegsdeutschland zeigt, daß die in sie gesetzten Erwartungen berechtigt waren. Bernhard Letterhaus wurde durch seine Zusammenarbeit mit dem Grafen Stauffenberg unmittelbar in die Vorbereitungen des 20. Juli 1944 einbezogen. Von Letterhaus wissen wir, daß er die liberale Weimarer Verfassung in einem demokratischen Nachkriegsdeutschland nicht einfach rekonstruiert sehen wollte, weil er in ihrer Wertneutralität einen Grund für das Scheitern der ersten deutschen Republik sah. Ihm schwebte ein christlich geprägter, starker Staat vor, der den Extremismus von rechts und links für immer überwinden sollte. Zu diesem Staatsbild gehörte nach seinen historischen Erfahrungen eine Einheitsgewerkschaft[33], für die er ebenso eintrat wie andere KAB-Führer. Die Gefahr eines Mißerfolgs dieser Einheitsgewerkschaft sah er nicht: christliche und sozialdemokratische Arbeiterführer waren sich durch die nationalsozialistische Verfolgung und durch das gemeinsame Widerstandserlebnis so

[32] Vgl. dazu den Bericht O. Müllers über ein Gespräch, das er mit einem hohen Offizier aus dem Widerstand 1943 über den Organisations- und Schulungsstand der KAB-Mitglieder führte, gedruckt in: K. H. Brüls (Bearb.), Arbeit und Opfer, S. 143.

[33] Vgl. dazu J. Aretz, Einheitsgewerkschaft, S. 216f.

nahe gekommen, daß die Grundvoraussetzung der Einheitsgewerkschaft für die Zukunft gesichert schien. Diese Grundvoraussetzung lautete: weltanschauliche und parteipolitische Neutralität.

Die Führung der Katholischen Arbeiterbewegung und der 20. Juli 1944

Mit dem gescheiterten Attentat vom 20. Juli 1944 brach der deutsche Widerstand gegen Hitler zusammen. Von der sich ausbreitenden Terrorwelle des Regimes war auch die katholische Arbeiterbewegung unmittelbar betroffen.

Schon fünf Tage nach dem gescheiterten Attentat kamen Gestapo und Sicherheitsdienst Bernhard Letterhaus auf die Spur. Ihm wurde eine Liste des Verschwörerkreises zum Verhängnis, die ihn für ein hohes politisches Amt im Kabinettsrang vorsah; anderen Plänen zufolge sollte er Leiter der Einheitsgewerkschaft in Rheinland-Westfalen werden. Die Ermittlungen gegen Letterhaus waren nach kurzer Zeit so weit fortgeschritten, daß es in einem Bericht hieß, Letterhaus sei „an den Vorbesprechungen des Anschlags aktiv beteiligt" gewesen[34]. Unter der Anklage des Landes- und des Hochverrats stand er am 13. November 1944 vor dem Volksgerichtshof. In der einstündigen Hauptverhandlung demonstrierte Roland Freisler wie in allen anderen Verfahren gegen Widerstandskämpfer die Perversion des deutschen Rechts, die unter den Nationalsozialisten eingetreten war. In einem Bericht an die Parteikanzlei der NSDAP bescheinigte ein Prozeßbeobachter dem Gerichtspräsidenten, Freisler sei „in bester Form" gewesen und habe „alle seine bekannten Register vom Pathos bis zur schneidenden Ironie spielen" lassen: „Die Urteile waren der überzeugende Schlußpunkt"[35]. Am nächsten Tag, dem 14. November 1944, wurde Bernhard Letterhaus in Berlin-Plötzensee durch den Strang hingerichtet.

[34] H.-A. Jacobsen (Hrsg.), ‚Spiegelbild einer Verschwörung', Bd. 1, S. 258.
[35] Ebd. S. 545f.

Am 11. August 1944 verhaftete die Gestapo Nikolaus Groß, der mit Letterhaus über die gemeinsame Arbeit und Widerstandstätigkeit hinaus persönlich befreundet war. Nach schweren Folterungen stand auch er im Januar 1945 vor dem Volksgerichtshof. Unterlagen, die näheren Aufschluß über den Prozeß geben könnten, sind nicht erhalten. Seine der Gestapo bekanntgewordenen Kurierdienste für den Goerdeler-Kreis und die Teilnahme an den personalpolitischen und programmatischen Beratungen im Ketteler-Haus reichten Freisler jedoch für den Schuldspruch. Dieser begründete das Todesurteil so: „Er schwamm mit im Verrat, muß folglich auch darin ertrinken“[36].

Die Bemühungen, Groß, einen Vater von sieben Kindern, vor der Hinrichtung zu bewahren, schlugen fehl. Ein Gnadengesuch des Kölner Erzbischofs Frings kam zu spät[37]; Nikolaus Groß wurde am 23. Januar 1945 in Plötzensee hingerichtet. Aus seinem Abschiedsbrief an seine Familie, den er in der Todeszelle schrieb[38], sprechen tiefe Gläubigkeit und die Ergebung in ein von Gott zugelassenes Schicksal.

Schließlich – Ende September 1944 – wurde auch Verbandspräses Otto Müller festgenommen. Die letzten, vor der Verhaftung geschriebenen Briefe des 74jährigen Müller geben bereits das Bild eines Mannes wieder, der mit dem Leben abgeschlossen hat. Dem fast erblindeten und schwer magenkranken Priester blieben eine lange Haftzeit und der Prozeß vor dem Volksgerichtshof erspart. Er starb am 12. Oktober 1944 in der Gestapo-Haft.

Der Terror des Nationalsozialismus traf darüber hinaus auch andere, weniger bekannte Sekretäre und Mitglieder der KAB. Hermann-Joseph Schmitt, ehemals KAB-Bezirkspräses in Wuppertal und zuletzt Generalsekretär des Reichsverbandes, wurde in das Konzentrationslager Dachau eingeliefert. Zu den letzten

[36] Zitat aus der Urteilsbegründung: Bericht Lorenzen an Bormann, 15. Januar 1945 (Bundesarchiv Koblenz).

[37] Frings wurde am 30. Januar 1945 über das Todesurteil gegen Groß informiert und telegraphierte am gleichen Tag an Reichsjustizminister Thierack.

[38] Gedruckt u.a. in H. Gollwitzer / K. Kuhn / R. Schneider (Hrsg.), Du hast mich heimgesucht bei Nacht, S. 189ff.

Opfern zählte der Duisburger Arbeitersekretär Gottfried Könzgen[39]. Er hatte jahrelang gegen den Nationalsozialismus agitiert und seiner Ablehnung des Regimes selbst nach der Verhaftung beredt Ausdruck gegeben. Man verschleppte ihn in das Konzentrationslager Sachsenhausen, später in das Konzentrationslager Mauthausen. Dort wurde er am 15. März 1945 ermordet.
Die jahrelangen Verfolgungen, die Kriegsereignisse und schließlich die Verhaftung ihrer führenden Persönlichkeiten führten dazu, daß es 1944 eine organisatorisch intakte katholische Arbeiterbewegung nicht mehr gab. Einige katholische Arbeitervereine jedoch überstanden das chaotische Kriegsende. Sie bildeten eine Grundlage der nach 1945 erneuerten KAB; ihre Mitglieder und Führungspersönlichkeiten arbeiteten seit 1945 aktiv am Wiederaufbau des demokratischen Deutschland mit[40].

KAB Otto Müller gestorben
B. Letterhaus } hingerichtet
N. Groß

[39] Vgl. J. Aretz, Katholische Arbeiterbewegung, bes. S. 236f.
[40] Zum Zusammenhang zwischen dem Widerstand der Katholischen Arbeiterbewegung und der Gründung der Christlich-Demokratischen Union vgl. J. Aretz, Katholischer Arbeiterwiderstand, S. 157–170.

Rudolf Lill

NS-Ideologie und katholische Kirche

Völkische Weltanschauung und universeller Rassismus bildeten Grundlage und Kern der NS-Ideologie[1]; konkrete Konsequenzen waren das Postulat der Säuberung des deutschen Volkes von allen „artfremden“ und „rasseunwerten“ Elementen sowie das des im Osten zu erkämpfenden „Lebensraumes“ für das deutsche Volk[2]. Nicht nur Hitler selbst, der ebenso Ideologe wie Führer der NSDAP war, hat sich bei seinen grundsätzlichen Entscheidungen von diesem Rassismus leiten lassen. Ebenso motiviert waren Himmler und die von ihm abhängende SS-Führung, erst recht die eigentlichen Eiferer wie Rosenberg. – Breitere Zustimmung hatten die völkischen Ideen zwar erst in der tiefen Bewußtseinskrise nach der Niederlage von 1918 gefunden. Aber sie beruhten auf Tendenzen, welche im deutschen Nationalismus seit dessen antinapoleonischen Anfängen vorhanden waren und seit dem letzten Drittel des 19. Jahrhunderts rassistisch verschärft wurden: Überschätzung von Volk und Deutschtum, oft mit pseudoreligiösem, auf säkularisiertem Protestantismus beruhenden Pathos; Postulat einer germanisch-deutschen Führungsrolle in Europa; Behauptung einer spezifisch germanischen, stets ebenso antikatholisch wie antijüdisch verstandenen Religiosität sowie einer spezifisch deutschen Freiheit, welche sich in der Einordnung in geführte Gemeinschaft verwirkliche; Ablehnung des westeuropäischen, individualistischen Freiheitsbegriffs[3].

[1] E. Jäckel, Hitlers Weltanschauung.

[2] A. Hillgruber, Die „Endlösung“ und das deutsche Ostimperium; ders., Der Ostkrieg und die Judenvernichtung.

[3] G. L. Mosse, Ein Volk, ein Reich, ein Führer. – Zur fatalen Verquickung des radikalen deutschen Nationalismus mit germanischer, antichristlicher und besonders antikatholischer „Religiosität“ s. demnächst Wolfgang Altgeld, Katholizismus, Protestantismus, Judentum. Konfessionelle Verschiedenheiten und nationalreligiöse Ideen in der deutschen Nationalbewegung.

Die NS-Ideologen sowie ihre Vorläufer behaupteten, daß die ganze Geschichte eine Geschichte von Rassenkämpfen sei, daß die schlechteste aller Rassen, die jüdische, zur Weltherrschaft dränge, daß aber die arische Rasse durch ihre kämpferischen wie schöpferischen Leistungen als höchstwertig ausgewiesen sei und sich nun gegen die minderwertigen Rassen durchsetzen müsse. Für die Germanen wurde eine welthistorische Mission postuliert und in deren Dienst der Rassismus konzipiert, welcher sich keineswegs nur gegen die Juden richtete; man denke an die Vernichtung von Zigeunern und die Entrechtung der Polen, ebenso an Aussonderung und Sterilisierung, im Krieg dann ebenfalls Tötung von Deutschen, welche als rassisch minderwertig oder lebensunwert eingestuft wurden. Das begann schon mit dem „Gesetz zur Verhütung erbkranken Nachwuchses" (14. Juli 1933), dem die katholischen Bischöfe widersprochen haben, und ebenfalls dann mit der Sterilisierung der sog. „Rheinlandbastarde" (d.h. der Kinder deutscher Frauen und farbiger Besatzungssoldaten aus der ersten Nachkriegszeit) im Jahre 1937[4]. Euthanasie und Judenvernichtung beruhten auf derselben Ideologie, welche damals als wissenschaftliche Erkenntnis hingestellt wurde.
Nationalsozialist im vollen Sinne ist nur gewesen, wer diesen Rassismus bejahte; und das waren im Jahrzehnt nach 1933 viele, gerade auch Jüngere, welche sich von der Idee der Volksgemeinschaft ergreifen ließen, darunter viele Akademiker, welche deren Führer-Elite bilden wollten: Juristen, Ärzte (diese auch aufgrund älterer Eugenik-Traditionen) und Lehrer! Wer diesem Rassismus widersprach, der wandte sich gegen den Nationalsozialismus insgesamt, denn er zielte auf dessen Kern – ganz unabhängig davon, ob er aktiven Widerstand leistete.
Im Bereich des institutionellen Christentums hat die katholische Kirche diesem Rassismus stets und grundsätzlich widersprochen[5]. Sie hat ihn als unchristlich und naturrechtswidrig verwor-

[4] R. Pommerin, „Sterilisierung der Rheinlandbastarde".
[5] R. Lill, Die deutschen Katholiken und die Juden. Vgl. außerdem K. Repgen, German Catholicism and the Jews: 1933–1945; R. Lill, German Catholicism's Attitude.

fen – von den Anfängen der völkisch-rassischen Bewegung an bis ins Dritte Reich und gerade auch in den Jahren der weltanschaulichen Zuspitzung 1936–1938! Die heutige Fixierung auf das schlimme Schicksal der Juden, aber auch die antikatholische Grundstimmung in der heute meinungsbildenden progressiven Publizistik lenkt leicht von der Tatsache ab, daß jene Zuspitzung sich auch und gerade gegen die katholische Kirche richtete. Gegen sie ist damals ein diffamierender und schikanöser „Kulturkampf" geführt worden, mit dem Ziel, sie aus allen öffentlichen Tätigkeiten zu verdrängen. Den Zeitgenossen war das präsent. Deshalb konnten die Pogrome gegen die Juden im November 1938 nicht nur von Katholiken, sondern ebenso von liberalen Juden, Sozialdemokraten und Kommunisten auch als „Generalprobe" für einen bevorstehenden Sturm auf die Kirchen verstanden werden[6].

Die katholische Kirche konnte freilich auch kaum etwas anderes tun als widersprechen: Die völkisch-rassische Bewegung, welche im letzten Drittel des 19. Jahrhunderts in Deutschland und Österreich aufgekommen war, negierte zentrale Postulate der katholischen Sittenlehre und war von Anfang an auch antikatholisch aufgetreten: Die katholische Kirche wurde als undeutsch, auch als Fortsetzerin jüdischer Traditionen diffamiert und sollte darum von der Mitgestaltung der neuen völkischen Gesellschaft ausgeschlossen werden, während der Protestantismus als durchaus entwicklungsfähige Grundlage dafür akzeptiert wurde. In Österreich war die völkische Bewegung ausdrücklich auch als „Los-von-Rom"-Bewegung aufgetreten. „Ohne Juda, ohne Rom wird erbaut Alldeutschlands Dom" hieß das (mit dem Gedanken des Dombaus auch die neue pseudoreligiöse Motivation bekundende) Motto ihres Führers Georg v. Schönerer, welches der junge Adolf Hitler über seinem Bett anbrachte.

Die NS-Ideologie beanspruchte die totale Erfassung aller Deutschen und die „Gleichschaltung" aller Lebensbereiche. Das Parteiprogramm (1920) forderte in Punkt 24 „die Freiheit aller

[6] Vgl. K. Repgen, 1938 – Judenpogrom und katholischer Kirchenkampf, S. 122f.

religiösen Bekenntnisse im Staat, sofern sie nicht dessen Bestand gefährden oder gegen die Sittlichkeits- und Moralgefühle der germanischen Rasse verstoßen ..." Die NSDAP, welche gleichzeitig ein vernebelndes Bekenntnis zum „positiven Christentum" ablegte, beanspruchte also schon damals Umschreibung oder Beschränkung der Kirchenfreiheit und bestimmte den Maßstab dafür. Die konsequenten Nationalsozialisten, an der Spitze Hitler selbst, waren der Überzeugung, daß Judentum, Bolschewismus und Christentum wesentliche Gemeinsamkeiten hätten und daher auf Dauer gleichermaßen zu bekämpfen seien; im Falle der katholischen Kirche war zudem gerade Hitler der Meinung, daß sie „von jüdischem Intellekt unmittelbar genährt" sei[7]. Im Kampf um die Macht hat Hitler jedoch diese christentumsfeindliche Zielrichtung verschleiert und mit nationalen, sozialen und konservativen Parolen überdeckt. Das versprach Konsens und erbrachte ihn zeitweise (besonders 1933), weil die Wertsysteme von Nationalsozialismus und Katholizismus auch Gemeinsamkeiten hatten. Beide bekannten sich zu Staat und Nation, zu Volksgemeinschaft und Solidarität, die Kirche freilich nur mit relativem, anderen Werten und Normen untergeordnetem Range. Gemeinsam war auch, allerdings unterschiedlich begründet, die Frontstellung gegen Marxismus wie Liberalismus, welche die Annäherung und katholischerseits die Illusionen des Jahres 1933 erleichtert hat. Unversöhnliche Gegensätze ergaben sich jedoch außer aus dem Rassismus aus dem Totalitätsanspruch der Partei, welcher für das katholischerseits stets geforderte gleichberechtigte Nebeneinander von Staat und Kirche keinen Raum ließ.

Mit der Betonung der Neuartigkeit des Rassismus soll der ältere, christliche Antijudaismus nicht verharmlost werden. Er war schlimm genug, wirkte freilich keineswegs so kontinuierlich, wie heute oft behauptet wird[8]. Vergiftend wirkten die Kreuzzüge,

[7] Vgl. z.B. W. Jochmann (Hrsg.), Monologe im Führerhauptquartier, S. 149–152, 236, 412f.

[8] Vgl. dazu jetzt die vorzügliche, aus vielen Quellen belegte Studie von P. Herde, Von der mittelalterlichen Judenfeindschaft zum modernen Antisemitismus.

dann die Reformation (darin besonders Luther selbst) und ebenso die Gegenreformation; erst im 18. Jahrhundert erbrachte die Symbiose von aufgeklärtem und kirchlichem Reformismus eine weitgehende Milderung. Aber ganz ist der religiös und sozial argumentierende Antijudaismus nie abgestorben, vielmehr seit der Mitte des 19. Jahrhunderts wieder erstarkt, nunmehr in engem Verbund mit Antiliberalismus und Antikapitalismus. Er hielt sich in sozialkonservativen, agrarischen und kleinbürgerlichen Schichten und wurde zudem von Intellektuellen propagiert, welche eine christlich-konservative Gesellschaftsordnung erhalten oder restaurieren wollten. Im deutschen Bereich war dieser Antijudaismus am stärksten in Österreich verbreitet (dort auch in der „Christlich-Sozialen Partei" politisch sehr wirksam und zudem mit Übergängen zum neuen völkisch-rassischen Antisemitismus).

Der ältere Antijudaismus hat Vorurteile konserviert, welche den Nationalsozialisten die Propagierung und Durchführung mancher judenfeindlicher Maßnahmen erleichtert haben; selbst im November 1938 gab es unter den Christen auch solche, welche das Pogrom zwar für schlimm hielten, aber eben doch für eine Konsequenz alter jüdischer Schuld. Doch erweisen die Quellen keinen direkten oder verursachenden Zusammenhang zwischen älterem Antijudaismus und rassischem Antisemitismus[9]. Selbst die polemischsten unter den christlichen Judengegnern des späten 19. und frühen 20. Jahrhunderts – auf der katholischen Seite nur wenige mit großer Resonanz, so der Wiener Bürgermeister Karl Lueger oder der konvertierte Publizist Julius Langbehn – haben keine Wege gewiesen, welche nach Auschwitz führen konnten.

Der rassische Antisemitismus war eben mit seinem Biologismus, mit seinen verfälschenden Anleihen beim Darwinismus, mit seiner Behauptung einer unaufhebbaren Minderwertigkeit der Juden zentrales Element einer neuen „totalitären" Ideologie, welche die Welt dichotomisch in Gut und Böse (so eben auch in Germanen und Semiten) teilte und komplexe Realitäten auf eine

[9] Einen solchen behauptete H. Greive, Theologie und Ideologie; ders., Geschichte des modernen Antisemitismus in Deutschland.

angebliche „Wahrheit" zurückführte[10]. Dieser neue Rassismus hatte sich, abgesehen von Österreich, fast nur in nichtkatholischen Regionen verbreitet, so in Hessen, Thüringen, Sachsen und im Osten, d.h. im allgemeinen dort, wo dann seit 1930 die Nationalsozialisten ihre großen Wahlerfolge erzielten; nicht selten läßt sich eine direkte Kontinuität aufweisen. Wer sich dem Rassismus als Katholik anschloß, schloß sich dadurch vom katholischen Denken aus; darum propagierte ihn ja Schöneres „Los-von-Rom"-Bewegung. – Adolf Hitler selbst ist übrigens geradezu Kronzeuge für die wesentliche Neuartigkeit des neuen, d.h. eben auch seines Antisemitismus; das beweist sein langes Resümee zu den Wiener Antipoden Lueger und Schönerer in „Mein Kampf" (I. Kap. 3).

Der ältere christliche Antijudaismus war noch an der Schwelle unseres Jahrhunderts in anderen europäischen Ländern stärker als bei uns, so in Frankreich und in Polen. Schon die Tatsache, daß nur in Deutschland, wo Kultur und Gesellschaft das ganze 19. Jahrhundert hindurch wesentlich nicht-katholisch geprägt waren, der Rassismus so stark wurde, läßt nicht auf katholische Ursprünge schließen. Denselben Eindruck vermittelt der Vergleich mit Italien, wo die katholische Kirche bis zur Gegenwart bestimmenden Einfluß auf alle sozialen Bereiche ausgeübt hat: Als Mussolini 1938 den NS-Rassismus weithin übernahm (freilich weder damals noch später mit den extremen Konsequenzen Hitlers!), hat Papst Pius XI. ihm vehement widersprochen (u.a. mit der Begründung, daß die Imitation dieses germanischen Neuheidentums eine Schande für das katholische Italien sei); und der Duce verlor erstmals an Zustimmung in der Bevölkerung[11]. Als dann 1943 die Deutschen ihre antijüdische Brutalität nach Italien exportierten, welche der bis dahin regierende Mussolini vermieden hatte, haben gerade kirchliche Institutionen und viele Katholiken den bedrohten Juden beigestanden, an der Spitze

[10] K. D. Bracher, Zeit der Ideologien; ders., Totalitarismus; H. Berding, Moderner Antisemitismus in Deutschland; I. Geiss, Geschichte des Rassismus.

[11] R. De Felice, Storia degli ebrei italiani sotto il fascismo, Kap. VI und VII; R. Lill, Geschichte Italiens, S. 346f.

Pius XII., der ihnen in Rom Klöster und Kollegien öffnete und dadurch viele vor der Deportation bewahrt hat.

Die historische Ermöglichung des organisierten Massenmordes von Juden und Zigeunern, von Russen und Polen, im Rahmen der sog. Euthanasie auch von kranken Deutschen, ist also kein katholisches oder christliches, sondern ein deutsches Problem, begründet in der völkischen Strömung des deutschen Nationalismus und dem daraus erwachsenen Nationalsozialismus, welcher zur Durchführung seiner Ziele den Perfektionismus der deutschen Verwaltung und einen ebenfalls spezifisch preußisch-deutschen Staatsgehorsam in Dienst nehmen konnte.

Der Nationalsozialismus war seit dem Ende der 1920er Jahre eine klassenübergreifende Volksbewegung, dessen Ausbreitung die Kirchen nicht verhindern konnten. Den meisten evangelischen Landeskirchen fehlte es an der dazu nötigen religiösen Substanz, die längst nationalprotestantisch verdünnt war. Politisch tendierten sie ohnehin nach Rechts, die Mehrzahl ihrer Amtsträger und Mitglieder sympathisierte 1932/33 offen mit Hitler. Erst 1933/34 erfolgte die Scheidung der Geister: Nachdem die Mehrheit in der Anpassung soweit gegangen war, daß die Generalsynode der Altpreußischen Union im September 1933 auch für den kirchlichen Bereich einen „Arierparagraphen" beschloß, stand dagegen eine mutige Minderheit auf, welche zur „Bekennenden Kirche" geführt hat. – Der katholischen Kirche fehlten sowohl die numerische Stärke – ihr gehörte nur knapp ein Drittel der Bevölkerung des Deutschen Reiches an – wie die Fähigkeit zum adäquaten Dialog mit einer seit 1918/19 demokratisierten politischen Öffentlichkeit.

Die Frage, ob die Kirchen und die kirchlich gebundenen Gruppen der neuen Barbarei wenigstens nach Kräften widersprochen hätten, läßt sich nur für die katholische Seite und auch auf dieser nur für die Zeit bis 1933 eindeutig positiv beantworten: Zwar hat der Episkopat auf den schlimmen Wahlsieg der NSDAP im September 1930 nicht einheitlich und gemeinsam reagiert. Aber sämtliche Stellungnahmen der folgenden Monate – eine Kundgebung Kardinal Bertrams (Breslau) vom 31. Dezember 1930 und seine „pastoralen Winke" vom 19. Februar 1931, die „pastoralen Anweisungen" der bayerischen Bischöfe vom 10. Februar 1931, die Kundgebungen der Bischöfe der Kölner, der Paderborner und der Oberrheinischen Kirchenprovinz vom 5., 10. und 19. März 1931, schließlich die Instruktionen der Fuldaer Bischofskonferenz vom 5. August 1931 warnten vor dem Nationalsozialismus, „solange und soweit er kulturpolitische Auffassungen kundgibt, die mit der katholischen Lehre nicht vereinbar sind" (so wörtlich die bayerischen Bischöfe). Ausdrücklich wurde in allen diesen Texten die Rassenlehre und überhaupt die Weltanschauung der NSDAP verurteilt[12]. In der Erklärung Bertrams und dann wieder der Bischöfe der Kölner Provinz hieß es: „Wir katholischen Christen kennen keine Rassen-Religion, sondern nur Christi ... Offenbarung, die für alle Völker den gleichen Glaubensschatz, die gleichen Gebote und Heilseinrichtungen gebracht hat", in der Weisung der oberrheinischen Bischöfe: „Dem germanischen Menschen hat Gott kein besonderes Sittlichkeits- oder Moralgefühl in die Seele gegeben; auch für ihn gelten die Zehn Gebote Gottes ...". Die Bischöfe wußten sich dabei in völliger Übereinstimmung mit Papst Pius XI., welcher 1928 durch das hl. Offizium eine Verurteilung des Antisemitismus hatte aussprechen lassen; von seiner Kompromißfähigkeit wird später noch die Rede sein.

Ebenso haben die beiden katholischen Parteien der NSDAP gerade auch aus kulturpolitischen Überlegungen widersprochen[13] und „aus weltanschaulichen und verfassungsrechtlichen Gründen" (so der Abgeordnete Lauscher in der „Germania" 16. Oktober 1932) auf der Gleichberechtigung der Juden bestanden; auch eine Erklärung des ansonsten ja eher schwachen Zentrumsvorsitzenden Prälat Kaas im Mai 1932 ging in dieselbe Richtung. Zentrum und BVP wurden deshalb in den entscheidenden Wahl-

[12] Druck: B. Stasiewski (Bearb.), Bischöfliche Akten I, Nrn. 5*, 7*, 11*, 12*, 13*; L. Volk (Bearb.), Akten Kardinal Faulhabers I, Nr. 236. Vgl. auch R. Morsey, oben S. 11 ff.

[13] Vgl. den Beitrag von R. Morsey. Für die katholische Presse s. jetzt W. Hannot, Judenfrage.

kämpfen von den Nazis u.a. als undeutsch und judenhörig hingestellt. Konrad Adenauer, der als Kölner Oberbürgermeister stets um gute Beziehungen zur Judengemeinde seiner Stadt bemüht war, ist denn auch keineswegs der einzige Zentrumspolitiker gewesen, welchen die Nazis im Frühjahr 1933 als „Judenknecht" diffamierten.
Die in rasantem Tempo erfolgten politischen und kirchenpolitischen Umbrüche des Frühjahres 1933 – von Hitlers Ernennung zum Reichskanzler am 30. Januar über seine christentums- und kirchenfreundlichen Zusicherungen in der Regierungserklärung vom 23. März bis zu seiner Konkordatsofferte am 10. April –, welche in anderen Beiträgen dieses Bandes erörtert werden[14], haben jedoch im katholischen Lager einen ebenso schnellen Anpassungsprozeß ausgelöst. Es begann eine Periode der Hoffnungen auf friedliches Einvernehmen mit dem Dritten Reich, welche sich bei vielen Katholiken und auch bei einigen Bischöfen zu einer Konkordatseuphorie gesteigert hat, jedoch kaum ein Jahr dauerte; immerhin haben auch damals die Bischöfe keine Grundsatzpositionen aufgegeben. So widersprachen sie, wie erwähnt, dem „Gesetz zur Verhütung erbkranken Nachwuchses", und in ihrem gemeinsamen Fuldaer Hirtenbrief vom 3. Juni 1933 stellten sie fest, „daß bei der Zugehörigkeit zu einem Staatswesen die ausschließliche Betonung der Rasse und des Blutes zu Ungerechtigkeiten führt, die das christliche Gewissen belasten". Auch erinnerten die Bischöfe daran, daß Volk und Vaterland (von denen ja in Publizistik und Propaganda der NSDAP immer wieder die Rede war!) Werte seien, welche gerade auch das Alte Testament hochgehalten habe, daß Jesus „an seinem Volk und Land" gehangen habe und daß die Apostel stets auch „Israels Heil" erhofft hätten! Andererseits hatte Kardinal Bertram sich dem Vorschlag eines Protestes gegen den Judenboykott am 1. April 1933 nach Absprache mit den anderen fünf Metropoliten des Reiches versagt, weil der Episkopat sich auf „sein eigenes Arbeitsgebiet" beschränken müsse und weil ein solcher „Schritt keinen Erfolg haben dürfte, weil die Gründe pro und contra den

[14] Vgl. oben S. 22ff., 26ff. und 52ff.

I. Widerstand
II. dann Anpassung (Hitler Ernennung)
(Hoffnung auf friedl. Einvernehmen)
ein Jahr

maßgebenden Stellen auch ohne unsere Vorstellung genügend bekannt sind“[15].

Damit waren bereits Grundsätze und Grenzen der bischöflichen Reaktionen auf das Dritte Reich umschrieben: Einerseits Festhalten an den eigenen Prinzipien und Abgrenzung von der NS-Ideologie, d.h. auch Widerspruch dagegen, welcher inhaltlich nicht selten Einforderung allgemeiner Menschenrechte und im Falle des Rassismus, wie eingangs ausgeführt, Absage an den Kern des Nationalsozialismus bedeutete. Andererseits Konzentration auf die eigene Kirche und deren Institutionen, auf die eigenen Gläubigen und die Seelsorge an ihnen. Konflikte wollte man so weit wie möglich vermeiden, öffentlich protestieren darum höchstens, wenn in kirchliche Rechte eingegriffen wurde oder wenn Mitglieder der eigenen Kirche direkt betroffen waren; und selbst dann nur, wenn von einem öffentlichen Protest positive Resultate zu erwarten waren. Ergänzt wurde diese vielleicht nicht besonders tapfere, aber doch die grundsätzliche Distanz markierende Linie (mit der die der Bischöfe in den kommunistischen Ländern nach 1945 wesentlich übereinstimmt) durch konkrete Hilfsmaßnahmen, zugunsten der „Nichtarier“ besonders seit dem schlimmen Herbst des Jahres 1938.

Aber die durch das Reichskonkordat (20. Juli 1933) begründete Periode des Optimismus währte nicht lange. Die Jahre 1934–1945 waren vielmehr zwischen NS-Regime und katholischer Kirche durch einen prinzipiell nie entschärften Gegensatz um

[15] Hinzu kam für Bertram die von ihm als „taktisch“ bezeichnete, aber die damalige deutsche Gesamtsituation wohl richtig einschätzende Erwägung, daß ein solcher bischöflicher Protest „sicher die übelste Interpretation in den weitesten Kreisen von ganz Deutschland finden würde, was bei der überaus diffizilen und dunklen Gesamtlage keineswegs gleichgültig sein kann“. „Nur nebenbei“ erinnerte der Kardinal auch daran, „daß die überwiegend in jüdischen Händen befindliche Presse gegenüber den Katholikenverfolgungen in verschiedenen Ländern durchweg Schweigen beobachtet hat“. Ausgerechnet der damals an sich so optimistische Freiburger Erzbischof Gröber war der einzige unter den Befragten, der „mit Rücksicht auf Schuldlose und Convertierte“ für den Protest votierte. Vgl. B. Stasiewski (Bearb.), Bischöfliche Akten I, S. 42f., Anm. 3, sowie ebd. S. 239–248 den Fuldaer Hirtenbrief vom 3. Juni 1933.

Normen und Werte bestimmt, welcher freilich Perioden relativer Ruhe und „Modus vivendi" nicht ausschloß. Letztere mußten die Bischöfe (wie auch die „Bruderräte" der Bekennenden Kirche) schon deshalb suchen, weil sie mehr und mehr in die Defensive gedrängt wurden. Sie standen gegen den „Zeitgeist", gegen die Mehrheit, gegen die Medien; ihrer eigenen Publikationsmittel wurden sie zunehmend beraubt.

Es fand also nicht täglich „Kirchenkampf" statt, aber wohl bestand der geistig-kulturelle Gegensatz, der sich seit den NS-Weltanschauungskampagnen des Jahres 1934 als unüberbrückbar erwies und als solcher sowohl von den Akteuren beider Seiten wie von den meisten Zeitgenossen klar erkannt worden ist[16], ein Konflikt um die Ideologie und deren Totalitätsanspruch, d.h. auch und gerade um den Rassismus. Diesem und besonders der Abwertung des Alten Testaments hatte schon Kardinal Faulhaber mit spektakulären „Adventspredigten" im Dezember 1933 wirkungsvoll widersprochen; und als Alfred Rosenberg am 24. Januar 1934 vom Führer mit der geistigen und weltanschaulichen Schulung der Partei und der gleichgeschalteten Verbände beauftragt wurde, wurde dessen Hauptwerk „Der Mythus des 20. Jahrhunderts" keine zwei Wochen später, am 7. Februar 1934, auf den „Index der verbotenen Bücher" gesetzt. Noch im Herbst 1934 erschien trotz der allgemeinen Gleichschaltung der Publizistik katholischerseits eine ausführliche wissenschaftliche Kritik des Rosenberg-Buches, d.h. der weltanschaulichen Bekenntnisschrift des Nationalsozialismus, autorisiert zunächst durch den Bischof von Münster, Graf Galen, dann auch durch den Erzbischof von Köln, Kardinal Schulte, als „Amtliche Beilage zum Kirchlichen Anzeiger" der beiden Diözesen, insofern

[16] Der Konflikt hat sich in einem heute kaum mehr gewürdigten Ausmaß zur Verfolgung gesteigert: Mehr als ein Drittel der katholischen Geistlichen wurde, weil ihnen konkrete Erfüllung von Seelsorgeaufgaben als Staatsfeindlichkeit ausgelegt wurde, von staatlichen Sanktionen betroffen (Verwarnungen, Schulverbote, Ausweisungen, gerichtliche Verurteilungen, KZ-Einweisungen). Vgl. U. v. Hehl (Bearb.), Priester unter Hitlers Terror. Eine in Vorbereitung befindliche Neuauflage bringt den Nachweis, daß für über 10000 (von ca. 20000) Priestern eine solche Verfolgung aktenmäßig belegbar ist.

durch das Konkordat ermöglicht und geschützt. Allein die Kölner Ausgabe dieser „Studien zum Mythus des 20. Jahrhunderts" erlebte innerhalb eines Jahres vier Auflagen mit insgesamt ca. 200000 Exemplaren (1. Auflage 128, 4. Auflage 162 Seiten). Die Verfasser waren katholische Theologen, Philosophen und Historiker, welche damals ihre Namen nicht nennen durften, federführend der Bonner Kirchenhistoriker Wilhelm Neuß, daneben Werner Schöllgen, Josef Steinberg und Bernhard Lakebrink.
In direkter Anspielung auf einen der großen deutschen Geisteskonflikte des 16. Jahrhunderts diffamierte daraufhin Rosenberg diese Autoren als „die Dunkelmänner unserer Zeit", und jene evangelischen Theologen, welche seinem „Mythus" ebenfalls widersprachen, als „protestantische Rompilger"; schon durch diesen Broschürentitel gab er zu verstehen, wo er seine hauptsächlichen Gegner sah. – Katholischerseits erschienen weitere Kritiken an Rosenbergs Mythus[17]. Zudem wurde von den „Studien zum Mythus ..." sogleich eine Kurzfassung hergestellt, gegen deren Beschlagnahme durch die Gestapo das Kölner Generalvikariat im Dezember 1934 vergeblich protestierte. Der ansonsten eher vorsichtige Kardinal Schulte richtete eine weltanschauliche Abwehrstelle ein, in welcher Josef Teusch weitere Broschüren gegen den Nationalsozialismus verfaßte und mit Hilfe anderer kirchlicher Stellen in ganz Deutschland verteilte. 1936 stellte Teusch aus offiziellen Äußerungen der NSDAP einen „Katechismus" der neuen Ideologie zusammen und stellte ihr 35 „Katechismuswahrheiten" entgegen, welche trotz etlicher Beschlagnahmen weitestens verbreitet und auf Weisung der Bischöfe der Predigt und Jugendbetreuung zugrunde gelegt wurden. Während den Juden in der Öffentlichkeit nur Schlechtes nachgesagt wurde, hieß es darin z.B. unter Nr. 17: „Welches war die größte

[17] Aus der Auseinandersetzung mit Rosenbergs Mythus und der „deutschen Glaubensbewegung" überhaupt entstand auch das Buch von K. Algermissen, Germanentum und Christentum. Ein Beitrag zur Geschichte der deutschen Frömmigkeit, 1934, [5]1935 (440 S.). – Algermissen war damals Domvikar, später Domkapitular und Professor in Hildesheim, sein bekanntestes Werk, die „Konfessionskunde", erlebte zahlreiche Auflagen.

Ehre des jüdischen Volkes? Die größte Ehre des jüdischen Volkes war, daß aus ihm der Erlöser hervorging!"

Dieser publizistische Streit war die eine, die zweifellos vorsichtigeren, aber in der Sache eindeutigen Hirtenbriefe[18] die zweite und die Artikel des vatikanischen „Osservatore Romano" eine dritte Ebene der öffentlichen katholischen Auseinandersetzung mit Hitler und dem Rassismus der NSDAP. Zwar ging diese manchen kritischen Katholiken schon damals nicht weit genug, aber insgesamt und auch bei ausländischen Beobachtern erweckte sie den von der heutigen Publizistik verdrängten Eindruck, daß die Katholische Kirche im Dritten Reich die einzige noch intakte, kompakte Gegenkraft darstelle[19]. Noch verstärkt wurde dieser Eindruck durch die damals naturgemäß nur vagen Nachrichten über vatikanische Protestnoten und schriftliche Eingaben der Bischofskonferenz gegen die Konkordatsbrüche.

Den spektakulären, weltweit beachteten Höhepunkt dieser Auseinandersetzung bildete bekanntlich die Enzyklika Pius' XI. „Mit brennender Sorge" vom 14. März 1937, welche von führenden Vertretern des deutschen Episkopats mitgestaltet war und eine detaillierte und im Urteil schonungslose Abrechnung mit der Kirchen- und Religionspolitik des Dritten Reiches darstellte. Ihre wichtigste Aussage lautete: „Wer die Rasse oder das Volk oder den Staat oder die Staatsform … zur höchsten Norm aller, auch der religiösen Werte macht …, der verkehrt und fälscht die gottgeschaffene und gottbefohlene Ordnung der Dinge."

[18] Vgl. z.B. den der Fuldaer Bischofskonferenz vom 20. August 1935: B. Stasiewski (Bearb.), Bischöfliche Akten II, S. 331–341.

[19] Von zeitgenössischen Stellungnahmen aus dem Ausland sei das Buch von Mario Bendiscioli, Germania religiosa nel Terzo Reich (1936), erwähnt, weil es historische Zusammenhänge eröffnet, breit dokumentiert ist und in einer leicht zugänglichen, erweiterten Neuauflage erschienen ist (Brescia 1977).
Bendiscioli schrieb aufgrund langer, systematischer Auswertung der deutschen Presse und Publizistik sowie aufgrund zahlreicher Informationen aus verschiedensten kirchlichen Kreisen, darunter aus bischöflichen Kurien. Eingehend behandelte er auch die Spaltung im deutschen Protestantismus und die so gut wie vollständige Übereinstimmung zwischen deren antinationalsozialistischen Gruppierungen (d.h. der Bekennenden Kirche) und der katholischen Kirche.

Während die der direkten, vom Regime aufgrund der Enzyklika noch verschärften Konfrontation ausgesetzten deutschen Bischöfe sich mehrheitlich auf die Defensive zurückzogen, hat Papst Pius XI. 1937/38 weitere Schritte getan, um die katholische Kirche insgesamt gegen die NS-Rassenlehre zu immunisieren und zu mobilisieren; davon ist in der heutigen Kirchenkritik nie die Rede. In die von ihm 1936 neuerrichtete päpstliche Akademie der Wissenschaften hatte Pius demonstrativ auch jüdische Wissenschaftler berufen; 1937 ließ er ein den Antisemitismus in Italien propagierendes Buch indizieren. Seit dem Herbst 1937 wurde im hl. Offizium und in der Studienkongregation darüber beraten, wie die Kirche dem nationalsozialistischen Neuheidentum und dessen Ausbreitung auch außerhalb Deutschlands generell entgegenwirken könnte. Das Ergebnis war ein Reskript der Studienkongregation vom 13. April 1938 an alle katholischen Universitäten, Fakultäten und Seminare, welches Anfang Mai, unmittelbar vor dem spektakulären Staatsbesuch Hitlers in Rom (3.–9. Mai 1938) durch eine gezielte Indiskretion in Paris veröffentlicht wurde: „L'Eglise en face du racisme. La visite du Führer à Rome." Das Reskript führte acht Thesen auf, von denen sechs den Rassismus vertraten, und forderte die Adressaten auf, „alle Sorge und Mühe aufzuwenden, um gegen diese grassierenden Irrtümer die Wahrheit zu verteidigen ..."; der Papst hatte damit, wie „La Documentation Catholique" kommentierte, einen neuen „Syllabus" gegen die NS-Rassenideologie verkündet und diese als Häresie bezeichnet. Am 2. Juli 1938 wurde das ganze Reskript auch von der offiziösen römischen „Civiltà Cattolica" veröffentlicht[20].

Der autoritäre Papst hatte für den autoritären Faschismus lange Sympathien empfunden und bekundet, gelegentlichen totalitären Aspirationen freilich schon früher widersprochen. Aber nun, da Mussolini im Sinne der Annäherung an Hitler mit der Einführung von Rassegesetzen begann, ging er auf offene und eindeutige Distanz. Ostentativ bestätigte er die beiden jüdischen Mitglieder seiner Akademie. In öffentlichen, vom „Osservatore

[20] Vgl. hierzu und zum folgenden: K. Repgen, Judenpogrom.

Romano" abgedruckten Reden bekräftigte er im Juli 1938 die Verurteilung des Rassismus, u.a. mit den Worten: „Die menschliche Würde besteht darin, daß wir nur eine große Familie sind: das Menschengeschlecht, die menschliche Rasse. Dies ist die Antwort der Kirche, dies ist in unseren Augen die wahre Rassentheorie." Im September 1938 sagte er vor belgischen Pilgern am Schluß einer improvisierten Ansprache: „... Der Antisemitismus ist nicht vertretbar, geistlich sind wir Semiten"[21]. Kein anderes Kirchen- oder Staatsoberhaupt hat 1938 Hitler und Mussolini so klar widersprochen wie der Papst, welcher zudem nach der Verkündigung des faschistischen Gesetzesdekrets über die Rasse (17. November 1938) auf verschiedenen Wegen versucht hat, die italienische Regierung zu milderer Anwendung zu bewegen, konkret zugunsten der Partner von christlich-jüdischen Ehen.

Deutsche Bischöfe waren aus naheliegenden Gründen unter den ersten, die an praktische Konsequenzen aus dem vatikanischen Dokument gegen den Rassismus dachten. Auf dem Konveniat der westdeutschen Bischöfe am 13. Juni 1938 wurde dessen Verarbeitung zu einem gemeinsamen Hirtenbrief erwogen, für den dann der Fuldaer Gesamtkonferenz im August ein ausführlicher Entwurf vorgelegt worden ist[22]. In Fulda stand aber auch das Konzept eines Hirtenbriefes von Gröber über die bedrängte Lage der eigenen Kirche und des Christentums zur Diskussion, und die Mehrheit der Bischöfe hielt dieses Thema für vordringlicher. Der Hirtenbrief, den die Bischofskonferenz am 19. August 1938 erließ, brandmarkte als Ziele von Regime und Partei „die Zerstörung der katholischen Kirche innerhalb unseres Volkes, ja selbst die Ausrottung des Christentums überhaupt und die Einführung eines Glaubens, der mit dem wahren Gottesglauben und dem christlichen Glauben an ein Jenseits nicht das Geringste mehr zu tun hat". Es ist zumindest verständlich, daß die Bischöfe ihr gemeinsames Jahresdokument der Bedrängnis der eigenen Kirche widmeten, darin übrigens wieder den Rassismus

[21] R. De Felice, Storia degli ebrei italiani sotto il fascismo; R. Lill, Der Hl. Stuhl und die Juden, S. 364ff., 369.

[22] L. Volk (Bearb.), Bischöfliche Akten IV, S. 564–577.

als Abfall vom christlichen Glauben bezeichnend[23]. Diese Konzentration auf die eigenen Sorgen schloß die Mitsorge für die anderen nicht aus: Gleichzeitig wurde dem Klerus der Antirassismus-Entwurf als Richtlinie mitgeteilt. Er enthielt nicht nur die erneute Absage an die gegnerische Ideologie, sondern erinnerte auch an das Gebot der Nächstenliebe, welches, wie unter Erinnerung an die Parabel vom barmherzigen Samariter hinzugefügt wurde, den volks- und rassefremden Menschen ausdrücklich mitumfasse!

An dieser Ablehnung des Rassismus und überhaupt der NS-Weltanschauung hat die katholische Hierarchie festgehalten und hat sie auch weiterhin bei verschiedenen Gelegenheiten bekundet. Die Zeitgenossen hatten keinen Zweifel an dieser Haltung. Daß diese dann zwar gegenüber der Euthanasie, nicht aber gegenüber dem Massenmord an Juden, Zigeunern und Russen jene konkreten Proteste hervorgebracht hat, welche viele Nachgeborene sich wünschen, war eine Konsequenz der Grenzen, welche die Bischöfe sich glaubten setzen zu müssen, um nicht durch voraussehbar erfolglose Schritte das Wenige an Handlungsraum zu gefährden, welches ihnen noch verblieben war.

[23] Ebd. S. 555–564.

Burkhard van Schewick

Katholische Kirche und nationalsozialistische Rassenpolitik

Rassen-Antisemitismus und Kirche vor der ,Machtergreifung'

„Politik ist die Kunst der Durchführung des Lebenskampfes eines Volkes um sein irdisches Dasein. […] Innenpolitik ist die Kunst, einem Volke […] den dafür notwendigen […] Machteinsatz in Form seines Rassenwertes und seiner Zahl zu erhalten"[1]. So formulierte Hitler im Jahr 1928 die Grundmaximen seines politischen Denkens. Für ihn war das Leben Kampf, in dem einzig das Recht des Stärkeren galt. Kontrahenten in diesem unaufhörlichen Ringen seien die menschlichen Rassen. Nun standen nach den Vorstellungen Hitlers die verschiedenen Rassen nicht gleichwertig nebeneinander. An der Spitze stände die indogermanische Rasse, die Arier, auf die fast all das, was man „an menschlicher Kultur, an Ergebnissen von Kunst, Wissenschaft und Technik" besitze, zurückgehe. Daraus folgerte Hitler, der Arier allein sei „der Begründer höheren Menschentums", mithin der „Urtyp" des Menschen[2]. „Den gewaltigsten Gegensatz zum Arier" bilde der Jude[3]. Er sei der Parasit, der Zersetzer, das Böse schlechthin. Deshalb müsse es Aufgabe des Staates sein, den Einfluß ,artfremder' Menschen auf das Gemeinschaftsleben auszuschalten und zur Hebung des ,Rassenwertes' des eigenen Volkes durch Züchtung des ,Neuen Menschen' beizutragen. Am Ende sollte der „germanische […] Staat deutscher Nation" stehen[4].

[1] Vgl. Gerhard L. Weinberg (Hrsg.), Hitlers Zweites Buch. Ein Dokument aus dem Jahre 1928, Stuttgart 1961, S. 62.
[2] Adolf Hitler, Mein Kampf, München 1935, S. 317.
[3] Vgl. ebd., S. 329.
[4] Vgl. ebd., S. 362.

In politische Forderungen umgesetzt waren diese Vorstellungen im Programm der NSDAP vom 24. Februar 1920, an dessen Entstehung Hitler maßgeblich beteiligt war. Danach sollte nur Staatsbürger sein, wer „deutschen Blutes“ sei. Alle anderen, vor allem die Juden, sollten unter Fremdenrecht gestellt werden, kein öffentliches Amt bekleiden dürfen und jeden Einfluß auf die Presse verlieren. Eine Einwanderung solcher Personen sollte verhindert und diejenigen, die nach Beginn des Ersten Weltkrieges eingewandert waren, zum Verlassen Deutschlands gezwungen werden. Sollte diese Partei jemals die Macht im Staate gewinnen – soviel war in der Weimarer Zeit erkennbar –, dann hatten die Menschen ‚artfremden Blutes‘, wozu sicher die Juden gehörten, Benachteiligungen und Pressionen zu gewärtigen. Einen Plan, die „Gegenrasse“ durch physische Ausrottung zu vernichten, hat es aber trotz des Judenhasses Hitlers und seiner Parteigänger in dieser Phase offensichtlich noch nicht gegeben[5].

Nun war der Rassen-Antisemitismus, wie ihn die NSDAP vertrat, kein nur auf Deutschland beschränktes Phänomen[6]. Es gab vielerorts starke judenfeindliche Tendenzen: in Osteuropa, in Österreich, in Frankreich und auch anderswo, und es gab auch eine traditionelle judenfeindliche Haltung im Katholizismus[7]. Diese Haltung wird von einem Teil der heutigen Geschichtswissenschaft nicht als Antisemitismus, sondern als Antijudaismus bezeichnet, weil sie sich vom (Rassen-)Antisemitismus trotz mancher Berührungspunkte in ihrer Begründung erheblich unterschied. Sie wurzelte nicht in biologischen Vorstellungen, sondern in religiösen, die oft durch soziale und wirtschaftliche Motive verstärkt wurden; sie war viel älter als der neue Antisemitismus, der im späten 19. Jahrhundert aufgekommen war und sich vom Antijudaismus durch eine unvergleichlich größere Radikalität

[5] Vgl. hierzu U. D. Adam, Judenpolitik, S. 24–38 und S. 357f., sowie Reinhard Rürup, Das Ende der Emanzipation, in: A. Paucker (Hrsg.), Die Juden, S. 108.

[6] Vgl. hierzu und zum folgenden den Beitrag von R. Lill mit weiteren Literaturangaben.

[7] Vgl. R. Lill, German Catholicism's Attitude, sowie H. Greive, Christian Anti-Judaism.

unterschied; sie machte vor allem aus dem biologischen Phänomen der Rasse keinen obersten Wertmaßstab, aus dem die grundlegenden Konsequenzen für das Zusammenleben der Menschen in Gesellschaft und Staat abgeleitet worden wären. Vielmehr waren die Juden für den überwiegenden Teil der kirchlich gebundenen Katholiken – dies zeigt eine neue Untersuchung der katholischen Tagespresse der Jahre 1923–1933 – de facto kein Thema[8]. Mit antisemitischen Parolen waren die deutschen Katholiken mithin nicht zu mobilisieren. Der politische Katholizismus war, wie jüngstens formuliert worden ist, nicht prinzipiell judenfreundlich, aber auch nicht prinzipiell judenfeindlich, sondern prinzipiell nicht-judenfeindlich[9]. Antisemitismus und Antijudaismus waren also nicht das gleiche.

Dennoch begünstigte auch die Existenz des katholischen Antijudaismus (den es ähnlich auch im Protestantismus gab) das gefährliche Anschwellen des Rassen-Antisemitismus im 20. Jahrhundert. Dies hat von den Päpsten zuerst Pius XI. (1922–1939) erkannt und gegenzusteuern versucht[10]. Er hat bereits 1928 den Rassismus wie den Antijudaismus eindeutig und öffentlich verurteilt. Ein Dekret des Hl. Offiziums erinnerte daran, daß der Hl. Stuhl auch früher die Juden gegen ungerechte Mißhandlungen in Schutz genommen habe, und wie der Papst „alle Mißgunst und Feindschaft zwischen den Völkern verurteilt, so verurteilt er besonders den Haß gegen das einst von Gott auserwählte Volk, jenen Haß, der jetzt gewöhnlich ‚Antisemitismus' genannt wird"[11]. Ebenso haben die deutschen und österreichischen Bischöfe den Rassen-Antisemitismus vor und nach 1933 eindeutig verurteilt. In den Hirtenbriefen, mit denen sie Anfang der dreißiger Jahre vor dem erstarkenden Nationalsozialismus warnten, nahm die Ablehnung der Rassen-Ideologie eine entscheidende Stelle ein[12].

[8] W. Hannot, Judenfrage.
[9] K. Repgen, 1938 – Judenpogrom und katholischer Kirchenkampf, S. 125.
[10] Vgl. R. Lill, Katholizismus nach 1848, S. 364f.
[11] Zitat ebd., S. 365.
[12] Vgl. L. Volk, Kirche, S. 544.

Bis zu Hitlers Machtergreifung folgten die Katholiken den bischöflichen Warnungen und Verboten und lehnten den Nationalsozialismus mit „eindrucksvoller Geschlossenheit" ab[13]. Unübersichtlicher wurden die Verhältnisse erst, als aus der „lehramtlich verurteilten Bewegung die legale staatliche Obrigkeit" wurde, der man nach katholischer Lehre Gehorsam schuldete[14]. Das galt um so mehr, als Hitler erklärte, „im Christentum die unerschütterlichen Fundamente des sittlichen und moralischen Lebens unseres Volkes" zu sehen. Die Bischöfe nahmen deshalb mit ihrer Kundgebung vom 28. März 1933 die „allgemeinen Verbote und Warnungen" bezüglich der NSDAP zurück. Daß die Bischöfe ausdrücklich die „Verurteilung bestimmter religiös-sittlicher Irrtümer" nicht aufgehoben hatten, wurde dabei in der nationalen Aufbruchstimmung weithin übersehen[15]. Zu diesen nach wie vor verurteilten Irrtümern gehörte, das wurde sehr bald deutlich, die Rassenlehre. Denn ungeachtet der eigenen Friedensbeteuerungen forderten die Nationalsozialisten ein ‚artgerechtes' Christentum, für das sie mit der Formel ‚positives Christentum' warben. Damit sollte die Rassenideologie auch zum Prinzip der Religion gemacht werden. Für die Kirche waren diese vor allem von Alfred Rosenberg, dem Parteidogmatiker der NSDAP, propagierten Gedanken mit dem Christentum unvereinbar. Unter dem Schlagwort ‚Neuheidentum' hat sie auch deshalb in den zwölf Jahren der NS-Herrschaft gegen die Verabsolutierung des Rassengedankens gekämpft. In den Augen der Machthaber wurde sie damit zur Hauptgegnerin der NS-Weltanschauung überhaupt[16].

War es nach der Machtergreifung schon zu verschiedenen unkoordinierten Terrormaßnahmen gegen jüdische Bürger gekom-

13 Vgl. K. Scholder, Kirchen I, S. 166–170.

14 Vgl. U. v. Hehl, Erzbistum Köln, S. 241.

15 Zur Rede Hitlers und der bischöflichen Erklärung vgl. ebd., S. 32–37 und 251–253.

16 Zum Weltanschauungskampf vgl. R. Baumgärtner, Weltanschauungskampf.

men, so brachte der 1. April 1933 einen von Hitler selbst initiierten reichsweiten Boykott. Die Bevölkerung hat auf diesen von SA und Partei getragenen Terror mit Ablehnung oder Desinteresse reagiert. Provozierte der offene Terror vielfach auch offene Ablehnung, so erregten die gleichzeitig erlassenen antijüdischen Gesetze und Rechtsvorschriften, die eine wesentlich einschneidendere, weil dauerhaftere Wirkung hatten, kaum Widerspruch in der Bevölkerung. Offensichtlich war man eher bereit, scheinbar legale Maßnahmen zu akzeptieren, als physische Verfolgung zu dulden[17]. Am weitesten ging in dieser Hinsicht das ‚Gesetz zur Wiederherstellung des Berufsbeamtentums' vom 7. April 1933. Dieses Gesetz, das sich u.a. auch gegen die Zentrums-Beamten richtete, bot die Handhabe, alle Beamten „nicht arischer Abstammung" aus dem Dienst zu entfernen[18]. Daß auch der als ‚Nichtarier' galt, der jüdische Eltern oder Großeltern hatte, war in der Durchführungsverordnung festgelegt[19]. Damit wird ein Grundzug der NS-Judenpolitik faßbar: Sie richtete sich nicht nur gegen Menschen, die sich zur jüdischen Religion bekannten, sondern – aus der Sicht der aberwitzigen Rassenlehre folgerichtig – gegen alle ‚Nichtarier jüdischer bzw. minderwertiger Rasse'. Damit aber waren auch katholische und evangelische Christen, deren Eltern oder Großeltern von der jüdischen Religion konvertiert waren, der Verfolgung ausgesetzt. Viele in- und ausländische Zeitgenossen haben ebenso wie zahlreiche heutige Kritiker diesen Zusammenhang nicht erkannt. Wie man in den dreißiger Jahren vielfach nur von der Verfolgung der Juden sprach und dabei Glaubens-Juden meinte, so übersehen diejenigen, die heute davon ausgehen, die Kirche habe die Verfolgung nur als Problem einer fremden Gruppe – eben der Juden – angesehen, daß auch Katholiken betroffen waren. Daß diese ‚katholischen Nichtarier' – „Bastarde" wie Hitler sie nannte – kaum ein

17 Zur Haltung der Bevölkerung gegenüber der Judenverfolgung vgl. I. Kershaw, Antisemitismus und Volksmeinung; ders. in: A. Paucker (Hrsg.), Die Juden, S. 365–386. Vgl. auch O. D. Kulka in: ders. / P. R. Mendes-Flohr, Judaism, S. 251–267.

18 RGBl. 1933 I, S. 175–177. Vgl. hierzu U. D. Adam, Judenpolitik, S. 51–64.

19 RGBl. 1933 I, S. 195.

besseres Los als ihre jüdischen Schicksalsgenossen haben würden, lag auf der Hand.

Die Bischöfe waren sich des Unrechts, das an Juden und christlichen ‚Nichtariern' sowohl mit physischer Gewalt als auch mit rechtlichen Mitteln verübt wurde, bewußt. Auch wurden sie intern, aber sehr nachdrücklich, zu öffentlichem Protest gegen diese Maßnahmen aufgefordert. So schrieb der Dominikanerpater Stratmann an Kardinal Faulhaber: „Wir wissen, daß ein ungewöhnlicher Mut dazu gehört, jetzt für die Wahrheit Zeugnis abzulegen, aber wir wissen auch, daß nur so Menschlichkeit und Christentum gerettet werden können. Am Opportunismus geht das echte Christentum zugrunde"[20]. Diese Appelle sind nicht einfach in den Wind geschlagen worden. Es gibt einige öffentliche Andeutungen von bischöflicher Seite aus dieser Zeit. Die deutlichste Stellungnahme findet sich in einem Fuldaer Hirtenbrief vom Juni 1933, wo es heißt, „daß bei der Zugehörigkeit zu einem Staatswesen die ausschließliche Betonung der Rasse und des Blutes zu Ungerechtigkeiten" führe[21]. Dies war eine Distanzierung, aber kein kompromißloser Einspruch[22].

Warum haben die Bischöfe nicht deutlicher gegen diese Maßnahmen, die sie selbst für unchristlich hielten, protestiert? Gefährlicher noch als die antijüdischen Maßnahmen schienen ihnen zwei Tendenzen zu sein: *Zum einen* war die Kirche selbst unmittelbar bedroht. Man wollte vermeiden, daß „der Kampf gegen die Juden zugleich ein Kampf gegen die Katholiken" werden würde und meinte, „daß die Juden sich selber helfen können, wie der schnelle Abbruch des Boykotts [1. April 1933] zeigt"[23]. Eine Verschärfung der Spannungen wollte man um so weniger auf sich nehmen, als „bei einer Hetze gegen die Katholiken oder gegen

[20] Stratmann an Faulhaber, 10. April 1933. Druck: L. Volk (Bearb.), Akten Kardinal Faulhabers I, Nr. 304, S. 709–711.

[21] Gemeinsamer Hirtenbrief der Oberhirten der Diözesen Deutschlands: Wegweisungen, Wünsche, Forderungen für die neue Zeit, 3. Juni 1933. Druck: B. Stasiewski (Bearb.), Bischöfliche Akten I, S. 239–248, Zitat 242.

[22] Vgl. K. Scholder, Kirchen I, S. 499f.

[23] Faulhaber an Pacelli, 10. April 1933. Druck: L. Volk (Bearb.), Kirchliche Akten, S. 11.

den Bischof [...] kein Mensch gefragt [habe], was man gegen diese Hetze tun könne"[24]. Handlungsleitend war also die Mentalität, zunächst die Räson der eigenen Gruppe im Auge zu haben. Dies war damals etwas nicht allein für Katholiken Typisches: alle gesellschaftlichen Gruppen der Zeit dachten so. Erst die Erfahrung der gemeinsamen Bedrückung durch die Nationalsozialisten hat dieses Großgruppen-Denken verändert.

Zum anderen waren für die Bischöfe die bisherigen Pressionen nicht die gefährlichsten Konsequenzen der NS-Rassenideologie. Als weit bedrohlicher sahen sie Bestrebungen an, die schließlich im Sommer 1933 zu dem „Gesetz zur Verhütung erbkranken Nachwuchses" führten[25]. Die in diesem Gesetz vorgesehene Zwangssterilisation von Menschen, die an Erbkrankheiten wie z.B. manisch-depressivem Irresein litten, griff ganz unmittelbar in die körperliche Unversehrtheit ein und bedeutete nicht ‚nur' soziales oder staatsbürgerliches Unrecht. Über Jahre hinweg haben die Bischöfe versucht, nicht durch lauten Protest, aber doch durch öffentliche Mahnungen und interne Eingaben eine Besserung oder wenigstens Milderung für die bedrohten Menschen herbeizuführen und zugleich im Verborgenen die Organisation konkreter Hilfe zu fördern[26]. Damit haben sie keineswegs alles, aber doch Einiges erreicht.

Die Vernichtung der Lebensgrundlage der Juden 1935–1939

Wenngleich die Bischöfe verschiedentlich die nationalsozialistische Rassenlehre öffentlich verurteilten, so blieb ein ‚flammender

[24] Faulhaber an Wurm, 8. April 1933. Druck: L. Volk (Bearb.), Akten Kardinal Faulhabers I, S. 705.

[25] RGBl. 1933 I, S. 529. Zur nationalsozialistischen Erbgesundheitspolitik allgemein s. C. Gansmüller, Erbgesundheitspolitik, der auch die Sterilisierungsdiskussion vor 1933 skizziert (S. 12–18). Über die erzwungene Sterilisierung der „Rheinlandbastarde" s. R. Pommerin, „Sterilisierung der Rheinlandbastarde".

[26] Zur Haltung der Kirche vgl. K. Nowak, „Euthanasie" und Sterilisierung, S. 106–119; H. J. Wollasch, Caritas, S. 185–207, 290–297, sowie C. Gansmüller, Erbgesundheitspolitik.

Protest' gegen die sich steigernde Entrechtung der jüdischen Bürger doch aus. Auch die Nürnberger Rassengesetze, die 1935 eine deutliche Verschärfung der Judenverfolgung einleiteten, haben zunächst zu keinem unmißverständlichen Einspruch geführt[27]. Allerdings haben diese Gesetze offensichtlich auch nicht die Bürger aufgeschreckt[28]. Daß mit diesen Rechtsvorschriften Juden insgesamt zu Bürgern zweiter Klasse gemacht wurden und ihnen die Eheschließung mit „Staatsangehörigen deutschen oder artverwandten Blutes" verboten wurde – um nur zwei Bestimmungen zu nennen –, ist weithin widerspruchslos hingenommen worden.

Deutliche Worte in dieser Frage fand Papst Pius XI. in seiner Enzyklika „Mit brennender Sorge" (1937). In dieser Generalabrechnung mit dem Nationalsozialismus, die von deutschen Bischöfen angeregt worden war, ging er auch auf die Rassenpolitik ein[29]. Er sagte: „Wer die Rasse, oder das Volk, oder den Staat, oder die Staatsform, die Träger der Staatsgewalt oder andere Grundwerte menschlicher Gemeinschaftsgestaltung – die innerhalb der irdischen Ordnung einen wesentlichen und ehrengebietenden Platz behaupten – aus dieser ihrer irdischen Wertskala herauslöst, sie zur höchsten Norm aller, auch der religiösen Werte macht und sie mit Götzenkult vergöttert, der verkehrt und fälscht die gottgeschaffene und gottbefohlene Ordnung der Dinge". Wie sehr dieses Problem dem Papst am Herzen lag, wurde ein Jahr später deutlich. Unter Bezug auf die Kritik des Papstes an den Zuständen in Deutschland anläßlich der Weihnachtsansprache 1937 beauftragte die Studienkongregation, die vatikanische Zentralbehörde für die kirchlichen Forschungs- und Lehrinstitutionen, im April 1938 alle katholischen Universitäten und Fakultäten, „ihre ganze Sorge und Kraft der Verteidigung der Wahrheit gegen die umlaufenden Irrtümer" der Rassen-

[27] Reichsbürgergesetz vom 15. September 1935: RGBl. 1935 I, S. 1146. Gesetz zum Schutze des deutschen Blutes und der deutschen Ehre vom 15. September 1935: ebd., S. 1146f.

[28] I. Kershaw, Antisemitismus und Volksmeinung, S. 297f., und O. D. Kulka in: ders. / P. R. Mendes-Flohr, Judaism, S. 255f.

[29] Text: D. Albrecht (Bearb.), Notenwechsel I, S. 402–443, hier 410.

Ideologie, die thesenförmig aufgeführt wurden, zu widmen[30]. Das Reskript sollte weltweit eine „geistige Generalmobilmachung gegen Hitlers Religion" (K. Repgen) in Gang bringen. Es blieb nicht ohne Wirkung. Im Winter 1938/39 griff eine Reihe europäischer Bischöfe in öffentlichen Ansprachen, denen der päpstliche Osservatore Romano jeweils breite Publizität verschaffte, die nationalsozialistische Rassenlehre und -politik an[31]. Von NS-Seite wurden die päpstlichen Thesen dann auch als „Syllabus gegen die Rassenlehre" bekämpft und den zwölf wichtigsten Regierungsakten des Pontifikats Pius' XI. zugerechnet. Eine unmittelbare Auswirkung dieser römischen Anordnung war der Entwurf eines Hirtenbriefes für die Fuldaer Bischofskonferenz im Sommer 1938, der die Thesen des Dekretes breit erläuterte und dadurch die Rassen-Ideologie mit aller wünschenswerten Deutlichkeit beim Namen nannte und widerlegte[32]. Den Bischöfen lag aber zugleich ein zweiter Entwurf für ein Hirtenwort vor, in dem die akute Verfolgung der katholischen Kirche durch das Regime ungeschminkten Ausdruck fand: der nationalsozialistische Angriff ziele auf „Zerstörung der katholischen Kirche innerhalb unseres Volkes, ja selbst die Ausrottung des Christentums überhaupt". Die Bischöfe entschieden sich für den Kirchenkampf-Hirtenbrief, ließen den Antirassismus-Text aber nicht fallen, sondern beschlossen, ihn dem gesamten Klerus als Richtlinie zur Benutzung mitzuteilen.

Auch die Novemberpogrome von 1938 (‚Reichskristallnacht'), die zum erstenmal seit 1933 wieder reichsweit offenen Terror gegen Juden brachten, haben zu keiner Änderung der bischöflichen Verteidigungstaktik geführt, obwohl er sich gelegentlich auch gegen Katholiken richtete. So wurde unter der Parole „ge-

[30] Text: ADSS VI, S. 530f. und L. Volk (Bearb.), Bischöfliche Akten IV, S. 505f.

[31] Vgl. hierzu und zum folgenden K. Repgen, Judenpogrom, S. 127–132 mit Einzelnachweisen.

[32] Text: L. Volk (Bearb.), Bischöfliche Akten IV, S. 564–577. Zum folgenden: Text des Fuldaer Hirtenbriefs vom 19. August 1938: ebd., S. 555–564, Zitat 555; Protokoll der Plenarkonferenz vom 17. bis 19. August 1938: ebd., S. 487–505. Beschluß über den Rassismus-Hirtenbrief: ebd., S. 492.

gen das Weltjudentum und seine schwarzen und roten Bundesgenossen“ das Palais Kardinal Faulhabers in München gestürmt. So mancher sah in den antijüdischen Ausschreitungen auch eine Generalprobe für bevorstehende Angriffe gegen die Kirche. In dieser Situation wollten die Bischöfe wohl nicht durch einen offenen Protest gegen das Unrecht an den Juden – aber auch an ihren eigenen Amtsbrüdern – ihrerseits eine weitere Eskalation des Kirchenkampfes provozieren[33]. Das Kirchenvolk beharrte im übrigen auf seinen sittlichen Wertmaßstäben. Ein oberbayerischer Verwaltungsbericht über die Auswirkungen der Novemberpogrome in der Bevölkerung hielt fest: „Nur die von der Kirche beeinflußten Kreise gehen in der Judenfrage noch nicht mit“.

Hilfsmaßnahmen

Die Not derjenigen, die unter der Rassenpolitik litten, gehörte seit 1933 zu den laufenden Sorgen der Bischöfe, zumal sich Katholiken, die unter die Bestimmungen der Rassengesetze fielen[34], an kirchliche Stellen um Hilfe wandten. Hauptträger der kirchlichen Unterstützung waren der St. Raphaels-Verein und der Deutsche Caritasverband[35].

Der Raphaels-Verein war im Jahr 1871 zur Unterstützung katholischer deutscher Auswanderer gegründet worden. Neben dem Generalsekretariat in Hamburg verfügte er im Jahr 1933 über zwei Zweigstellen in Bremen und Freiburg und über siebzig Beratungsstellen. Seine Arbeit stützte sich damit auf eine durchaus tragfähige Organisation. Im Jahr 1933 schuf der Raphaels-

[33] Vgl. hierzu K. Repgen, Judenpogrom; ders., 1938 – Judenpogrom und katholischer Kirchenkampf.

[34] Da statistisches Material fast vollständig fehlt, kann die Zahl der Hilfsbedürftigen allenfalls vermutet werden. Nach zunächst überzogenen Schätzungen ging man in der Fuldaer Bischofskonferenz 1939 von 150000 bis 200000 von der Rassenpolitik direkt oder indirekt betroffenen Katholiken aus. Vgl. Referat Bernings über den Hilfsausschuß für katholische Nichtarier, (24. August 1939), Text: L. Volk (Bearb.), Bischöfliche Akten IV, S. 685–688, hier 685.

[35] Vgl. L.-E. Reutter, Fluchthelfer.

Verein zur Betreuung der verfolgten Katholiken eine besondere Abteilung: das „Sonderhilfswerk". In den folgenden Jahren hat der Verein eine mit den sich verschärfenden Pressionen ständig zunehmende Zahl katholischer, aber auch jüdischer und evangelischer Auswanderungswilliger betreut. Man beriet die Menschen bei der Wahl des Ziellandes, vermittelte ihnen Kontaktleute in der neuen Heimat, verschaffte die Passagemöglichkeiten und erledigte einen großen Teil der Formalitäten. Hauptproblem dieser Arbeit war, daß andere Staaten – wenn überhaupt – nur sehr zögernd bereit waren, die in Deutschland Verfolgten aufzunehmen. Diese Hemmnisse versuchte man mit Hilfe des Vatikans, deutscher und ausländischer Bischöfe zu überwinden. Der Ansturm auf die Beratungsstellen des Raphaels-Vereins nahm in dem Maße zu, wie die vor allem von der SS propagierte Auswanderung der Juden zum offiziellen Ziel der NS-Rassenpolitik wurde. Hatte man die Juden nach 1935 weitgehend entrechtet und fast völlig aus der Wirtschaft ausgeschaltet, so wollte man jetzt die Ausgeplünderten ins Ausland abschieben. Am 24. Januar 1939 ordnete Hermann Göring, der Beauftragte für den Vierjahresplan, an, „die Auswanderung der Juden mit allen Mitteln zu fördern"[36].

Der Raphaels-Verein konnte so lange arbeiten, wie dies das Ziel der NS-Politik blieb. Seine vom Staat verordnete Auflösung am 25. Juni 1941 kündigte einen grundlegenden Wandel dieser Politik an. Genaue Zahlen über die Wirksamkeit des Vereins liegen nicht vor. Immerhin gibt es Anhaltspunkte: So schätzte das Generalsekretariat, „daß durch den St. Raphaels-Verein von 1934 bis 1939 10350 Personen zur Auswanderung gebracht und 2220 in Stellen im Ausland untergebracht wurden"[37], eine erstaunliche Leistung, wenn man die Schwierigkeiten bedenkt, die sich bei fast jedem Einzel-‚Fall' anders und neu stellten.

Die unmittelbare Hilfe für die von der Ausnahmegesetzgebung Betroffenen lag beim Deutschen Caritasverband, der 1934 für diese Aufgabe – einem Beschluß der Fuldaer Bischofskonferenz

[36] Vgl. U. D. Adam, Judenpolitik, S. 228.
[37] Zitiert nach L.-E. Reutter, Fluchthelfer, S. 252.

1934 – 1939

10350 Personen zur Auswanderung gebracht

folgend – das Caritas-Notwerk in Berlin schuf. Hier versuchte man vor allem, den aus ihren Berufen Verdrängten neue Stellungen zu vermitteln. Die finanzielle und caritative Unterstützung blieb im wesentlichen Aufgabe der lokalen und regionalen Caritasgliederungen. Die Zusammenarbeit zwischen Raphaels-Verein und Caritas-Notwerk war eng. Im Jahr 1935 gründete man den ‚Hilfsausschuß für katholische Nichtarier', der die Tätigkeit der beiden Organisationen koordinieren und Umschulungsmaßnahmen vorbereiten sollte.

Bereits 1938 mußte der Caritasverband die direkte Betreuung der ‚katholischen Nichtarier' an rein kirchliche Einrichtungen abgeben, da er sonst seine steuerrechtliche Gemeinnützigkeit und damit seine ganze Arbeit in Frage gestellt hätte. Die Aufgabe des Caritas-Notwerks übernahm das ‚Hilfswerk beim Bischöflichen Ordinariat Berlin', das ebenso wie die 1940 gegründete ‚Erzbischöfliche Hilfsstelle für nichtarische Katholiken in Wien' unter der direkten Verantwortung des Ortsbischofs stand[38]. Im Sommer 1939 konnte der Caritasverband die Betreuung der ‚nichtarischen Katholiken' ergänzend zu den anderen Einrichtungen wieder beginnen. Ihm oblag auch die Vertretung dieser Personen gegenüber der ‚Reichsvereinigung der Juden in Deutschland', in die 1939 zwangsweise auch die als ‚Rassejuden' geltenden Katholiken eingegliedert wurden.

Die Hilfe, die die genannten Einrichtungen in Zusammenarbeit mit entsprechenden jüdischen und evangelischen Stellen gebracht haben, wird sich wohl nie genau beziffern lassen. Zwar findet man gelegentlich Material, das Teilbereiche dieser Tätigkeit erhellt, aber abgesehen von Kriegsverlusten an Quellen legt die Natur dieser immer am Rande der Illegalität erfolgten Unterstützung die Vermutung nahe, daß sie keinen adäquaten Niederschlag in den Akten gefunden hat. Fest steht allerdings, daß diese Hilfe mit Wissen und Billigung, ja im Auftrag der Bischöfe geleistet worden ist. Ganz unberücksichtigt, weil quellenmäßig kaum zu fassen, muß in diesem Zusammenhang die Unterstüt-

[38] Zum Berliner Hilfswerk: W. Knauft, Hilfswerk; zur Wiener Hilfsstelle: L. Born / L. Groppe, Hilfsstelle Wien.

zung durch einzelne, die unabhängig von jeder Organisation zu ihren verfolgten Mitbürgern standen, bleiben. Alle diese Hilfsmaßnahmen haben aber die katastrophalen Folgen, die die Rassenpolitik für die Betroffenen gehabt hat, nicht auffangen können. Angesichts der immer weiter ausgreifenden Verfolgung mußten alle Unterstützungsversuche Stückwerk bleiben.

‚Euthanasie-Aktion' und ‚Endlösung der Judenfrage' 1939–1945

In seiner Reichstagsrede vom 30. Januar 1939 prophezeite Hitler für den Fall eines Krieges „die Vernichtung der jüdischen Rasse in Europa". Dennoch brachte der 1. September 1939 – der Tag des deutschen Angriffs auf Polen – keinen grundsätzlichen Wandel in der NS-Rassenpolitik. Obwohl die Einsatzgruppen des SD, die 1939 zur Vernichtung der geistigen und geistlichen Oberschicht Polens eingesetzt wurden, ihre Mordaktionen auch auf Juden ausdehnten, blieb doch das oberste Ziel der Judenpolitik die Auswanderung[39]. Allerdings deuteten diese Massenmorde auf weitere Radikalisierung der Rassenpolitik: Hatte man 1933 Maßnahmen zur Verhütung ‚lebensunwerten Lebens' ergriffen, so ging man 1939 daran, ‚lebensunwertes Leben' zu vernichten[40]. Vorläufer dieser unter dem Propagandatitel „Euthanasie" – Sterbehilfe – firmierenden Mordaktion war die Tötung unheilbar kranker Kinder, die im Sommer 1939 begann.

Im Oktober 1939 ordnete Hitler (auf seinem privaten Briefpapier) an, „die Befugnisse namentlich zu bestimmender Ärzte so zu erweitern, daß nach menschlichem Ermessen unheilbar Kranken bei kritischster Beurteilung ihres Krankheitszustandes der Gnadentod gewährt werden kann"[41]. Auf der Grundlage dieses Befehls wurden die Heil- und Pflegeanstalten durchkämmt;

[39] Vgl. U. D. Adam, Judenpolitik, S. 303.

[40] Zur „Euthanasie"-Aktion s. u.a. C. Gansmüller, Erbgesundheitspolitik, S. 148ff.; H.-W. Schmuhl, Rassenhygiene. Zur Haltung der Kirchen vgl. neben L. Volk, Episkopat I, S. 86–92, auch H.-J. Wollasch, Caritas, S. 208–224, 297–310; K. Nowak, „Euthanasie" und Sterilisierung; sowie M. Höllen, Wienken, S. 94–103.

[41] Zitiert nach K. Nowak, „Euthanasie" und Sterilisierung, S. 79.

Kriterien für die Auswahl der Opfer waren neben wirklicher Krankheit ‚Arbeitsleistung' und ‚Rasse'. Diejenigen, denen man die „Wohltat der Euthanasie" zukommen lassen wollte, wurden in Tötungsanstalten transportiert und dort mit Gas oder Medikamenten umgebracht. Man schätzt, daß zwischen 80000 und 100000 Menschen so ums Leben gebracht worden sind[42]. Obwohl das Regime versuchte, die Morde zu verschleiern und geheimzuhalten, drangen doch sehr bald konkrete Informationen an die Öffentlichkeit. Die Erregung der Bevölkerung war daraufhin groß.

Die Bischöfe haben von diesen Vorgängen Mitte 1940 erfahren. Gegen diese Mordaktion legte Kardinal Bertram im August 1940 im Namen der deutschen Bischöfe Verwahrung ein. Seine Eingabe gebot der Vernichtungsaktion ebensowenig Einhalt wie vorhergehende und nachfolgende schriftliche Proteste einzelner Bischöfe, oder wie die mündlichen Vorstellungen, die Weihbischof Wienken im Namen der Bischofskonferenz beim Reichsinnenministerium erhob. Auch, daß der Heilige Stuhl diese Tötung unschuldiger Menschen am 2. Dezember 1940 mit einem Dekret des Heiligen Offiziums verurteilte und sich so hinter die deutschen Bischöfe stellte, blieb ohne Wirkung. Angesichts der Vergeblichkeit aller Interventionsversuche schloß Kardinal Faulhaber im November 1940 nicht mehr aus, daß „das Hinrichtungswerk in einem halben Jahr getan" sei[43].

Die Lage änderte sich entscheidend, als verschiedene Bischöfe sich im Sommer 1941 dazu durchrangen, ihre internen Proteste an die Öffentlichkeit zu tragen. Als erster wagte Bischof Galen in Münster diesen Schritt: Von der Kanzel aus klagte er am 3. August 1941 die Machthaber der Ermordung „unproduktiver"

[42] Vgl. K. D. Erdmann, Zeit der Weltkriege, S. 552; K. Nowak, „Euthanasie" und Sterilisierung, S. 86. H.-J. Wollasch, Caritas, S. 210 geht von etwa 280000 bis 300000 Geisteskranken (in 900 Anstalten) aus, von denen bis August 1941 etwa 70000 und danach noch etwa 30000 (Nowak: „mindestens 10000") ermordet worden sind, so daß insgesamt etwa ein Drittel der Geisteskranken durch die nationalsozialistische „Euthanasie" ums Leben gekommen sein dürfte.

[43] Vgl. auch zum folgenden, L. Volk, Episkopat I, S. 86–96.

Menschen an. Seine Predigt stützte sich auf handfeste Beweise. Dies verlieh ihr unerhörte Durchschlagskraft. In Windeseile verbreitete sich der Text von Galens „Brandpredigten“ im Sommer 1941 weit über die Grenzen des Reichs hinaus. Der Funke zündete und konnte zünden, weil viele Menschen von den Verbrechen, die Galen und nach ihm andere Bischöfe öffentlich anprangerten, wußten oder doch wenigstens gerüchteweise gehört hatten. Rücksicht auf die Haltung der Bevölkerung und auf den Widerspruch der katholischen, aber auch der evangelischen Kirche führte dazu, daß Hitler im August 1941 die Vernichtungsaktion einstellen ließ. Allerdings bedeutete diese Anordnung keineswegs das tatsächliche Ende der „Euthanasie“; in einigen staatlichen Heilanstalten wurden weiterhin Kranke „unter der Hand“ umgebracht, ebenso in Konzentrationslagern. Man schätzt die Zahl der nach dem Sistierungsbefehl ermordeten Opfer auf etwa 30000 (H.-D. Schmuhl).
Die Bischöfe haben, auch nach August 1941, den Erfolg ihrer öffentlichen Proteste gegen die „Euthanasie“ nicht für endgültig gehalten. Sie haben daher die Maßnahmen der Machthaber weiterhin argwöhnisch beobachtet und weiterhin vor dem Verbrechen der „Euthanasie“ gewarnt. Das war nur zu berechtigt.
Das teilweise Anhalten der „Euthanasie“ war kein erster Schritt zur Humanisierung des Regimes – im Gegenteil. Es zeichnete sich in der zweiten Hälfte des Jahres 1941 ein grundsätzlicher Wandel in der NS-Rassenpolitik ab, für den die Auflösung des Raphaels-Vereins nur ein erstes Indiz gewesen war. Der Krieg gegen Rußland, der als Vernichtungsfeldzug gegen den ‚jüdisch-bolschewistischen Weltfeind‘ die Rassen- und Expansionspolitik miteinander verband, trug auch zur Verschärfung der Rassenpolitik im Inneren des Reiches bei. Dazu kam, daß der Erfolg des Auswanderungskonzeptes durch den sich hinziehenden Krieg in weite Ferne gerückt war. Im Herbst 1941 entschloß sich Hitler, die Menschen ‚jüdischer Rasse‘, die sich in seinem Machtbereich befanden, ‚auszumerzen‘[44]. Dafür wurde jedoch ein anderer Weg

[44] Vgl. U. D. Adam, Judenpolitik, S. 303–316, sowie Christopher R. Browning, Zur Genesis der „Endlösung“, in: Vierteljahrshefte für Zeitge-

eingeschlagen als bei der ‚Euthanasie', deren Personal und Mittel für die neue Mordaktion weiter verwendet wurden. Diese war in Deutschland vollzogen worden, gleichsam vor den Augen nicht Aller, aber doch Vieler. Die Vernichtungslager hingegen errichtete man außerhalb Deutschlands im besetzten Polen, fernab von den unbequemen Augenzeugen der ‚Euthanasie'. Die industriell organisierte Ermordung der Juden, Zigeuner und anderer Verfolgter ist auf diese Weise von einem schwer durchdringlichen Schleier des Geheimnisses umgeben worden.

Der verhängnisvolle Wandel in der NS-Rassenpolitik war zunächst für Außenstehende schwer durchschaubar. Erkennbar waren allerdings die im Oktober 1941 beginnenden Deportationen von Juden, die angeblich in Arbeitslager im Osten gebracht werden sollten. Tiefen Eindruck scheint der Abtransport dieser ohnehin isolierten und verfemten Menschen in der Bevölkerung durchweg nicht gemacht zu haben. Ob dieses Verhalten auf Angst vor Repressionen, auf antijüdische Vorurteile, auf einfaches Nicht-Wissen oder auch auf andere Gründe zurückging, darüber lassen sich wegen der schlechten Quellenlage allenfalls Vermutungen anstellen. Aber nicht alle haben diese Maßnahmen, bei denen sich „Szenen ab[spielten], die in der Chronik dieser Zeit einmal mit den Transporten afrikanischer Sklavenhändler in Parallele gesetzt werden"[45], kommentarlos hingenommen. So mancher wandte sich an die Bischöfe um Hilfe. Die Bischöfe haben es als ihre Pflicht angesehen, für die von der Deportation Bedrohten – von der geplanten Ermordung wußte man noch nichts – einzutreten. Im Auftrag des Vorsitzenden der Fuldaer Bischofskonferenz verhandelten die Bischöfe Berning und Wienken mit Regierungsstellen, um das Los der Verfolgten zu bessern. Die Bischöfe setzten sich dabei vor allem für die ‚katholischen Nichtarier' ein, weil man bei einem Eintreten für alle ‚Nichtarier' „bei den Organen, die mit der Durchführung der

schichte 29, 1981, S. 97–109, der S. 106 die vorbereitenden Maßnahmen der „Endlösung" aufzählt. Die Auflösung des Raphael-Vereins ist das früheste, bislang bekannte, Glied in der Kette der Vorbereitungen.

[45] Faulhaber an Bertram, 13. November 1941. Text: L. Volk (Bearb.), Akten Kardinal Faulhabers II, S. 824.

Ausweisung beauftragt sind und die rassischen Grundsätze blind annehmen, kein Verständnis" und kein Entgegenkommen erwartete[46].

Die Ergebnisse dieser Sondierungen, vor allem beim Reichssicherheitshauptamt, waren kaum der Rede wert. Mehr aber glaubte der Vorsitzende der Fuldaer Bischofskonferenz, Kardinal Bertram, nicht erreichen zu können. „Denn es handelt sich", so schrieb er an Faulhaber, „hier, wie auch gegenüber allen sonstigen Nichtariern, um die Durchführung eines Grundprinzips einer Weltanschauung", deren Vertreter mit christlichen oder rechtlichen Argumenten überhaupt nicht mehr zu beeindrucken waren. In dieser Situation hielt Bertram es für wichtiger, die ohnehin geringen Einflußmöglichkeiten der Bischöfe „zunächst auf andere, kirchlich wichtigere und weittragendere Belange" zu konzentrieren, als gegen Mauern anzurennen, die er für unerschütterlich hielt[47].

Daß am Ende der Deportation nicht ein Arbeitslager, sondern der Tod stand, ahnte man zu diesem Zeitpunkt noch nicht. Die Gewißheit, daß ein erheblicher Teil der Deportierten ums Leben kam, erhielt man aber im Frühjahr 1942. Aus verschiedenen Lagern, in die ‚katholische Nichtarier' verbracht worden waren, kam die Nachricht, daß „viele erschossen" seien. In Bischof Bernings Notizen findet sich unter dem 5. Februar 1942 die Vermutung, es bestehe „wohl der Plan, die Juden ganz auszurotten"[48]. Allerdings war es nur eine Vermutung; ihr widersprachen etwas beruhigende Nachrichten, die in den folgenden Wochen eintrafen. Daß die Vernichtung von Millionen Menschen fabrikmäßig betrieben wurde, haben die Bischöfe aus den Gerüchten und den Nachrichten, die sie erreichten, offensichtlich nicht erkannt. Versuche, sich hier Klarheit zu verschaffen und für die Verfolgten einzutreten, die vor allem die Bischöfe Berning und Wienken im Namen der Fuldaer Bischofskonferenz und Nuntius Orsenigo im Auftrag des Papstes unternahmen, scheiterten an

[46] Ebd.
[47] Bertram an Faulhaber, 17. November 1941. Text: ebd., S. 845.
[48] Notiz Bernings, 5. Februar 1942. Text: L. Volk (Bearb.), Bischöfliche Akten V, S. 675, Anm. 1.

der Unzugänglichkeit der staatlichen Verwaltungsinstanzen. Einzelheiten dieser Bemühungen sind nur in Umrissen bekannt, da ein erheblicher Teil der kirchlichen Akten dem Bombenkrieg zum Opfer gefallen ist[49].

Wenn man auf seiten der Kirche auch nicht die ganze Wahrheit kannte, so wußte man doch, daß die Deportation für unzählige Menschen den Tod bedeutete. Daß die Kirche dieses Verbrechen nicht einfach hinnehmen dürfe, war den Bischöfen bedrängende Verpflichtung. Wie gegen die „Euthanasie", so haben sie auch gegen das Vernichtungswerk im Osten in verschiedenen Eingaben internen Protest erhoben. Zugleich haben sie den grundsätzlichen Standpunkt der Kirche auch öffentlich markiert und dadurch die Gewissen der Gläubigen geschärft. Aber „den Juden in ihrer Bedrängnis [ist] kein zweiter Galen erstanden" (L. Volk). In verschiedenen Hirtenbriefen bekräftigen die Bischöfe seit Frühjahr 1942, daß die Tötung unschuldiger Menschen eine unentschuldbare Sünde sei. Am deutlichsten war in diesem Zusammenhang der Hirtenbrief der deutschen Bischöfe vom 19. August 1943, der feststellte: „Tötung ist in sich schlecht, auch wenn sie angeblich im Interesse des Gemeinwohls verübt würde: An schuld- und wehrlosen Geistesschwachen und -kranken, an unheilbar Siechen und tödlich Verletzten, an erblich Belasteten und lebensuntüchtigen Neugeborenen, an unschuldigen Geiseln und entwaffneten Kriegs- oder Strafgefangenen, an Menschen fremder Rasse und Abstammung"[50].

Mit diesen Worten waren – ebenso wie in der Weihnachtsansprache Pius' XII. 1942 und seiner Allokution vom 2. Juni 1943 – die Vorgänge in den deutschen Vernichtungslagern angesprochen. Es gab also öffentliche Aussagen über das Verbrechen der systematischen Judenermordung. Sie waren jedoch, bedenkt man die Realität der Vernichtungslager, vorsichtig und abstrakt. Entschiedener und konkreter wurden die Bischöfe zum Jahreswech-

[49] Zu Wienken M. Höllen; verschiedene Berichte des Nuntius über seine vergeblichen Bemühungen in ADSS VIII, IX und X; zum folgenden vgl. L. Volk, Episkopat II, S. 98–112.

[50] Text: L. Volk (Bearb.), Bischöfliche Akten VI, S. 197–205, Zitat 201.

sel 1942/43, als über das Berliner Hilfswerk bekannt wurde, daß eine gesetzliche Zwangsscheidung aller ‚rassischen Mischehen' drohe. Ihre Realisierung hätte die bisher von der Deportation verschonten jüdischen Ehepartner dem Abtransport in die Vernichtungslager ausgeliefert. Das energische Auftreten der Bischöfe mit internen Protesten trug erheblich dazu bei, daß das geplante Gesetz nicht zustande kam. Dies rettete etwa 150000 Menschen das Leben[51].

Es bleibt aber die Frage, warum die katholische Kirche die Judenvernichtung insgesamt nicht deutlicher verurteilt hat. Papst Pius XII., der selbst unzähligen verfolgten Juden geholfen hat, sah die Verpflichtung der Kirche, Unrecht beim Namen zu nennen; er sah aber auch die Gefahr, daß eine unmißverständliche Anklage der NS-Verbrechen neue Gewaltmaßnahmen provozieren konnte. Entsprechende Erfahrungen hat man in Holland gemacht: Am 26. Juli 1942 protestierte der Erzbischof von Utrecht in einem Hirtenwort, das in allen Kirchen verlesen wurde, gegen die Deportation der jüdischen Mitbürger; als Antwort darauf verschleppten die Machthaber wenige Tage später die ‚katholischen Nichtarier' Hollands[52]. Der öffentliche Protest hatte also keine Opfer verhindert, sondern die Zahl der Opfer vermehrt.

Der Papst hingegen und die deutschen Bischöfe haben sich in der Öffentlichkeit zu diesen Vorgängen zwar abstrakt und generell geäußert. Daneben versuchten sie, durch schriftliche Proteste und durch Verhandlungen mit den Verantwortlichen zumindest die Folgen der Verbrechen für die Betroffenen zu lindern. „Um größeres Übel zu verhüten", haben Papst und deutsche Bischöfe einen die Dinge konkret bezeichnenden öffentlichen Protest aber

[51] Vgl. U. D. Adam, Judenpolitik, S. 316–333; M. Höllen, Wienken, S. 115–117; L. Volk, Episkopat II, S. 100ff.

[52] Vgl. P. E. Lapide, Rom und die Juden, S. 169–171. Bei dieser Aktion ist auch Edith Stein deportiert worden; vgl. J. Schlafke (Hrsg.), Edith Stein, S. 30–32 mit dem dokumantarischen Nachweis, daß die Deportation der katholischen Juden die Vergeltung dafür war, daß „die katholischen Bischöfe sich – ohne beteiligt zu sein – in die Angelegenheit [des Abtransports der nicht getauften Juden] gemischt haben".

vermieden[53]. Die Vorsicht, die sie bei ihren öffentlichen Äußerungen walten ließen, entsprang nicht einer Gleichgültigkeit gegenüber dem Leiden der anderen; hinter der vom Regime schwerer angreifbaren Abstraktheit ihrer Mahnungen stand vielmehr die in Verantwortung getroffene Güterabwägung zwischen der moralischen Forderung nach eindeutiger Anklage der Verbrechen und der ebenfalls moralischen Forderung nach den wahrscheinlichen Folgen, die eine solche Flucht an die Öffentlichkeit für die Opfer bedeuten würde. In dieser Entscheidungssituation zeichnete sich kein Weg ab, der dieses moralische Dilemma aufgelöst und damit für einen ganz deutlichen und öffentlichen Appell der Bischöfe freie Bahn gegeben hätte. Selbst Margarete Sommer, als Leiterin des Berliner Hilfswerks ganz unmittelbar vom Schicksal der Juden betroffen, forderte von den Bischöfen einen solchen Appell nicht – mit Rücksicht auf die Folgen. Für sie war entscheidend, daß von einer derartigen Anklage „kein praktischer Erfolg zu erwarten [sei] und daß durch einen solchen Schritt die noch mögliche Arbeit auch gefährdet werden könnte“[54].

Diese Güterabwägung, die jedem Handeln der kirchlichen Führung vorausging, war nicht ein für alle Mal, sondern stets neu und mit dem beklemmenden Gedanken zu treffen, die „armen Opfer dürfen nicht den Vorwurf erheben können, daß nicht alles geschehen sei“, wie Bischof Machens angesichts der Deportationen von Zigeunern an Kardinal Bertram schrieb[55]. Unter den Bischöfen gab es über den rechten Zeitpunkt, die beste Art und die Reichweite der eigenen Gegenmaßnahmen zum Teil sehr kontroverse Ansichten. Während ein immer größer werdender Teil des Episkopats auf energischeres Vorgehen drängte, stießen

[53] Pius XII. an Preysing, 30. April 1943. Text: B. Schneider (Hrsg.), Briefe Pius' XII., S. 240. Zum angeblichen Schweigen des Papstes vgl. K. Repgen, Außenpolitik, S. 94–96; ähnlich J. S. Conway, Catholicism, S. 435–451, der hinsichtlich antijüdischer Ressentiments unter den Katholiken allgemein allerdings kritischere Akzente setzt.

[54] Bericht Sommers (nach 26. Juli 1942). Text: L. Volk (Bearb.), Bischöfliche Akten V, S. 815.

[55] Machens an Bertram, 6. März 1943. Text: L. Volk (Bearb.), Bischöfliche Akten VI, S. 39.

entsprechende Initiativen beim Vorsitzenden der Fuldaer Bischofskonferenz auf Zurückhaltung. Was Kardinal Bertram gegenüber den Offensivplänen, die vor allem von Bischof Preysing und seinem Berliner Hilfswerk vorgetragen wurden, mit kühler Distanz reagieren ließ, war weniger allgemeine Skrupelhaftigkeit als vielmehr die Gewißheit, „mit jedem Angehen gegen die Judenverfolgung an das innerste Reizzentrum" der Machthaber zu rühren (L. Volk). Das wollte er nicht, zumal eine eindeutige öffentliche Anklage im Interesse der Opfer selbst nicht verantwortbar schien. Das eigene Handeln aber an dem Interesse der Gefährdeten zu orientieren, dies war – soweit wir sehen – zwischen den Verfechtern einer Offensivstrategie und den auf taktisch bestimmte Zurückhaltung Bedachten nicht strittig.

Als 1945 die Vernichtungslager geöffnet wurden, waren die Bischöfe – wie wohl der größte Teil der Bevölkerung – über das wirkliche Ausmaß der Verbrechen erschrocken[56]. Angesichts dieser ungeheuren Grausamkeiten drängte sich die Frage auf, ob der Katholizismus während des Dritten Reiches nicht allzu sehr die eigene Gefährdung und zu wenig die elementare Bedrohung der Juden und anderer Verfolgter gesehen hätte. An entsprechenden selbstkritischen Äußerungen von Bischöfen und Laien aus der Nachkriegszeit fehlt es nicht. Es entsprach der damaligen und heutigen Beurteilung der Haltung der katholischen Kirche zur Judenverfolgung, wenn Hans Lukaschek auf dem ersten Nachkriegs-Katholikentag bekannte, auch viele Katholiken müßten sich als Schuld zurechnen, „was an den Juden ohne genügenden und vor allem ohne genügend öffentlichen Widerstand von unserer Seite" geschehen war[57].

[56] Die genaue Zahl der Opfer ist unbekannt. Es ist aber sicher, daß weit über 4 Millionen Menschen umgekommen sind. Verschiedene Schätzungen sprechen von bis zu 6 Millionen Toten. Vgl. Ino Arndt / Wolfgang Scheffler, Organisierter Massenmord in nationalsozialistischen Vernichtungslagern, in: Vierteljahrshefte für Zeitgeschichte 24, 1976, S. 105–135.

[57] Der Christ in der Not der Zeit. Der 72. Deutsche Katholikentag vom 1. bis 5. September in Mainz. Hrsg. v. Generalsekretariat des Zentralkomitees der Katholiken Deutschlands zur Vorbereitung der Katholikentage, Paderborn 1949, S. 216.

Klaus Gotto – Hans Günter Hockerts –
Konrad Repgen

Nationalsozialistische Herausforderung und kirchliche Antwort. Eine Bilanz

Der Aufstieg des Nationalsozialismus zur Regierungsmacht in Deutschland hat sich ohne wesentliche Beteiligung von Kirche und Katholizismus vollzogen. Gilt dieses Urteil auch für die Zeit der Stabilisierung und der anschließenden Herrschaft des Regimes? Diese Frage hat besonderes Gewicht; denn neben Teilbereichen des protestantischen Raumes – „Bekennende Kirche", „intakte" Landeskirchen – war die katholische Kirche die einzige gesellschaftliche Großgruppe Deutschlands, die den enormen Gleichschaltungsdruck des Regimes als Großgruppe, d.h. in der Form einer unabhängigen Organisation, überdauern konnte. Sie war daher imstande, der nationalsozialistischen Herrschaft nichtnationalsozialistische Normen und Verhaltensweisen entgegenzusetzen. In welchem Umfang und mit welchen Folgen hat die Kirche dies getan? Hat sie Widerstand geleistet? Dieses Frage ist 1945 ebenso einhellig mit „Ja" beantwortet worden, wie man sich seit 20 Jahren darüber streitet. Was ist richtig, glaubwürdig, überzeugend?

Jede Antwort auf diese Frage setzt voraus, daß man sagt, was mit „Widerstand" gemeint sein soll. Nur wenn dieser Begriff historisch angemessen definiert wird, läßt sich weiterkommen.

Der Begriff des Widerstands

Ein historisch brauchbarer Widerstandsbegriff muß stets auf die konkreten Rahmenbedingungen des zugehörigen Herrschaftssystems bezogen sein. Wichtigste Rahmenbedingung des Nationalsozialismus war sein totalitäter Herrschaftsanspruch. Das Regime war kein Monolith, aber es beanspruchte mehr als ein

Monopol auf politische Willensbildung im Rahmen der traditionellen Staatszuständigkeiten: Es erhob totalen Anspruch auf Kontrolle der Bevölkerung, auf Erfassung der gesamten menschlichen Existenz, auf Sinngebung des Lebens und auf Gewissensformung. Die mit Werbung und Drohung angestrebte Verhaltensform des einzelnen war daher keineswegs die des obrigkeitsstaatlichen Untertans, der sich passiv und ruhig, also „unpolitisch“ verhält. Jedem „Volksgenossen“ wurde vielmehr immerzu ein aktives Bekenntnis zum Nationalsozialismus abverlangt, z.B. im Hitler-Gruß. Wer sich als einzelner oder als Gruppe im Dritten Reich der Mobilisierung von Zustimmung zu entziehen suchte, geriet in Oppositionsverdacht und mußte entsprechende Konsequenzen befürchten.

Ohne die grundlegende Bezugnahme auf das Totalitäre der Alltagswirklichkeit des Dritten Reiches läßt sich daher kein angemessener Widerstands-Begriff formulieren: Gemessen an dem Ziel der totalitären Erfassung konnten Verhaltensformen, die unter anderen, z.B. den westlichen Bedingungen der Nachkriegszeit unerheblich und belanglos wären, Widerstand darstellen. Das Grundkriterium des Widerstandsbegriffs hat daher in der Frage zu liegen, ob ein bestimmtes Verhalten von einzelnen oder von Gruppen damals Risikocharakter hatte oder nicht. Diesem Risiko-Kriterium entspricht ein sehr weiter „Widerstands“-Begriff; denn grundsätzlich unterlag wischen 1933 und 1945 jedes Verhalten, das sich dem totalitären Erfassungszwang und Gleichschaltungsdruck entzog, einem Risiko.

Ein so weit gefaßter Begriff muß allerdings differenziert werden, um brauchbar zu sein. Wer als Beamter 1937 in der Fronleichnamsprozession mitging, riskierte durch diese Demonstration kirchlicher Loyalität einiges; aber er setzte nicht, wie ein Mann vom 20. Juli 1944, der im Untergrund den Sturz des Regimes organisierte, sein Leben aufs Spiel. Beide leisteten „Widerstand“, aber in ungleichem Sinne. Das Begriffsfeld Widerstand muß also abgestuft werden[1].

[1] Zur Weiterentwicklung der folgenden Unterscheidungen vgl. K. Repgen, Katholizismus und Nationalsozialismus, S. 10–15.

Es lassen sich vier Stufen unterscheiden. Als unterste Stufe kommt punktuelle *Nonkonformität* in Betracht. Sie konnte unterschiedliche Gründe haben: vom Schimpfen der Bauern oder Arbeiter über niedrige Agrarpreise oder Löhne bis hin zur Aufregung über „Stürmer“-Kästen im Dorf. Weil das Regime grundsätzlich jede Widerspruchshaltung unter Widerstandsverdacht stellte, konnten solche Unmutshandlungen – je nach dem dabei eingegangenen Risiko – in gewissem, wenn auch geringem Sinne, Widerstand sein. Weitaus eindeutiger war dagegen Widerstand das, was mit Sachverhalten wie Resistenz, Nicht-Anpassung, Selbstbewahrung zu verbinden ist, also die zweite Stufe, die als *Verweigerung* zu bezeichnen ist. Voraussetzung für diese Form von Widerstand war ein Angriff auf die Eigenständigkeit, das Selbstverständnis, die Identität einer sozialen Einheit, z.B. der katholischen Kirche. Suchte die angegriffene Einheit sich dem Gleichschaltungsdruck zu entziehen, ihre bedrohte Identität zu bewahren und zu verteidigen, so wurde dadurch Widerstand geleistet; denn diese Nicht-Anpassung begrenzte die Herrschaft, behinderte die Realisierung des Totalitären in einem konkreten Bereich.

Die dritte Stufe war der öffentliche oder mit der Androhung von Flucht in die Öffentlichkeit erhobene *Protest*. Er bedeutete bereits eine Offensive gegen das System, während der Widerstand der zweiten Stufe im Kern defensiv blieb. Richtet sich Protest nicht nur gegen partielle, wenngleich wesentliche Erscheinungsformen des Regimes, so kann er zu einem generellen Loyalitätsbruch führen.

Dann ist die vierte, die höchste Stufe erreicht: Sie ist als „aktiver Widerstand“ oder als *„Widerstand im engeren Sinne“* zu bezeichnen. Unter diesen Begriff fallen alle Aktivitäten, die auf politischen Umsturz des Regimes hin orientiert waren und also nicht nur ein partielles, sondern ein generelles Nein zum Regime bedeuteten.

Im Unterschied dazu bezog sich der Widerstand auf den Stufen eins bis drei auf einzelne Sektoren, auf einen Teil der Erscheinungsformen und Herrschaftsansprüche des Regimes. Daher konnten Nonkonformität, Verweigerung und Protest sich im übrigen mit partieller Loyalität gegenüber dem Regime verbinden, – in welchem Ausmaß, kann jeweils nur im konkreten Falle bestimmt werden.

Mit einem so differenzierten Widerstands-Begriff läßt sich die kirchliche Antwort auf die nationalsozialistische Herausforderung historisch angemessen beschreiben. Dabei ist allerdings zu berücksichtigen, daß diese Herausforderung in unterschiedlichen Phasen sehr unterschiedliche Intensitäten entwickelte. Folglich waren die Anforderungen an die Kirche 1933 anders als 1937 und 1943.

Das Jahr 1933

Für Kirche und Katholizismus bedeutete der Nationalsozialismus vor 1933 eine Herausforderung auf unterschiedlichen Feldern: für die Kirche auf dem Gebiet der Seelsorge, für den Katholizismus als einer Sondergruppe der gesamten Gesellschaft auf gesellschaftlichem und politischem Gebiet. Bis zum März 1933 kennzeichneten ein Nebeneinander von innerer politischer Unsicherheit, äußerer Geschlossenheit und weltanschaulicher Gegnerschaft die Reaktionen der Kirche und des Katholizismus auf die nationalsozialistische Machtergreifung. Der politische Katholizismus, von Hitler in seiner Bedeutung weit überschätzt, trat lautlos von der Bühne ab, hin- und hergerissen zwischen kraftloser Überlebenshoffnung und vergeblichen Anpassungsversuchen an die neue Zeit.

Zugleich sahen die Kirche und die katholischen Organisationen sich vor die Frage gestellt, wie sie auf die Umwälzung antworten sollten. Man mußte befürchten, daß der Nationalsozialismus alles Politische monopolisieren werde; und man konnte sich nicht auf die beschwichtigenden Zusicherungen Hitlers, daß auch im Dritten Reich erträgliche kirchliche Freiräume vorhanden wären, verlassen. Angesichts dieser Ungewißheiten setzte die kirchliche Führung nicht mehr ausschließlich auf die Parteien des politischen Katholizismus als Wahrer ihrer Interessen im politischen Vorfeld, sondern griff Friedensangebote des als legale Obrigkeit akzeptierten NS-Kanzlers auf. Die mit Bedingungen verknüpfte Rücknahme der oberhirtlichen Verurteilung des Nationalsozialismus durch die Bischofserklärung vom 28. März und das Reichskonkordat vom 20. Juli 1933 sind die herausragenden Stationen dieser Entwicklung. Dabei haben die überraschend schnell erfolgte Auflösung des politischen Katholizismus und der kirchliche Positionswechsel sich gegenseitig beschleunigt; das Ende der Zentrumspartei war jedoch nicht ursächlich mit dem Reichskonkordat verbunden.

Wenn die Kirche als gesellschaftliche Großgruppe überleben wollte, mußte sie ihren institutionellen Fortbestand retten. Dazu gab es konkret nur einen Weg: Beharrung – verbunden mit partieller Kooperation. Diese unausweichliche Konsequenz galt nicht allein für die Kirche, sondern für alle Großgruppen; auch der Allgemeine Deutsche Gewerkschaftsbund (ADGB) und die SPD haben vor ihrem Verbot den Versuch unternommen, durch Anpassung und Konzessionen institutionell zu überleben.

1933 stellte sich also die Frage eines Widerstandes noch nicht in der Art, daß die Identität der Kirche als einer religiösen und sozialen Einheit von der Wurzel her bedroht gewesen wäre; es schien zunächst noch möglich, einen verkleinerten, aber ausreichenden Wirkungsraum zu erhalten. Gleichwohl lassen sich große Unsicherheiten gegenüber dem NS-Regime im Anfang nicht übersehen: Innerhalb eines Teils der kirchlichen Führung, mehr noch bei Laien und einigen Verbänden, tauchte die Illusion auf, man könne bei ungeschmälerter Identität der Kirche zu einer geistig-politischen Kooperation mit dem Dritten Reich gelangen. Diese diffusen Erwartungen haben auf die Haltung der Kirchenführung und des Kirchenvolkes keinen bestimmenden und dauerhaften Einfluß erlangen können. Sie erklären einzelne sonst schwer verständliche Schritte wie etwa die anfängliche Bereitschaft des Erzbischofs Gröber, die katholische Jugend in die HJ zu überführen, oder die Annahme des preußischen Staatsrats-

1) Aufgabe institutionellen Fortbestand retten

Titels durch Bischof Berning, oder die emphatischen Kooperationsangebote des Generalsekretärs des katholischen Gesellenvereins, Johannes Nattermann. Im Gegensatz zu dieser Brückenbau-Gruppe blieb eine andere Strömung im Katholizismus scharf distanziert. Ein Bekenntnis zum neuen Staat lehnte Bischof Preysing ausdrücklich ab. Für die am weitesten verbreitete katholische Wochenzeitung, die „Junge Front" Johannes Maaßens, war ein katholischer Zugang zum Nationalsozialismus undenkbar.

Die Phasen der nationalsozialistischen Herausforderung 1933–1945

Im Reichskonkordat hatte Hitler dem Katholizismus und der Kirche aus taktischen Gründen einen ziemlich großen Freiheits- und Wirkungsraum vertraglich eingeräumt. Er hatte sich damit Fesseln angelegt, die er alsbald im Sinne der totalen Verfügbarkeit über alle Menschen und Organisationen sprengen wollte. Daher wurde seit 1933 zum Angriff auf die Kirche geblasen. Dieser Angriff erfolgte nicht als offener Frontalangriff mit einem einzigen Schlag, auch nicht mit gleichbleibenden Methoden, sondern sukzessiv, mit ständig wechselnder Intensität, mit verdeckten Zielsetzungen, verbrämenden Rechtfertigungen und unter ständiger Rücksichtnahme auf die Zweckmäßigkeiten der allgemeinen Politik. Es war dennoch eine Strategie, die auf Vernichtung zielte. Dabei lassen sich drei Phasen unterscheiden.

Eine erste Phase reichte bis etwa 1935/36. Im Mittelpunkt dieses meist verdeckt geführten Kampfes standen die kirchlichen Positionen in der Gesellschaft; es ging um die Schleifung der „Außenwerke" der Kirche. Ziel des Regimes war es in dieser Phase, die organisatorischen Wirkungsmöglichkeiten der Kiche jenseits der reinen Seelsorge auszuschalten, also Trennung von Kirche und Gesellschaft – eine unabdingbare Voraussetzung für Hitler, daß die Menschen politisch der ausschließlichen Verfügbarkeit des Nationalsozialismus unterworfen werden konnten. In dieser Phase wurde das kunstvolle Gebäude des organisierten Katholizismus, seine Presse, seine Verbände und die Bekenntnisschulen zum Teil bereits zerstört, zum Teil so schwer in den Fundamenten erschüttert, daß die spätere Beseitigung keine erheblichen Schwierigkeiten mehr bereitete.

Die zweite Phase, zeitlich etwa von 1936 bis 1940 anzusetzen, erreichte ihren Höhepunkt 1936/37. Jetzt ging es nicht mehr nur um Außenbastionen, um die organisierte Wirkungsmöglichkeit der Kirche in die Gesellschaft hinein, sondern um das kirchliche Wertsystem, um ihre Identität schlechthin. Der Nationalsozialismus versuchte, die Kirche auf eine in seiner Sicht belanglose „Jenseitsbetreuung“ zu reduzieren, also von jedem Bezug auf das konkrete individuelle und gesellschaftliche Leben zu lösen. Der Kirchenkampf erreichte damit eine neue Dimension. Das Gewissen des einzelnen sollte dem nationalsozialistischen Totalitätsanspruch unterworfen und die Kirchenführung vom Kirchenvolk getrennt werden. Es ging also um die Kirche in ihrer Substanz.

Die dritte Phase deckt sich ungefähr mit der Zeit des Krieges. Die Wucht des Angriffs gegen die Kirche als religiöse und soziale Einheit steigerte sich noch mehr; aber als Neues trat hinzu eine beispiellose Radikalisierung der Innenpolitik, namentlich die Rassenpolitik mit den Morden an Geisteskranken und der Deportation und anschließenden Ermordung der Juden. Es drohte in dieser Phase auch der Kirche als Institution eine „Endlösung“; die nationalsozialistischen Führer stritten sich nur noch über die Zeitfrage – ob während des Krieges oder nach dem Sieg. Doch der Angriff richtete sich in dieser dritten Phase über die Kirche als verfaßte Großgruppe hinaus auf das für sie unantastbare Sittengesetz und gottgeschaffene Naturrecht in seinen elementaren Gegebenheiten. Es ging nicht mehr allein um die Verteidigung der Kirche und des Christentums, sondern auch der allgemeinen Menschenrechte.

Die Antwort der kirchlichen Führung auf die zunehmende Drosselung des kirchlichen Lebens hieß in der ersten Phase nach 1933: Verteidigung des im Reichskonkordat zugesicherten eigenen „Rechts- und Arbeitsgebiets"[2]; Beharren auf dem Anspruch der Kirche, „weithin sichtbar in das öffentliche Leben hineinragen"[3] zu wollen; Bekämpfung des rassistischen Neuheidentums, Bekräftigung der katholischen Glaubenslehre, Abwehr der ins Mark der innerkirchlichen Loyalität zielenden Verleumdungskampagnen. In den äußeren Verteidigungslinien – Presse, Verbände, Schule – mußten erhebliche Einbrüche hingenommen werden. Diese Selbstverteidigung der Kirche konnte ihre Verdrängung aus der Gesellschaft zwar verzögern, aber nicht verhindern. Das lag weniger an einigen unterschiedlich folgenschweren Mängeln in Form, Festigkeit und Geschlossenheit der bischöflichen Abwehr, als vielmehr an der wachsenden Härte, mit der das Regime in diesem ungleichen Kampf seine erdrückende Übermacht einsetzte. In dieser Zeit, von Ende 1933 bis 1935/36, war es nicht leicht, zuverlässig zu erkennen, was die eigentliche Zielsetzung des Regimes bei seinem Kampf gegen die Kirche sei. Diese Unsicherheit wirkte wie eine Zwickmühle. So waren die traditionellen Organisationsformen der katholischen Verbände, so wertvolle Dienste sie auch ein Jahrhundert lang geleistet hatten, kein Wert an sich; falls brauchbarer Ersatz gefunden werden konnte, ließ sich darauf, nötigenfalls, verzichten. Aber durfte man verzichten, wenn man annehmen mußte, daß es dem Regime nur vordergründig um diese Organisationen gehe, tatsächlich aber um die Vernichtung von Christentum und Kirche überhaupt?

Die innerkirchliche Diskussion dieses Problems führte Ende 1936/Anfang 1937 zu einer Einschätzung der Lage, die bis zum

[2] Vgl. Hirtenbrief der deutschen Bischöfe vom 24. 12. 1936. Text: L. Volk (Bearb.), Akten Kardinal Faulhabers II, S. 244–252, Zitat 251.

[3] Vgl. Hirtenbrief der deutschen Bischöfe vom 20. 8. 1935. Text: B. Stasiewski (Bearb.), Bischöfliche Akten III, S. 331–341, Zitat 334.

Kriegsende bestimmend blieb. In der Kölner Stellungnahme vom 16. Januar 1937 wird eine eindeutige Bilanz gezogen: Der Nationalsozialismus – so heißt es dort – wolle „grundsätzlich und definitiv" die Vernichtung des Christentums, besonders des katholischen. Auf dieses Ziel seien alle Maßnahmen des Regimes taktisch ausgerichtet[4]. Aus dieser illusionslosen Analyse zog man Konsequenzen für die angemessene Widerstandsform. Strategisches Ziel der Kirche müsse sein, dahin zu wirken, daß „möglichst breite Schichten glaubensfreudiger und opferwilliger Katholiken einheitlich die Mitwirkung bei glaubensfeindlichen Maßnahmen ablehnen und die Rechte ihres katholischen Gewissens mutig reklamieren". Ausfluß und Ausdruck dieser Haltung war die Enzyklika „Mit brennender Sorge"[5]. Sie verdeutlichte 1937 vor aller Welt die ungebrochene Entschlossenheit der katholischen Kirche, durch Verweigerung, durch Nicht-Anpassung ihre Identität inmitten des nationalsozialistischen Gleichschaltungsdrucks zu bewahren. Den zunächst verdeckten, dann 1936/37 offenen Angriffen auf das Wertsystem und den Wirkungsanspruch der katholischen Kirche begegnete die kirchliche Führung also mit einer Verhaltensform, die der zweiten Stufe des Widerstandsbegriffs entspricht. Die Enzyklika jedoch hob durch die Form ihrer spektakulären Öffentlichkeit, durch den Nachdruck ihrer Anklagen und durch die, über alle Selbstverteidigung hinaus ins Allgemeingültige gewendete Reklamation unveräußerlicher Persönlichkeitsrechte den kirchlichen Widerspruch von 1937 auf die Stufe des Protestes. Dementsprechend wurde sie vom Regime als eine „offene Kampfansage"[6] gewertet.

Der katholische Kampf um Nicht-Anpassung, um Selbstbewahrung, bezog sich in dieser Phase sowohl auf die Organisationsstruktur wie auf das Wertsystem der Kirche. Die meisten Gläubigen folgten der kirchlichen Führung. Daher konnte sich im katholischen Bevölkerungsteil Deutschlands ein Kernbereich der

[4] Text: L. Volk (Bearb.), Bischöfliche Akten IV, S. 150–153; Zitate 151, 152.

[5] Text: D. Albrecht (Bearb.), Notenwechsel I, S. 402–443.

[6] So Reichskirchenminister Kerrl an die deutschen Bischöfe, 23. März 1937. Text: L. Volk (Bearb.), Bischöfliche Akten IV, S. 187, Anm. 1.

nationalsozialistischen Weltanschauung nicht durchsetzen. Die nationalsozialistische Herrschaft wurde dadurch und insoweit blockiert. Dies ist das wesentliche Ergebnis des katholischen Beharren-Wollens, der Verweigerung im Großen.

Angesichts des nationalsozialistischen Gleichschaltungszieles barg diese Identitätsbewahrung ein Potential an Konflikt, das damals von keiner anderen Bevölkerungsgruppe in Deutschland erreicht worden ist. Nicht ohne Grund klagte der Münchner Gauleiter Wagner im Juni 1937 die Kirchen an, sich als einzige innerdeutsche Macht „noch störend in unserem völkischen Leben bemerkbar zu machen“[7]. Nicht ohne Grund schien es daher Goebbels unerträglich, daß die Kirche eigenständige „Autorität neben oder gar über dem Staat“[8] bleiben wolle; um diesen Willen zu brechen, war ihm, wie er 1937 erklärte, „jedes Mittel recht“[9]. Nicht ohne Grund mußte der oberbayerische Regierungspräsident im Januar 1939 berichten: „Nur die von der Kirche beeinflußten Kreise gehen in der Judenfrage noch nicht mit“[10]. Übrigens würdigte auch die KPD den Kampf um die „Verteidigung der Glaubensfreiheit“ 1937 mit der Feststellung: „Jeder Erfolg der Massen im Kirchenkampf versetzt der faschistischen Diktatur einen ernsten Schlag, durchbricht ihre Totalität“[11].

Der Kampf der Kirche um ihre Selbstbewahrung führte jedoch nicht zu einer generellen Aufkündigung der Loyalität gegenüber dem Regime. Der Episkopat erkannte den Träger der Staatsgewalt weiter als legale Obrigkeit an, dem ein Anspruch auf staatsbürgerlichen Gehorsam im Rahmen des sittlich Erlaubten zustünde.

Nach der Enzyklika stellte sich für den deutschen Episkopat die Frage, wie die Verteidigung am besten fortgesetzt werden könnte. Sollte man weiterhin an die Öffentlichkeit gehen oder zu

[7] Rede des Münchner Gauleiters Wagner am 29. 6. 1937, zit. nach dem „Völkischen Beobachter“ vom 30. 6. 1937.

[8] So in einer Rede von Goebbels vor Schriftleitern am 16. 6. 1937, zit. nach H. G. Hockerts, Sittlichkeitsprozesse, S. 132.

[9] Ebd.

[10] Vgl. H. Witetschek (Bearb.), Regierungspräsidentenberichte I, S. 301.

[11] Vgl. Hermann Weber, Der deutsche Kommunismus. Dokumente 1915–1945, Köln ³1973, S. 380.

dem geduldigen, wenn auch weithin ergebnislosem Verhandeln im nichtöffentlichen Schriftverkehr zwischen Episkopat und Regime zurückkehren? Diese Alternative führte 1937 zu Meinungsdivergenzen über die richtige Taktik, die sich in den folgenden Jahren zu schweren Unterschieden der Auffassung über die beste Art des Widerstands vertieft haben. Das Kirchenvolk hat davon damals kaum etwas, und das Regime hat davon wenig nur erfahren. Für die Geschichte des katholischen Kichenkampfes sind diese Dinge aber von erheblicher Bedeutung, weil die Taktik-Diskussion schließlich in sehr grundsätzliche Probleme hineinführte.

Der Exponent der einen Linie war Kardinal Bertram. Er hielt am Verhandlungsweg fest, verband Beschwerde und Beschwichtigung diplomatisch miteinander und hat sich, aufs Ganze gesehen, mit seinem Kurs durchgesetzt. Exponent der anderen Linie war Bischof Graf Preysing. Er plädierte für eine Politik des energischen Protests: Mobilisierung der Öffentlichkeit und der Massen der Gläubigen sei die einzige Sprache, auf die das Regime höre. Die Konzeption dieses Kurses erweckt im Rückblick spontane Sympathie; man darf aber nicht vergessen, welche Gefahren damit verbunden waren. Preysing selbst wurde umgetrieben von der Sorge, welche Folgen „ein endgültiger Bruch mit dem Staate der Kirche bringen müßte“[12]. Er fürchtete nicht zuletzt, daß unermeßlich viele Katholiken dann, unter dem Anprall der Vergeltungsmaßnahmen des Regimes, „ihren Glauben verleugnen oder von der Kirche offen abfallen würden“[13]. Bertrams Einwände gegen einen konfliktverschärfenden Verteidigungskurs hatten also bedenkenswerte Gründe, vor allem unter seelsorgerischem Aspekt: Er wollte keine Repressalien provozieren, die dahin führten, daß wieder „Gläubige ohne Geistlichen sterben müßten“[14] wie im Kulturkampf der Bismarckzeit. Zudem bewahrte er sich die Hoffnung, daß innerhalb der nationalsozialistischen Bewegung eine mit der Kirche Frieden suchende Strö-

[12] Vgl. W. Adolph, Geheime Aufzeichnungen, S. 192.
[13] Vgl. ebd. S. 193.
[14] Vgl. ebd. S. 219.

mung existiere, die es, auch durch Loyalitätsversicherungen, zu stärken gelte.

Ein weiteres ist zu bedenken. Der institutionelle Fortbestand beließ der Kirche die Möglichkeit, sich zu artikulieren und die Gläubigen beeinflussen zu können. Dies unterschied sie von fast allen anderen potentiellen Widerstandträgern, deren Organisationen zerschlagen waren und deren interne Kommunikation auf minimale Reste zurückgeworfen war. Andererseits machte aber gerade die Notwendigkeit, die eigene Organisation und die Kommunikationsfreiheit etwa in Predigt und Hirtenbrief sichern zu müssen, die Kirche druckempfindlich. Sie hatte etwas zu verlieren, und zwar nicht etwas Nebensächliches, sondern etwas, vom kirchlichen Seelsorgsziel her, Zentrales.

Die Päpste, bis 1939 Pius XI., dann Pius XII., haben in die internen Auseinandersetzungen der deutschen Bischöfe um den Kurs im Kirchenkampf, sieht man von zwei Ausnahmen 1934/35 ab, weder in der zweiten noch in der dritten Phase mit Direktiven eingegriffen; doch ließ Pius XII. die Bischöfe nicht im unklaren darüber, daß seine Sympathie dem härteren Kurs gelte. Den Streit um Eingabenpolitik oder öffentliche Konfrontation mußten die Bischöfe also selbst austragen. Er ging bis zum Kriegsausbruch unentschieden weiter, während sich der Angriff des Regimes keineswegs abschwächte. Die Kirche nutzte inzwischen den ihr verbliebenen Raum, um die Seelsorge umzustellen und zu intensivieren. Nach dem Verbot der meisten Verbände wurden die Gläubigen als einzelne, als Familie und als Pfarrgemeinde im Sinne der Katholischen Aktion angesprochen. Dabei standen im Mittelpunkt die religiöse Unterweisung und die Schärfung der Gewissen. Bewahrung der christlichen Substanz der Gläubigen in einer christentumsfeindlichen Umwelt hieß das Ziel, wobei nicht ausgeschlossen wurde, daß man einer offenen Christenverfolgung zusteuere. In der dritten Phase ging der Kirchenkampf unvermindert heftig weiter, mit teilweise neuen Methoden, aber mit unveränderter Zielrichtung. „Es geht um Sein und Nicht-Sein der Kirche in Deutschland“[15], stellte der Fuldaer Hirtenbrief

[15] Vgl. Hirtenbrief der deutschen Bischöfe vom 26. 6. 1941. Text: L. Volk (Bearb.), Bischöfliche Akten V, S. 462–469, Zitat 466.

im Juni 1941 fest. Auch die kirchliche Abwehr blieb gleich. Der Kriegsausbruch von 1939 ist vom Episkopat nicht als eine neue Herausforderung verstanden worden. Die Problematik des Angriffskrieges bzw. des gerechten und ungerechten Krieges wurde nicht diskutiert; die Friedensappelle des Papstes jedoch wurden voll unterstützt. Nicht die Kriegsproblematik als solche, sondern das gewaltige Anwachsen des Terrors, die immer offenkundiger werdende Mißachtung fundamentaler Menschenrechte durch das Regime ist 1941 als eine neue, über die kirchliche Selbstverteidigung hinausweisende Herausforderung empfunden worden. Dieser Herausforderug hat sich die große Mehrheit des Episkopats gestellt und neben der Verteidigung der Freiheit der Kirche die Verteidigung der elementaren Menschenrechte als Aufgabe der Bischöfe anerkannt. Vorausgegangen war Galens berühmte Flucht in die Öffentlichkeit mit den drei Predigten vom Juli/August, „ein Ereignis von europäischem Rang“[16] und eine überaus mutige Tat, der der Erfolg nicht versagt geblieben ist: Jedenfalls wurden der Klosterraub am 31. Juli und die Ermordung der Geisteskranken am 24. August 1941 durch Führerbefehle sistiert. Dem Papst waren diese Predigten „ein Beweis dafür, wieviel sich durch offenes und mannhaftes Auftreten innerhalb des Reiches noch erreichen läßt“[17].

Gleicher Meinung war ein neugebildeter Ausschuß der Fuldaer Bischofskonferenz. Er arbeitete von August bis November 1941, als aller Welt die Fanfaren der Sondermeldungen über den scheinbar unwiderstehlichen Siegeszug der deutschen Armeen in Rußland in den Ohren klangen, den Entwurf für ein gemeinsames Hirtenwort der deutschen Bischöfe aus, der einen der bemerkenswertesten Texte des deutschen Widerstandes darstellt. Zwei Drittel der Bischöfe der Fuldaer Konferenz haben ihm zugestimmt und waren daher wie Galen für Flucht nach vorn.

Sie liefen damit Gefahr, des Dolchstoßes in den Rücken der kämpfenden Front bezichtigt zu werden; denn es hieß da: „Auch

[16] Vgl. L. Volk, Kirche, S. 550.

[17] Vgl. Brief Pius' XII. an Preysing vom 30. 9. 1941. Text: B. Schneider (Hrsg.), Briefe Pius' XII., S. 154–156, Zitat 155.

in der Heimat tobt ein Kampf"[18]. In einer auf Massenmobilisierung gestimmten Diktion geißelte man die Verfolgung der Kirche und des Christentums durch Partei und Staat, verteidigte man konkret und scharf die allgemeinen Menschenrechte auf „persönliche Freiheit" und „auf das Leben" und erklärte: Jeder könne heute in Deutschland ohne Schuld und ohne Richterspruch seine Freiheit, seine Gesundheit, sein Leben verlieren. Niemand vermöge die „Gewaltmaßnahmen der Geheimen Staatspolizei" zu überprüfen, die „nach Belieben über Tod und Leben" verfüge. Dem Zerfall des göttlichen und natürlichen Rechts sei ein Ende zu machen – mit Taten; denn „Worte und Versprechungen genügen nicht mehr; wir mußten leider lernen, ihnen gründlich zu mißtrauen"[19].

Konnte man solche Sätze Ende 1941 öffentlich verlesen lassen? Was würde die Folge sein? Die Verfasser des Textes hielten diese Frage für sekundär. „Entscheidend ist nur die Frage: Was ist im gegenwärtigen Augenblick unsere Pflicht? Was verlangt das Gewissen? Was erwartet Gott, das gläubige Volk von seinen Bischöfen"[20]. Selbst der nichtchristliche Teil der Bevölkerung wolle „Hilfe und Verteidigung der allgemein menschlichen Rechte durch den deutschen Episkopat"[21]. „Wer sonst", fragten sie, „soll und kann überhaupt noch göttliches und natürliches Recht in Deutschland verteidigen?"[22]

Dieser Entwurf blieb Entwurf, so daß im Nachhinein nicht mehr kontrollierbar ist, was ein solcher Hirtenbrief damals bewirkt haben würde. Die Aktion scheiterte, weil eine für sie wesentliche Vorbedingung unerfüllbar blieb: geschlossenes Auftreten des deutschen Episkopates mit diesem Text. Diese Voraussetzung, völlige Geschlossenheit bei dieser Aktion, hielten alle Beteiligten für unabdingbar. War die Einheit des Episkopats nicht herzustel-

18 Vgl. Entwurf eines gemeinsamen Hirtenwortes vom 15. 11. 1941. Text: L. Volk (Bearb.), Akten Kardinal Faulhabers II, S. 827–835, Zitat 827.
19 Ebd. S. 835.
20 Vgl. Gründe für die Notwendigkeit des Hirtenworts, Fulda 15. 11. 1941. Text: ebd. S. 837–838, Zitat 838.
21 Ebd.
22 Ebd.

len, so war der Plan nicht realisierbar; denn eine Spaltung in Kauf zu nehmen, war niemand bereit.

Die Einzelheiten des internen Streits um diesen Hirtenbrief können hier nicht ausgebreitet werden. Festzuhalten ist, daß vor allem Kardinal Bertram mit dezidiertem Nein das Projekt zu Fall gebracht hat. Es gelang ihm zu verhindern, daß die Mehrheit der Bischöfe tun konnte, was sie für richtig hielt: in geschlossener Front und ohne Ausnahme öffentlich zu protestieren.

Dem deutschen Episkopat in seiner Mehrheit kann also schwerlich vorgeworfen werden, daß er damals das Gebot der Stunde nicht erkannt habe. Es kann ihm ebenfalls kaum vorgeworfen werden, daß er der Geschlossenheit des Handelns einen hohen Wert einräumte. Kirchliche Prinzipien, geschichtliche Erfahrungen und tagespolitische Erfordernisse sprachen dafür. Hätte Spaltung nicht Schwächung bedeutet? Es bleibt freilich die Frage, ob es auch in dieser extremen Ausnahmesituation richtig war, die Einheitlichkeit im Handeln zum obersten Entscheidungskriterium zu machen – eine Frage von beunruhigendem Gewicht, die über das rein Historische hinausführt.

Fragt man nach den Motiven der damaligen Minderheit des deutschen Episkopats, so ist man weitgehend auf Vermutungen angewiesen. Bertrams Bedenken von 1937 galten noch immer und galten in gesteigertem Maße; er wollte keine Drosselung der verbliebenen Möglichkeiten der Seelsorge provozieren. Das war eine wohlbedachte Taktik. Gleichwohl stellten sich auch hier beunruhigende Fragen. Hemmte allein das seelsorgerliche Verantwortungsgefühl oder nicht auch eine „Last undifferenzierter Obrigkeitsachtung"[23]? Durfte man darauf verzichten, die Loyalität gegenüber einem Recht und Sittengesetz zertrümmernden Inhaber der Staatsgewalt konsequent in Frage zu stellen? Mußte eine Flucht in die Öffentlichkeit die Dinge notwendig verschlimmern oder versprach sie nicht auch echte Erfolge? Allerdings befreite eine Vorwärtsstragegie nach dem Vorbild Galens die Kirche nicht nur, sondern belastete sie auch: Das Regime behielt sich eine furchtbare Generalabrechnung für die Zukunft vor und

[23] Vgl. L. Volk, Fuldaer Bischofskonferenz II, S. 79.

dachte an „kalt zu genießende Rache“[24]. Auch wußte niemand, ob und wie lange das Kirchenvolk einen offenen Konfrontationskurs der Bischöfe mittragen würde und inwieweit man es verantworten könne, den Seelsorgsklerus und die Gläubigen den persönlichen Risiken eines solchen Kurses auszusetzen, obgleich manche auf ein ganz deutliches und offenes Wort geradezu warteten.

Der November-Entwurf von 1941 ist also nicht verlesen worden. Aber die deutschen Bischöfe haben nicht geschwiegen. Ein Teil von ihnen griff die Initiative im Frühjahr 1942 in veränderter Form auf. Auch das war nicht wenig. Die Katholiken der westdeutschen Diözesen hörten von ihren Bischöfen: „Jeder Mensch hat das natürliche Recht auf persönliche Freiheit. [...] Deshalb verlangen wir gerichtliche Nachprüfung aller Strafmaßnahmen und Freilassung für alle Volksgenossen, die ohne den Nachweis einer mit Freiheitsentziehung bedrohten Straftat ihrer Freiheit beraubt sind. Jeder Mensch hat das natürliche Recht auf das Leben. [...] Wir Bischöfe werden nicht unterlassen, gegen die Tötung Unschuldiger Verwahrung einzulegen. Niemand ist seines Lebens sicher, wenn nicht unangetastet dasteht: „Du sollst nicht töten!“[25]

Es wurden also im Kriege nicht nur Sakramente gespendet, sondern auch Gewissen geschärft und elementare Menschenrechte reklamiert. Der zitierte westdeutsche Hirtenbrief steht nicht allein. Die gesamte Fuldaer Bischofskonferenz erklärte im Dekalog-Hirtenbrief von 1943 die gleichen Dinge und nannte sie genauso beim Namen.

Bilanz und Perspektive

Eine Bilanz des Verhaltens von Kirche und Katholizismus 1933 bis 1945 hat drei Punkte zu behandeln: das Verhalten im Urteil des nationalsozialistischen Gegners, das Verhalten im Selbstver-

[24] So Goebbels; vgl. H. Portmann, Galen, S. 192.

[25] Vgl. Hirtenwort der Bischöfe der Kölner und Paderborner Kirchenprovinz vom 20. 3. 1942. Text: L. Volk (Bearb.), Bischöfliche Akten V, S. 705–708, Zitat 706f.

ständnis der Kirche und schließlich die Folgewirkungen dieses Verhaltens.
Die katholische Kirche war die wichtigste gesellschaftliche Großgruppe, die im Dritten Reich mit intakten Institutionen und eigenständigem Wertsystem übrig geblieben ist. Der Nationalsozialismus sah deshalb in ihr ein Haupthindernis für die Durchsetzung seiner Ziele. Daher legte er es folgerichtig darauf an, die Kirche zu vernichten. Die Reaktion der Kirche auf diesen Angriff bewertete das Regime als Widerstand und zwar als offensiv ausgerichtete, mit aktivem Widerstand vergleichbare Gefolgschaftsverweigerung, nicht nur als defensive Selbstbewahrung.
Die Kirche hingegen hat das, was sie wollte und tat, nicht als aktiven Widerstand betrachtet. Auf den Höhepunkten der Auseinandersetzung hat sie öffentlichen Protest erhoben und hat in die Verteidigung der eigenen Identität die allgemeinen Menschenrechte einbezogen wie in der Enzyklika und in den Galen-Predigten. Im Grundzug aber war sie nicht offensiv, sondern defensiv eingestellt. Sie kämpfte um Selbstbewahrung und trat dem Regime dort entgegen, wo ihre Identität angegriffen wurde. Indem sie um ihren eigenen Freiraum kämpfte, nicht ohne Niederlagen, aber auch nicht erfolglos, setzte sie der nationalsozialistischen Herrschaft Grenzen. Vor allem darin lag ihr Widerstand.
Es haben aber auch Katholiken sich mit dieser defensiven Selbstbewahrung nicht begnügen wollen und die Risiken des aktiven Widerstands auf sich genommen und den Sturz des Regimes betrieben: Namen wie Bernhard Letterhaus, Joseph Wirmer und Alfred Delp SJ stehen für viele. Sie haben dies nicht im Auftrag der kirchlichen Führung getan und sind von dieser dabei auch nicht gestützt worden. Die Bischöfe haben aktiven Widerstand nicht als Sache der Kirche als Kirche verstanden.
Die Frage nach den Folgewirkungen des Verhaltens der katholischen Kirche im Dritten Reich führt in die Zeit nach 1945. Die durch die Frontstellung der Kirche gegen den Nationalsozialismus bewahrten und bewährten Normen wurden nicht nur bei den Katholiken, sondern bei weiten Teilen der Bevölkerung als

geeignete Bausteine für einen Neubeginn akzeptiert. Durch die Rückkehr zu vorstaatlichem Naturrecht suchte man die Menschenrechte in Gesellschaft und Staat zu verankern. Indem die Kirche mit ihrem Überdauern als Institution diese sittlichen Normen im Bewußtsein gehalten hatte, war eine wichtige Voraussetzung dafür gegeben, daß dieser Neubeginn gelingen konnte – ein Neubeginn mit Menschen, die vom nationalsozialistischen Werte-Nihilismus nicht zerstört worden waren.

Heinz Hürten

Widerstand und Zeugnis: Ein Nachwort*

Dieses Buch ist zuerst 1980 hinausgegangen, seine Fragen haben aber inzwischen ihre Aktualität nicht verloren, im Gegenteil. Der Abstand von 50 Jahren, der uns Deutsche von der nationalsozialistischen Zeit der deutschen Geschichte trennt, hat uns durch die Kette der Gedenktage zu Machtergreifung, Judenpogrom und Kriegsausbruch noch stärker als zuvor mit dieser Epoche unserer Vergangenheit konfrontiert. Dabei sind alte Fragen schärfer und drängender gestellt worden, weil den heute Fragenden die damalige Zeit und vielen von ihren Vorstellungen und Denkweisen, Konventionen und Normen, Stilen und Traditionen immer fremder geworden ist. Dies gilt auch für die Kirche. Die heutige Kritik von Gläubigen und Ungläubigen an ihr ist oft davon beeinflußt, daß sie das gegenwärtige Bild der Kirche vor Augen haben – weltzugewandt, öffentlichkeitsmächtig, in vielen gesellschaftlichen Bezügen präsent –, und nicht die Realität der Kirche in Deutschland unter Hitler.

Setzt man als Maßstab, wie die Kirche heute ihre Aufgaben wahrnimmt, so läßt sich verstehen, daß viele meinen, sie hätte sich in der nationalsozialistischen Zeit ähnlich verhalten müssen, wie sie es heute tut: mit laufenden Stellungnahmen zu den aktuellen Problemen des politischen und sozialen Lebens, mit öffentlichen Aufrufen und mit direkten Appellen an die Regierenden. In einer nach den Regeln unserer demokratischen Öffentlichkeit lebenden Gesellschaft ist ein solches Verhalten die systemkonforme Teilhabe an der nationalen Diskussion. Es ist

* Den besten aktuellen Überblick über die umfangreiche Diskussion hinsichtlich dessen, was füglich „Widerstand" genannt werden kann, bietet W. Becker, Begriffe und Erscheinungsformen. Hinzuweisen ist auch auf Beckers eigenen Beitrag zu dieser facettenreichen Problematik: W. Bekker, Politische Neuordnung. Ausführliche Begründungen und Nachweise der in diesem Nachwort skizzierten Sicht finden sich in meiner Schrift: H. Hürten, Verfolgung.

politisches Wirken, Einflußnahme auf Meinungsbildung und Entscheidung in einem System, das letztlich von der öffentlichen Meinung, von den Ansichten und Überzeugungen der Bürger und von der Zahl der Wählerstimmen regiert wird. Das Modell einer solchen Wirkungsweise der Kirche macht erklärlich, daß die Frage nach ihrem Verhalten in der nationalsozialistischen Zeit eine Frage nach ihrem politischen Wirken geworden ist. Exakt dies meint die Frage nach dem „Widerstand" der Kirche. „Widerstand" ist in dem hier gemeinten Sinne ein politischer Begriff, kein theologischer oder religiöser. Nach dem Widerstand der Kirche zu fragen, bedeutet also, danach zu fragen, was die Kirche getan hat, um das Regime Hitlers zu beeinträchtigen, zu hemmen oder gar zu beseitigen. Eine solche Frage ist berechtigt und unabweisbar – dieses Taschenbuch umreißt ja, was dazu zu sagen ist. Aber sie trifft nicht das Ganze. Fragt man nach dem „Widerstand" der Kirche, dann geht es um ein Phänomen, das uns mit entsprechenden Abwandlungen auch anderswo begegnet – bei Parteien und Gewerkschaften, in der Armee und in der Wissenschaft, in der Industrie und in der Literatur. Die Sammelbände, die das vielfältige Spektrum des deutschen Widerstandes einzufangen suchen, dokumentieren dies: sie reihen Arbeiten über den Widerstand der Kirche neben solche über die Aktionen anderer Gruppen und machen mit solchen Überblicken den Anteil deutlich, den die Kirche an der Reaktion der Deutschen auf die Herrschaft Hitlers besessen hat. Aber ist dies alles, was über Schicksal und Leistung der Kirche unter Hitler zu sagen ist? Ist das für sie Entscheidende getroffen, wenn man sie betrachtet wie eine Partei oder sonst irgendeine andere Großgruppe der Gesellschaft? Ist die Kirche nach ihrem eigenen Selbstverständnis nicht mehr als eine politisch wirkende Gemeinschaft; liegen ihre eigentlichen Kräfte nicht jenseits des Politischen? Wenn diese Fragen berechtigt sind, dann kann eine vornehmlich politische Betrachtung der Kirche nicht vollständig gerecht werden.

Die Nationalsozialisten vermochten es nie einzusehen, daß die Kirche sich ihnen aus anderen Gründen als denen des Gewinns oder der Erhaltung von Macht auf dieser Erde widersetzte; sie begründeten ihren Kampf gegen die Kirche als Kampf gegen „politisierende Kirchenbeamte" oder „Hilfstruppen der Zentrumspartei". Wer heute die Kirche lediglich nach ihrem Widerstand befragt, nach ihrem Anteil an der Stabilisierung oder Destabilisierung des nationalsozialistischen Herrschaftssystems, verfällt in einen strukturell ähnlichen Irrtum, nämlich alles ausschließlich auf das Politische zu beziehen und außerhalb der Politik nichts mehr zu sehen. Für den Christen hingegen bedarf es keines langen Nachdenkens, um zu erkennen, daß die Aufgabe der Kirche sich nicht in der Teilhabe am Politischen erschöpft. Aber wenn das so ist, was war dann ihre eigentliche, wesensgemäße Aufgabe in der Hitlerzeit: der Widerstand gegen das System, der laute Protest, die Hilfe für die Verfolgten, die Hinnahme von Leid und Verfolgung als Teilhabe am Kreuz Christi, das beharrliche Lob Gottes in der Liturgie, die Spendung von Wort und Sakrament? Und wenn diese Aufgaben nicht alle miteinander erfüllt werden konnten, welche von ihnen besaß unabdingbare Priorität? Daß über dieses Problem bei uns so gut wie nie diskutiert worden ist, scheint ein Defizit in der Reflexion der Kirche über ihre eigene Aufgabe zu sein, dieses Defizit ist ein Grund dafür, daß das Urteil auch der Gläubigen sich ziemlich einseitig an der politischen Kategorie des Widerstandes orientiert, die für das Urteil über das Verhalten der Kirche unzweifelhafte Bedeutung besitzt, aber doch allein und für sich genommen dazu nicht ausreicht.

Wie sehr die ausschließliche Fragestellung nach dem politischen Widerstand Wesentliches verfehlen kann, erweist sich etwa am Beispiel von P. Rupert Mayer SJ, der 1987 selig gesprochen worden ist. Dieser Mann gehörte zu den frühesten Gegnern Hitlers in der Öffentlichkeit und kam wegen seiner unerschrokkenen Predigten ins Gefängnis, ein Mann also, dem nicht abzusprechen ist, daß er politisch wirksamen Widerstand geleistet hat, daß er der Herrschaft des Nationalsozialismus unter Einsatz der eigenen Person unbeirrbar entgegengetreten ist. Er war im Laufe der Jahre seines schlechten Gesundheitszustands wegen aus der KZ-Haft freigekommen und mußte im Kloster Ettal in der Stille leben, ohne predigen und Sakramente spenden zu dürfen. Zunächst wollte er sich diesen Bedingungen als Preis seiner Freiheit nicht unterwerfen; er wäre viel lieber sofort wieder nach München gegangen, um dort, ohne alle Rücksicht auf die Folgen, die Kanzel zu besteigen. Aber er besann sich dann anders, blieb zurückgezogen im Kloster und wurde nicht erneut ein heroischer Kämpfer, dessen Wort Flammenzeichen setzte, weil er meinte, es sei Gottes Wille, der ihm Stille und Schweigen gebiete, also den Verzicht auf die Realisierung des persönlich Gewünschten, des neuerlichen offenen Kampfes. P. Rupert Mayer wollte nicht eigenmächtig von dem Wege des Kreuzes abweichen, der ihm vorgezeichnet war. „Hundertmal besser ist Gehorsam als Opfer", sagte er. „Arbeiten, kämpfen, leiden, es geht immer um das Reich Gottes". Ihn bewegte letztlich nicht die Frage, wie er dem Nationalsozialismus am meisten Abbruch tun könne, sondern was Gott von ihm verlange, was Gott zur größeren Ehre gereiche.

An diesem Beispiel wird auch dem profangeschichtlich orientierten Historiker deutlich, daß eine ausschließliche Betrachtung des kirchlichen Verhaltens unter dem Aspekt des Widerstandes die Gefahr in sich birgt, die Realität des Geschehenen zu verfehlen. Es zeigt sich ja immer wieder, daß die damals Handelnden in anderen geistigen Horizonten lebten als der heutige Betrachter, so daß ihre Motivationen und Absichten leicht mißverstanden werden. Ein auffälliges Indiz für diese Diskrepanz ist unser heutiger Wortgebrauch: wir reden heute regelmäßig von „Widerstand", was damals kaum jemand tat. Wir ordnen also die damaligen Ereignisse anderen Begriffen unter, als es im Zeitpunkt dieser Begebenheiten geschah. Wenn damals so gut wie nie vom „Widerstand" der Kirche gegen den Nationalsozialismus geredet wurde, wie verstand die Kirche dann ihre Haltung gegenüber dem Nationalsozialismus, die dieser von Anfang an als feindselig, abträglich, eben als „Widerstand" ansah?

Es gibt dafür nicht viele Quellen, weil solche Erörterungen unter den Bedingungen des Terrors kaum schriftlichen Niederschlag fanden; aber es läßt sich deutlich genug erkennen, daß nicht

„Widerstand“ die maßgebliche Leitidee war, sondern ein ganz anderer, aus der Tradition der Kirche stammender Begriff, der in das Zentrum christlicher Existenz führt: Zeugnis, Bekenntnis zu Christus und seiner Kirche, auch unter dem Druck von Leid und Verfolgung. Bischof Galen, eine der Zentralfiguren des kirchlichen Widerstands, hat seine Gläubigen immer wieder daran erinnert, daß sie zur Kirche der Märtyrer gehörten, eben jener, die mit ihrem Blute Zeugnis für Christus abgeben, und daß sie darum die Hingabe von Gut und Blut nicht scheuen dürften, wenn von ihnen das Zeugnis für Christus verlangt werde. Für die Jugendverbände, die unter dem harten Druck des Regimes standen, hat ungefähr zur gleichen Zeit ihr Generalpräses gesagt, daß allein das Bewußtsein sie aufrecht halte, für Christus zu leben und zu leiden, für ihn Zeugnis zu geben. Als Galen sich nach langem Ringen entschloß, mit seinen drei weltberühmten Predigten vom Sommer 1941 offenen Protest gegen das Unrecht des Systems einzulegen, dachte er an die heiligen Bischöfe Thomas Beckett und Stanislaus von Krakau und „viele andere heilige Bischöfe“, die zu Märtyrern geworden, für ihre Sache scheinbar erfolglos gefallen waren, aber durch ihren Tod das letztgültige Zeugnis für Christus abgelegt hatten.

Es ist auffällig, daß er offensichtlich nicht an einen anderen Heiligen gedacht hat, dessen Name in den vorangegangenen Jahren oft genannt worden war, wenn es darum ging, den Bischöfen ein zeitgemäßes Vorbild zu zeigen: den hl. Ambrosius von Mailand. Dieser hat im Jahre 390 den Kaiser Theodosius den Großen öffentlich zur Kichenbuße gezwungen, weil er im Zirkus von Thessalonike eine rebellische Volksmenge durch ein Massaker vernichtet hatte. Nach dem Mord an Röhm und seinen Leuten am 30. Juni 1934 hat die Flugschrift eines in die Schweiz emigrierten Katholiken den deutschen Bischöfen das Vorbild dieses Heiligen entgegengehalten und sie aufgefordert, so unerschrocken wie Ambrosius für die Wahrung der von Hitler verletzten Grundprinzipien der moralischen Ordnung einzutreten. Seither war der Name Ambrosius oft genannt worden, wenn es darum ging, von der Kirche ein befreiendes Wort zu fordern.

Aber Galen orientierte sich nicht an dem, der über den unrecht handelnden Kaiser triumphierte, sondern an denen, die scheinbar erfolglos für Christus gefallen waren. Nicht der Erfolg, nicht die Wirkung im Politischen, nicht der Sieg über die Feinde der Kirche waren für Galen das maßgebliche Moment, sondern das Zeugnis für Christus.

Unter diesem Aspekt dürfte manches verständlich werden, was den Heutigen hinsichtlich der Haltung der Kirche in der NS-Zeit nachdenklich stimmt. Es waren wenige unter den kirchentreuen Gläubigen, die unmittelbar politisch wirken wollten, also politisch gewollten Widerstand leisteten und die schließlich sogar vor die Entscheidung kamen, ob sie sich an einem gewaltsamen Umsturz beteiligen sollten. Zu ihnen gehörte die Führung der katholischen Arbeitervereine, Prälat Otto Müller, Nikolaus Groß und Bernhard Letterhaus, die den Schritt in die aktive Opposition getan und dafür ihr Leben verloren haben, oder Willi Graf mit seinen Freunden von der „Weißen Rose". Sie taten dies nicht in innerer Distanz von der Kirche, sondern in ausdrücklichem Bewußtsein ihrer Pflicht als Katholiken und Bürger. Die Münchner Studenten, Katholiken und Protestanten, haben gerade in der Zeit, in der sie den Weg zum aktiven Widerstand fanden, wie eine der Überlebenden berichtet hat, jeder für sich angefangen, „ein aufrichtiges Verhältnis zum Christentum zu bekommen", und Sophie Scholl hat, wie ihre vor einiger Zeit veröffentlichten Aufzeichnungen zeigen, geradezu eine Bekehrung erlebt, die sie über das Normalmaß kirchentreuen Christentums weit hinausführte. Aber die Haltung dieser Christen wurde nicht das Kennzeichen für die Haltung der Kirche schlechthin. Nicht die Beseitigung des bestehenden politischen Systems und des von ihm bewirkten Unheils stand in der Regel den Gläubigen als erste Christenpflicht vor Augen, sondern der Vollzug christlicher Existenz unter den Bedingungen eben dieses Regimes, und für diese christliche Existenz schien es auch andere Weisen des Vollzugs zu geben als den politisch intendierten Widerstand aus christlicher Überzeugung. Was der Dichter Reinhold Schneider in den Jahren des Krieges noch publizieren konnte und wodurch er Ungezählten Trost und Stärkung brachte, war nicht der Appell zu politischem Handeln, sondern zur Bewährung als Christ in der Annahme von Gottes Willen.

Wenn es entscheidend darauf ankam, ungeachtet aller Verfolgung für Christus Zeugnis zu geben, läßt sich auch verstehen, daß die Bischöfe einerseits öffentlich gegen nationalsozialistisches Unheil protestierten und für die allgemeinen Menschenrechte eintraten, andererseits aber ausdrücklich jede Revolution ablehnen und ihre Gläubigen zu treuer Pflichterfüllung mahnen konnten. Hier tun sich freilich Probleme auf, über die es sich heute eindringlicher nachdenken läßt, als es unter den damaligen Verhältnissen offensichtlich möglich gewesen ist. Konnte man denn in der Tat im totalitären Herrschaftssystem des Nationalsozialismus genügend deutlich unterscheiden, wo der Christ der staatlichen Obrigkeit als Bürger, als Steuerzahler, als Soldat Gehorsam schuldig war und wo kein Gebot dieser Obrigkeit ihn mehr in Pflicht nehmen konnte, da doch jeder Dienst im Rahmen dieses Systems, auch der in sich sinnvolle und ehrenhafte, dem Unheil diente, das dieses Regime über die halbe Welt brachte? Ein Schweizer Theologe, Charles Journet, der der französischen Widerstandsbewegung nahe stand, hat damals diese Problematik der deutschen Katholiken und ihrer Bischöfe erkannt. Er meinte, sie lebten in einem Staat, der ein Doppelantlitz trage, das des Antichrists, aber auch das der von Gott gesetzten Obrigkeit, und diese verlange immer noch die Achtung des Christen. Journet, der später Kardinal wurde und damals Universitätsprofessor war, sah keinen Ausweg aus diesem Dilemma. Das kirchliche Lehramt, Bischöfe und Papst, verhielt sich nicht anders. Auch sie schwiegen zu dieser Frage. Daß die Kirche hier keinen klaren Weg sah, gehört mit zu der Belastung, denen die Christen damals ausgesetzt waren. Theodor Haecker, ein Freund des „Hochland"-Herausgebers Karl Muth und mit diesem einer der Männer, an denen die Münchner Studenten der „Weißen Rose" sich orientierten, schrieb eines Nachts verzweifelt in sein Tagebuch: „Die ‚prophetische' Stimme der Kirche ist verstummt, es ist, wie wenn ihr prophetisches Amt suspendiert wäre. Gehört auch das zur Stunde des Bösen?"

Haecker – und wahrscheinlich manch anderer Christ in der Anfechtung dieser Zeit – hat die damalige Situation nicht mehr politisch zu deuten versucht und nicht mehr politisch zu bewältigen gestrebt. „Allein den Betern kann es noch gelingen ...“, hat Reinhold Schneider in den Jahren des nationalsozialistischen Regimes geschrieben und damit vielen Hilfe und Orientierung gegeben. Das führt uns zu zwei abschließenden Überlegungen.

Der Widerstand der Kirche war nicht politisch intendiert, sondern ergab sich aus dem Willen, Christus treu zu bleiben, die christlichen Normen und Werte nicht zugunsten des Nationalsozialismus preiszugeben und nicht den neuen Göttern der nationalsozialistischen Weltanschauung zu opfern. Aus dieser religiösen Wurzel erwuchs ihr politisch wirksamer Widerstand. Sie zog dem nationalsozialistischen Machtanspruch Grenzen, oft wirkungsvoller als der politisch motivierte Widerstand. „Auch dann, wenn die Kirche kein Faktor des gewollten Widerstandes gegen den Nationalsozialismus war, blieb sie überwiegend ein Faktor der Entfremdung von seinem Geist“ (Richard Löwenthal). Die Kirche wirkte notwendig stets auch politisch, gestaltete Gesellschaft und Staat, wenn sie ihrem Wesen und ihrem Auftrag treu bleiben wollte. Dies ist die eine Einsicht, zu der die Frage nach dem Widerstand der Kirche gegen das NS-Regime führt.

Die andere: Die Zeitgenossen, die sich zur Kirche hielten, betrachteten die Lage nicht vornehmlich politisch. Sie vermochten die Situation als eine „Stunde des Bösen“ im Sinne der Apokalypse zu sehen und sie vermochten von hier aus zu begreifen, daß die Kirche nicht nur von außen bedroht, sondern in der Entfaltung ihres Wesens wie im Vollzug ihres Auftrags gehemmt war. Der Historiker, der sich an das Sichtbare und Nachprüfbare zu halten hat, kann dazu keine Stellung nehmen. Aber ihm begegnet hier ein christliches Verständnis von der Welt und von der Lage des Christen in der Welt, das heute selten anzutreffen ist. Daß dem so ist, läßt ihn erneut den Abstand der Zeiten erfahren und die Eigenart der eigenen schärfer erkennen, was die notwendige Voraussetzung für sachgerechtes Handeln in der Gegenwart ist.

Tabellen und Schaubilder

1. Die Bevölkerung des Deutschen Reiches nach der Religionszugehörigkeit 1925, 1933 und 1939

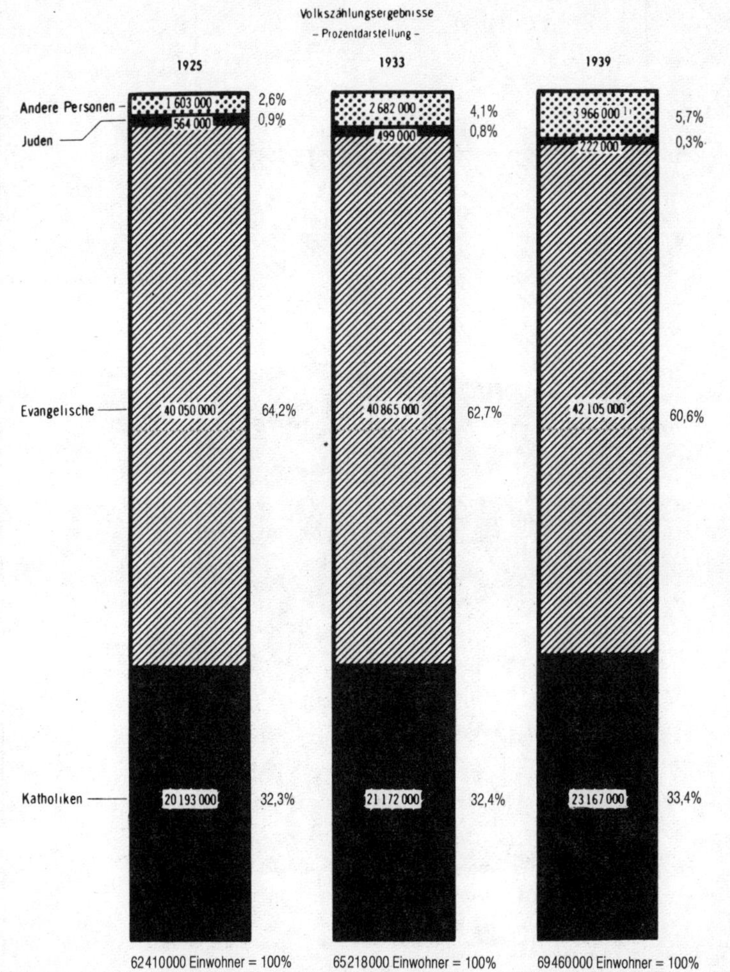

Gebietsstand: Deutsches Reich in den Grenzen von 1937, 1925 und 1933 ohne Saarland.
1) Andere Personen einschl. 2465000 (= 3,5%) Gottgläubige („Deutsche Christen")
Quelle: Statistisches Reichsamt

Dr. Paul Rauch

2. *Teilnehmer an der sonntäglichen Eucharistiefeier sowie Nichtteilnehmer 1927–1938* (Katholiken)

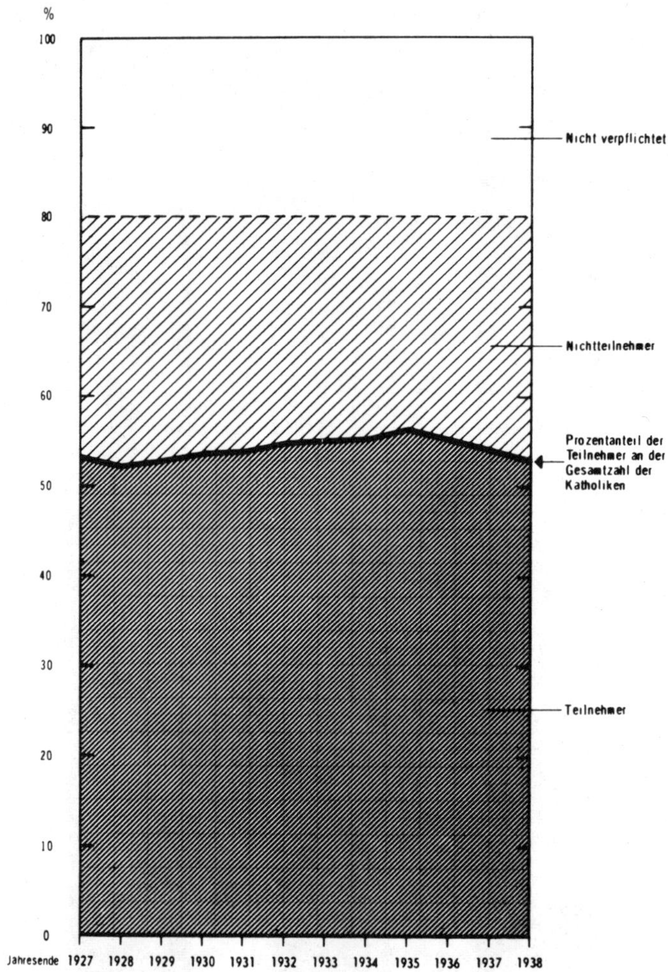

Gebietsstand: Deutsches Reich in den Grenzen von 1937; bis einschl. 1933 ohne Saarland.
Quelle: Kirchliches Handbuch (Amtliche Zentralstelle für Kirchliche Statistik des Katholischen Deutschlands), Bände XVIII – XXII, Köln.

Dr. Paul Rauch

3. *Kirchenaustritte aus den evangelischen Landeskirchen und aus der katholischen Kirche im Deutschen Reich 1930–1938*

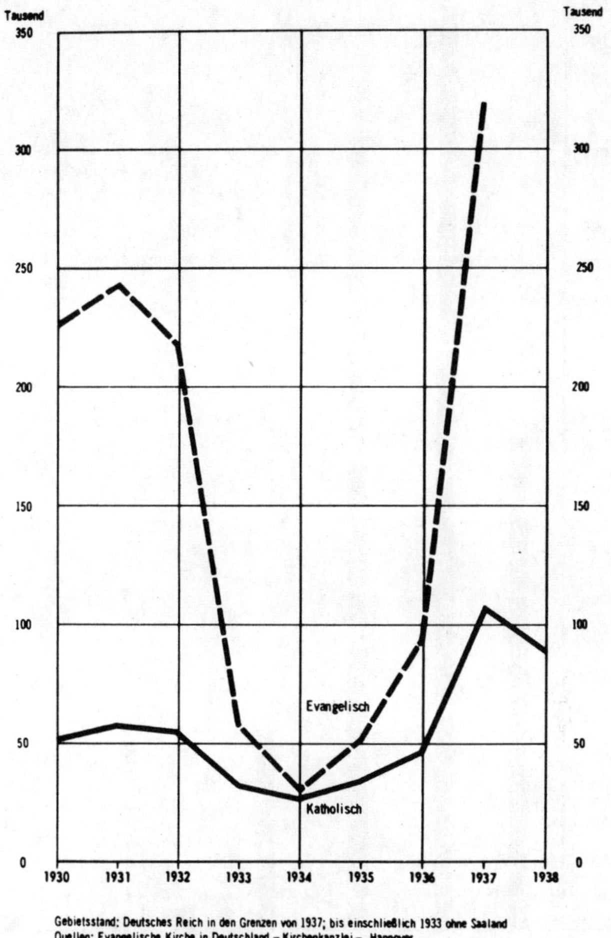

Gebietsstand: Deutsches Reich in den Grenzen von 1937; bis einschließlich 1933 ohne Saaland
Quellen: Evangelische Kirche in Deutschland – Kirchenkanzlei –, Hannover
Kirchliches Handbuch (Amtliche Zentralstelle für Kirchliche Statistik des Katholischen Deutschlands), Bände XVIII – XXII, Köln

Dr. Paul Rauch

4. Mitgliederstärke der Verbände in der katholischen Jugend Deutschlands 1933

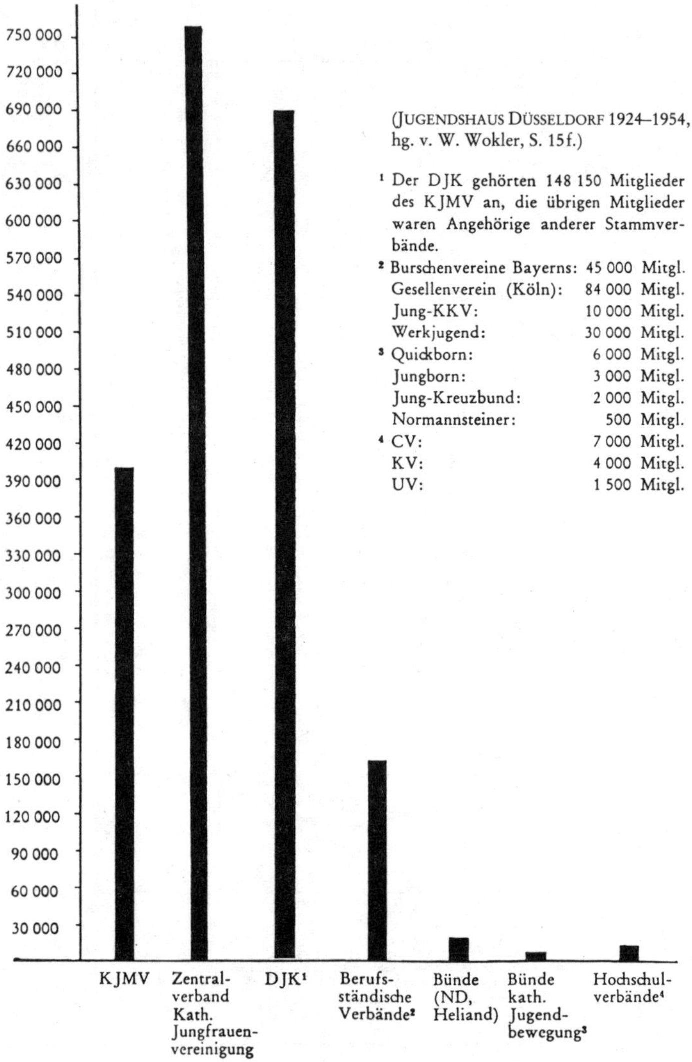

Q.: B. Schellenberger, Katholische Jugend, S. 192

5. Stand der kirchlichen Presse im Oktober 1939

Diözese:	noch erscheinende Zeitschriften	verbotene Zeitschriften	sonst untergegangene	wegen Papierknappheit untergegangen	Zus.
Aachen	3	2	–	5	10
Augsburg	9	5	1	9	24
Bamberg	1	–	1	4	6
Berlin	1	1	1	11	14
Breslau	7	3	2	5	17
Eichstätt	3	1	–	1	5
Ermland	1	–	–	–	1
Freiburg	14	1	7	21	43
Fulda	3	1	–	2	6
Hildesheim	2	1	–	–	3
Köln	8	21	15	20	64
Limburg	4	1	–	7	12
Mainz	1	–	3	–	4
Meißen	–	2	–	1	3
München	12	5	9	25	51
Münster	9	10	–	13	32
Osnabrück	2	–	5	1	8
Paderborn	13	1	5	15	34
Passau	3	2	–	7	12
Regensburg	1	1	2	2	6
Rottenburg	17	7	5	13	42
Speyer	2	1	–	–	3
Trier	5	3	4	11	23
Würzburg	2	4	1	3	10
(Schneidemühl	1	–	–	–	1)
(Glatz	–	1	–	–	1)
	124	74	61	176	435

Q.: K. A. Altmeyer, Katholische Presse, S. 182 (Ergänzungen durch die Hrsg.)

6. *Maßregelung katholischer Geistlicher nach Wirkungsbereichen 1933–1945* (Angaben in Prozent)

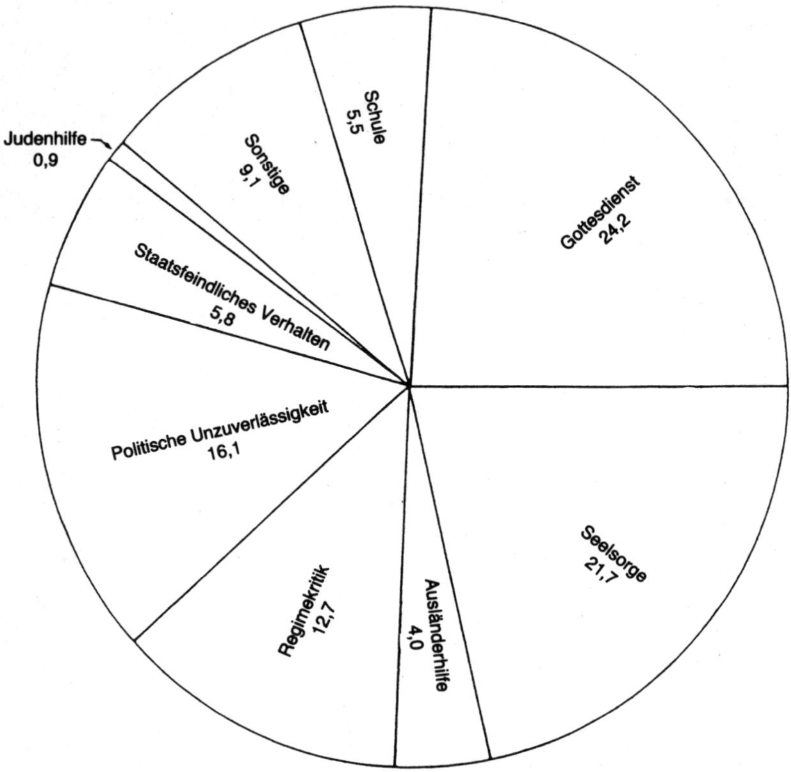

Q.: U. v. Hehl, Priester unter Hitlers Terror, S. LIV mit S. LXXXI, Tab. 6

7. *Politisch motivierte Zwangsmaßnahmen gegen Geistliche nach Diözesen* (Angaben in absoluten Zahlen)

Aufgliederung der Maßnahmen nach Diözesen	gesamt	berufl. Diskriminierung	Schulverbot	Ausweisung	Ermittlungsmaßnahmen	Verhör	Verwarnung	Verfahren	Terror	Geldstrafen	Freiheitsstrafen	KZ (einschließl. der im KZ Verstorbenen)	sonstige Todesfälle	Sonstiges
Insgesamt	22.703	1.615	1.573	599	3.351	4.201	3.718	2.058	1.321	1.567	2.059	418	59	164
Aachen	428	34	27	38	31	29	35	38	6	49	112	20	7	2
Augsburg	3.328	226	104	20	473	841	874	259	263	154	93	6	1	14
Bamberg	659	32	33	2	127	162	134	56	44	33	34	0	0	2
Berlin	146	1	3	6	31	13	13	8	7	3	37	16	7	1
Breslau	351	27	14	44	42	22	38	14	7	12	89	37	2	3
Eichstätt	966	61	51	9	134	137	214	103	90	106	52	1	0	8
Ermland	554	75	49	19	187	94	10	40	20	7	40	9	0	4
Freiburg	1.542	138	188	48	290	212	74	140	187	64	152	25	5	19
Fulda	153	5	1	9	8	10	22	13	12	8	53	11	0	1
Hildesheim	65	7	1	5	11	10	0	2	3	1	18	5	1	1
Köln	601	100	44	26	58	18	126	35	9	60	99	21	2	3
Limburg	844	49	45	24	107	219	97	56	48	34	139	22	2	2
Mainz	264	16	32	17	16	6	53	21	8	31	51	13	0	0
Meißen	84	1	1	3	2	3	1	8	2	5	42	14	0	2
München-Freising	1.831	176	114	18	283	291	437	136	96	130	124	14	3	9
Münster	1.293	96	85	31	182	281	189	79	97	73	99	38	1	42
Osnabrück	101	3	1	7	6	3	7	6	2	19	35	8	4	0
Paderborn	2.590	114	127	51	509	815	531	66	49	139	143	22	3	21
Passau	406	15	43	14	86	40	23	66	25	46	40	4	4	0
Regensburg	664	50	59	9	74	51	144	74	24	110	57	5	5	2
Rottenburg	827	64	219	18	48	103	59	33	60	122	88	11	0	2
Schneidemühl	69	3	0	11	14	5	2	1	4	0	20	8	0	1
Speyer	685	82	66	19	63	21	57	133	115	53	62	7	0	7
Trier	1.753	119	165	96	125	284	257	381	17	136	147	22	1	3
Würzburg	1.821	83	65	24	358	417	267	253	82	152	102	7	0	11
Branitz	8	1	0	1	2	0	0	0	1	0	2	1	0	0
Glatz	63	4	2	2	8	11	4	10	6	4	9	1	1	1
Danzig	106	9	1	1	20	7	2	6	27	4	14	13	2	0
Sudetenland	501	24	33	27	56	96	48	21	10	12	106	57	8	3

Q.: U. v. Hehl (Bearb.), Priester unter Hitlers Terror, S. LXXIX

8. *Zeitliche Verteilung der NS-Maßnahmen gegen Geistliche im Reichsdurchschnitt* (Angaben in absoluten Zahlen)

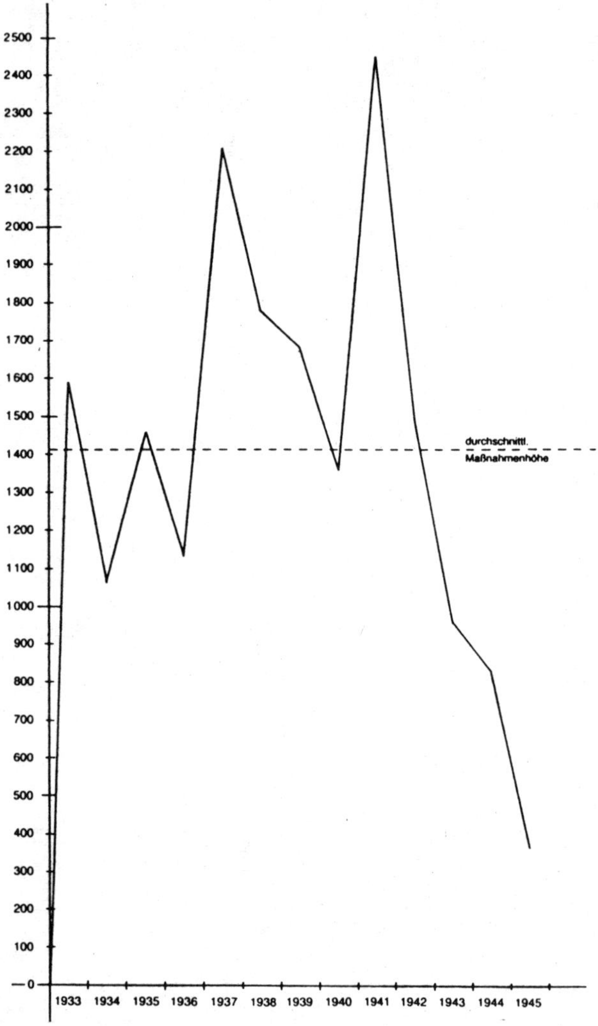

Q.: U. v. Hehl (Bearb.), Priester unter Hitlers Terror, S. XLVII mit S. LXXVII, Tab. 4a

Verzeichnis der zitierten Literatur

(Die Literatur bis 1974/83 ist zusammengefaßt und bewertet bei Ulrich von Hehl, Kirche, Katholizismus und das nationalsozialistische Deutschland. Ein Forschungsüberblick, in: Dieter Albrecht (Hrsg.), Katholische Kirche im Dritten Reich. Eine Aufsatzsammlung, Mainz 1976, S. 219–251. Eine aktualisierte Neufassung, Kirche und Nationalsozialismus. Ein Forschungsbericht, in: Kirche im Nationalsozialismus, Sigmaringen 1984, S. 11–30).

Abele, Christiana / Boberach, Heinz (Bearb.), Inventar staatlicher Akten zum Verhältnis von Staat und Kirchen 1933–1945, Bde. 1–3, Kassel 1987/88.

Ackermann, Konrad, Der Widerstand der Monatsschrift Hochland gegen den Nationalsozialismus, München 1965.

Acta Apostolicae Sedis, Città del Vaticano, Jg. 25ff., 1933ff.

Actes et Documents du Saint Siège relatifs à la Seconde Guerre Mondiale, hrsg. von Pierre Blet, Robert A. Graham, Angelo Martini, Burkhart Schneider, Bde. I–XI, Città del Vaticano 1965–1981. (Zitiert: ADSS I/IX).

Adam, Uwe Dietrich, Judenpolitik im Dritten Reich (= Tübinger Schriften zur Sozial- und Zeitgeschichte, Bd. 1), Düsseldorf 1972.

Adolph, Walter, Hirtenamt und Hitlerdiktatur, Berlin 1965.

Adolph, Walter, Geheime Aufzeichnungen aus dem nationalsozialistischen Kirchenkampf 1935–1943, bearbeitet von Ulrich von Hehl (= Veröffentlichungen der Kommission für Zeitgeschichte, Reihe A: Quellen, Bd. 28), Mainz ^{4}1987.

ADSS s. Actes et Documents.

Akten deutscher Bischöfe ... 1933–1945 s. B. Stasiewski (Bearb.), Bischöfliche Akten I, II, III; L. Volk (Bearb.), Bischöfliche Akten IV, V, VI.

Albers, Veronika, Katholische Privatschulen zur Zeit des Nationalsozialismus in der Rheinprovinz und in Westfalen (= Arbeitshilfen für die katholische Schule in freier Trägerschaft, Heft 17), Münster 1986.

Albrecht, Dieter, Zur Friedensdiplomatie des Vatikans 1939–1941. Eine Auseinandersetzung mit Bernd Martin, in: ders. u.a. (Hrsg.), Politik und Konfession, S. 447–464.

Albrecht, Dieter, Die Politische Klausel des Reichskonkordats in den deutsch-vatikanischen Beziehungen 1936–1943, in: Andreas Kraus (Hrsg.), Festschrift für Max Spindler zum 75. Geburtstag, München 1970, S. 794–829.

Albrecht, Dieter, Der Hl. Stuhl und das Dritte Reich, in: Heinz Duchhardt / Manfred Schlenke (Hrsg.), Festschrift für Eberhard Kessel zum 75. Geburtstag, München 1982, S. 283–299.

Albrecht, Dieter (Bearb.), Der Notenwechsel zwischen dem Heiligen Stuhl und der deutschen Reichsregierung 1933–1945. Bd. I: Von der Ratifizierung des Reichskonkordats bis zur Enzyklika „Mit brennender Sorge“; Bd. II: 1937–1945; Bd. III: Der Notenwechsel und die Demarchen des Nuntius Orsenigo

1933–1945 (= Veröffentlichungen der Kommission für Zeitgeschichte, Reihe A: Quellen, Bde. 1, 10 und 29), Mainz 1965, 1969 und 1980. (Zitiert: D. Albrecht (Bearb.), Notenwechsel I–III).

Albrecht, Dieter (Hrsg.), Katholische Kirche im Dritten Reich. Eine Aufsatzsammlung zum Verhältnis von Papsttum, Episkopat und deutschen Katholiken zum Nationalsozialismus 1933–1945, Mainz 1976.

Albrecht, Dieter, u.a. (Hrsg.), Politik und Konfession. Festschrift für Konrad Repgen zum 60. Geburtstag, Berlin 1983.

Algermissen, Konrad, Germanentum und Christentum. Ein Beitrag zur Geschichte der deutschen Frömmigkeit, Hannover 1935.

Altmeyer, Karl Aloys, Katholische Presse unter NS-Diktatur. Die katholischen Zeitungen und Zeitschriften Deutschlands in den Jahren 1933 bis 1945, Berlin 1962.

Aretz, Jürgen, Katholische Arbeiterbewegung und Nationalsozialismus. Der Verband katholischer Arbeiter- und Knappenvereine Westdeutschlands 1923–1945 (= Veröffentlichungen der Kommission für Zeitgeschichte, Reihe B: Forschungen, Bd. 25), Mainz 1979.

Aretz, Jürgen, Katholischer Arbeiterwiderstand: Bernhard Letterhaus, in: Günter Buchstab / Klaus Gotto (Hrsg.), Die Gründung der Union, München–Wien 1981, S. 157–170.

Baumanns, Hans Leo, Die Aachener Heiligtumsfahrt 1937. Ein sozialgeschichtlicher Beitrag zur katholischen Volksopposition im III. Reich, Phil. Diss. Aachen 1968.

Baumgärtner, Raimund, Weltanschauungskampf im Dritten Reich. Die Auseinandersetzung der Kirchen mit Alfred Rosenberg (= Veröffentlichungen der Kommission für Zeitgeschichte, Reihe B: Forschungen, Bd. 22), Mainz 1977.

Baumjohann, Gerhard, Weltpriester des Erzbistums Paderborn in der Auseinandersetzung der Kirchen mit dem Nationalsozialismus, in: Paderbornensis Ecclesia (= Festschrift Lorenz Kardinal Jaeger), München–Paderborn–Wien 1972, S. 711–746.

Bayern in der NS-Zeit, hrsg. von Martin Broszat u.a. I: Soziale Lage und politisches Verhalten der Bevölkerung im Spiegel vertraulicher Berichte; II: Herrschaft und Gesellschaft im Konflikt, Teil A; III: Herrschaft und Gesellschaft im Konflikt, Teil B; IV: Herrschaft und Gesellschaft im Konflikt, Teil C; V: Die Parteien KPD, SPD, BVP in Verfolgung und Widerstand; VI: Die Herausforderung des Einzelnen, Geschichten über Widerstand und Verfolgung, München–Wien 1977, 1979, 1981 und 1983.

Becker, Josef, Der Vatikan und der Zweite Weltkrieg, in: Dieter Albrecht (Hrsg.), Katholische Kirche, S. 171–193.

Becker, Winfried, Begriffe und Erscheinungsformen des Widerstands gegen den Nationalsozialismus, in: Jahrbuch für Volkskunde 1989, S. 11–42.

Becker, Winfried, Politische Neuordnung aus der Erfahrung des Widerstands. Katholizismus und Union, in: Peter Steinbach (Hrsg.), Widerstand. Ein Problem zwischen Theorie und Geschichte, Köln 1987, S. 261–292.

Beilmann, Christel, Eine katholische Jugend in Gottes und dem Dritten Reich. Briefe, Berichte, Gedrucktes 1930–1945, Kommentare 1988/89, Wuppertal 1989.

Bendiscioli, Mario, Germania religiosa nel Terzo Reich. Conflitti religiosi e culturali nella Germania nazista. Dalla testimonianza (1933–1945) alla storiografia (1946–1976), Brescia ²1977.

Berding, Helmut, Moderner Antisemitismus in Deutschland, Frankfurt am Main 1988.

Bleistein, Roman, Katholische Bischöfe und der Widerstand gegen den Nationalsozialismus, in: Stimmen der Zeit 207, 1989, S. 579–590.

Bleistein, Roman, Alfred Delp. Geschichte eines Zeugen, Frankfurt am Main 1989.

Bleistein, Roman, Kirche und Politik im Dritten Reich. Reflexionen in neuaufgefundenen Dokumenten des Kreisauer Kreises, in: Stimmen der Zeit 205, 1987, S. 147–158.

Bleistein, Roman, Nationalsozialistische Kirchenpolitik und katholische Orden, in: Stimmen der Zeit 203, 1985, S. 159–169.

Bleistein, Roman, Lothar König. Ein Jesuit im Widerstand gegen den Nationalsozialismus, in: Stimmen der Zeit 204, 1986, S. 313–326.

Bleistein, Roman (Hrsg.), Augustin Rösch. Kampf gegen den Nationalsozialismus, Frankfurt am Main 1985.

Blessing, Werner K., „Deutschland in Not, wir im Glauben …". Kirche und Kirchenvolk in einer katholischen Region 1933–1949, in: Martin Broszat u.a. (Hrsg.), Von Stalingrad zur Währungsreform. Zur Sozialgeschichte des Umbruchs in Deutschland, München 1988, S. 3–111.

Boberach, Heinz (Bearb.), Berichte des SD und der Gestapo über Kirchen und Kirchenvolk in Deutschland 1934–1944 (= Veröffentlichungen der Kommission für Zeitgeschichte, Reihe A: Quellen, Bd. 12), Mainz 1971.

Boberach, Heinz (Bearb.), Meldungen aus dem Reich 1938–1945. Die geheimen Lageberichte des Sicherheitsdienstes der SS, 17 Bde., Herrsching 1984.

Born, Ludger / Groppe, Lothar, Die Erzbischöfliche Hilfsstelle für nichtarische Katholiken in Wien (= Wiener Katholische Akademie, Miscellanea LXII), Wien ⁸1979.

Bracher, Karl Dietrich, Totalitarismus, in: Katholisches Soziallexikon, Innsbruck u.a. 1980, Sp. 3065–3074.

Bracher, Karl Dietrich, Zeit der Ideologien. Eine Geschichte politischen Denkens im 20. Jahrhundert, Stuttgart 1982.

Brakelmann, Günter / Rosowski, Martin (Hrsg.), Antisemitismus. Von religiöser Judenfeindschaft zur Rassenideologie, Göttingen 1989.

Brecher, August, Kirchenpresse unter NS-Diktatur. Die Katholische Kirchenzeitung für das Bistum Aachen im Dritten Reich, Aachen 1988.

Breitinger, Hilarius, Als Deutschenseelsorger in Posen und im Warthegau 1934–1945. Erinnerungen (= Veröffentlichungen der Kommission für Zeitgeschichte, Reihe A: Quellen, Bd. 36), Mainz ²1986.

Breuning, Klaus, Die Vision des Reiches. Deutscher Katholizismus zwischen Demokratie und Diktatur (1929–1934), München 1969.

Brommer, Peter (Bearb.), Die Partei hört mit. Lageberichte und andere Meldungen des Sicherheitsdienstes der SS aus dem Großraum Koblenz 1937–1941 (= Veröffentlichungen der Landesarchivverwaltung Rheinland-Pfalz, Bd. 48), Koblenz 1988.

Brüls, Karl H. (Bearb.), Arbeit und Opfer, Köln 1972.

Chadwick, Owen, Weizsäcker, the Vatican and the Jews, in: Journal of Ecclesiastical History 28, 1977, S. 179–199.

Clauss, Manfred, Die Beziehungen des Vatikans zu Polen während des Zweiten Weltkrieges (= Bonner Beiträge zur Kirchengeschichte, Bd. 11), Köln–Wien 1979.

Clemens, Gabriele, Martin Spahn und der Rechtskatholizismus in der Weimarer Republik (= Veröffentlichungen der Kommission für Zeitgeschichte, Reihe B: Forschungen, Bd. 37), Mainz 1983.

Conway, John S., Catholicism and the Jews During the Nazi Period and After, in: Otto Dov Kulka / Paul R. Mendes-Flohr (Hrsg.), Judaism and Christianity, S. 435–451.

Conzemius, Victor, Eglises chrétiennes et totalitarisme nationalsocialiste, in: Revue d'histoire ecclésiastique 63, 1968, S. 437–503; 868–948.

Corsten, Wilhelm (Hrsg.), Kölner Aktenstücke zur Lage der katholischen Kirche in Deutschland 1933–1945, Köln 1949.

Corsten, Wilhelm (Hrsg.), Sammlung kirchlicher Erlasse, Verordnungen und Bekanntmachungen für die Erzdiözese Köln, Köln 1929.

Damberg, Wilhelm, Der Kampf um die Schulen in Westfalen 1933–1945 (= Veröffentlichungen der Kommission für Zeitgeschichte, Reihe B: Forschungen, Bd. 43), Mainz 1986.

Deutsch, Harold C., Verschwörung gegen den Krieg. Der Widerstand in den Jahren 1939–1940, München 1969.

Deutsche Briefe 1934–1938 s. H. Hürten (Bearb.), Deutsche Briefe.

Eilers, Rolf, Die nationalsozialistische Schulpolitik. Eine Studie zur Funktion der Erziehung im totalitären Staat (= Staat und Politik, Bd. 4), Köln–Opladen 1963.

Eilers, Rolf (Hrsg.), Löscht den Geist nicht aus. Der Bund Neudeutschland im Dritten Reich. Erlebnisberichte, Mainz 1985.

Emunds, Paul, Der stumme Protest, Aachen 1962.

Engelbert, Kurt, Schlesische Priester im Dritten Reich, in: Archiv für schlesische Kirchengeschichte 23, 1965, S. 221–242.

Erdmann, Karl Dietrich, Die Zeit der Weltkriege, in: Gebhardt, Handbuch der deutschen Geschichte, 9. Aufl., Bd. 4/2, Stuttgart 1976.

Falter, Jürgen W., Wer verhalf der NSDAP zum Sieg? Neuere Forschungsergebnisse zum parteipolitischen und sozialen Hintergrund der NSDAP-Wähler 1924–1933, in: Aus Politik und Zeitgeschichte, B 28–29/79, S. 3–21.

Falter, Jürgen W., Wahlen und Wählerverhalten unter besonderer Berücksichtigung des Aufstiegs der NSDAP nach 1928, in: Karl Dietrich Bracher u.a. (Hrsg.), Die Weimarer Republik 1918–1933. Politik, Wirtschaft, Gesellschaft, Düsseldorf-Bonn ²1988, S. 484–504.

Falter, Jürgen W. u.a., Wahlen und Abstimmungen in der Weimarer Republik. Materialien zum Wahlverhalten 1919–1933, München 1986.

Fettweis, Klaus, Zwischen Herr und Herrlichkeit. Zur Mentalitätsfrage im Dritten Reich an Beispielen aus der Rheinprovinz (= Veröffentlichungen des Bischöflichen Diözesanarchivs Aachen, Bd. 42), Aachen 1989.

Felice, Renzo De, Storia degli ebrei italiani sotto il fascismo, Turin ⁴1987.

Flynn, George Q., Roosevelt and Romanism. Catholics and American Diplomacy 1937–1945, Westpoint/Conn.-London 1976.

Frühwald, Wolfgang / Hürten, Heinz (Hrsg.), Christliches Exil und christlicher Widerstand. Ein Symposion an der Katholischen Universität Eichstätt 1985 (= Eichstätter Beiträge, Bd. 22), Regensburg 1987.

Gansmüller, Christian, Die Erbgesundheitspolitik des Dritten Reiches. Planung, Durchführung und Durchsetzung, Köln–Wien 1987.

Geigges, Michael, Die Deutsche Bodensee-Zeitung. Versuch einer katholischen Tageszeitung, im Dritten Reich zu überleben, Konstanz 1986.

Geiss, Imanuel, Geschichte des Rassismus, Frankfurt am Main 1988.

Goertz, Arnd (Bearb.), Dokumentenverzeichnis 1933–1945 (= Veröffentlichungen der Kommission für Zeitgeschichte, Reihe B: Forschungen, Bd. 50), Mainz 1990.

Goldhammer, Karl-Werner, Katholische Jugend Frankens im Dritten Reich. Die Situation der katholischen Jugendarbeit unter besonderer Berücksichtigung Unterfrankens und seiner Hauptstadt Würzburg, Frankfurt am Main–Bern–New York–Paris 1987.

Gollwitzer, Helmut / Kuhn, Käthe / Schneider, Reinhold (Hrsg.), Du hast mich heimgesucht bei Nacht. Abschiedsbriefe und Aufzeichnungen des Widerstands 1933–1945, München ³1962.

Gotto, Klaus, Die Wochenzeitung Junge Front/Michael. Eine Studie zum katholischen Selbstverständnis und zum Verhalten der jungen Kirche gegenüber dem Nationalsozialismus (= Veröffentlichungen der Kommission für Zeitgeschichte, Reihe B: Forschungen, Bd. 8), Mainz 1970.

Gottschalk, Joseph, Breslauer Diözesanpriester im Konzentrationslager Dachau 1940–1945, in: Archiv für schlesische Kirchengeschichte 25, 1967, S. 298–305.

Graf, Hans-Dieter, Der Trierer Buchdrucker Josef Herzig und das Schicksal seiner Druckerei im Dritten Reich, in: Gutenberg-Jahrbuch 1989, S. 249–288.

Graf, Hans-Dieter, Die Verlags- und Sortimentsbuchhandlung Franz Borgmeyer in der Zeit des Nationalsozialismus, in: Gutenberg-Jahrbuch 1988, S. 206–243.

Graham, Robert A., Vatican Diplomacy, Princeton/N.Y. 1959.

Graham, Robert A., Il Vaticano e il Nazismo (= Collana di Storia del Movimento Cattolico, diretta da Giuseppe Rossini, Bd. 35), Rom 1975.

Greive, Hermann, Between Christian Anti-Judaism and National Socialist Antisemitism: The Case of German Catholicism, in: Otto Dov Kulka / Paul R. Mendes-Flohr (Hrsg.), Judaism and Christianity, S. 169–179.

Greive, Hermann, Geschichte des modernen Antisemitismus in Deutschland, Darmstadt 1983.

Greive, Hermann, Theologie und Ideologie: Katholizismus und Judentum in Deutschland und Österreich 1918–1935, Heidelberg 1969.

Handbuch, Kirchliches, für das katholische Deutschland, hrsg. von der Zentralstelle für kirchliche Statistik des katholischen Deutschlands, Köln, Bde. XVIII (1933/34)–XXIII (1944/51), Köln 1933, 1936, 1937, 1939, 1943 und 1951.

Handbuch, Kirchliches. Statistisches Jahrbuch der Bistümer im Bereich der Deutschen Bischofskonferenz, hrsg. vom Sekretariat der Deutschen Bischofskonferenz, Bonn, Bd. XXIX (1976/86), Bonn 1989.

Hannot, Walter, Die Judenfrage in der katholischen Tagespresse Deutschlands und Österreichs 1923–1933 (= Veröffentlichungen der Kommission für Zeitgeschichte, Reihe B: Forschungen, Bd. 51), Mainz 1990.

Hehl, Ulrich von, Katholische Kirche und Nationalsozialismus im Erzbistum Köln 1933–1945 (= Veröffentlichungen der Kommission für Zeitgeschichte, Reihe B: Forschungen, Bd. 23), Mainz 1977.

Hehl, Ulrich von, Wilhelm Marx 1863–1946. Eine politische Biographie (= Veröffentlichungen der Kommission für Zeitgeschichte, Reihe B: Forschungen, Bd. 47), Mainz 1987.

Hehl, Ulrich von, Die Zentrumspartei – Ihr Weg vom „Reichsfeind" zur parlamentarischen Schlüsselstellung in Kaiserreich und Republik, in: Hermann W. von der Dunk / Horst Lademacher (Hrsg.), Auf dem Weg zum modernen Parteienstaat. Zur Entstehung, Organisation und Struktur politischer Parteien in Deutschland und den Niederlanden, Melsungen 1986, S. 97–120.

Hehl, Ulrich von (Bearb.), Priester unter Hitlers Terror. Eine biographische und statistische Erhebung (= Veröffentlichungen der Kommission für Zeitgeschichte, Reihe A: Quellen, Bd. 37), Mainz ^{2}1985.

Heinsch, Franz, Priester der Grafschaft Glatz im „Dritten Reich", in: Archiv für schlesische Kirchengeschichte 26, 1968, S. 279–288.

Herde, Peter, Von der mittelalterlichen Judenfeindschaft zum modernen Antisemitismus, in: Karlheinz Müller / Klaus Wittstadt (Hrsg.), Geschichte und Kultur des Judentums. Eine Vorlesungsreihe an der Julius-Maximilians-Universität Würzburg, Würzburg 1988, S. 11–69.

Hillgruber, Andreas, Die „Endlösung" und das deutsche Ostimperium als Kernstück des rassenideologischen Programms des Nationalsozialismus, in: Vierteljahrshefte für Zeitgeschichte 20, 1972, S. 135–153.

Hillgruber, Andreas, Der Ostkrieg und die Judenvernichtung, in: ders., Die Zerstörung Europas. Beiträge zur Weltkriegsepoche 1914–1945, Frankfurt am Main–Berlin 1988, S. 313–338.

Hockerts, Hans Günter, Die Goebbels-Tagebücher 1932–1941. Eine neue Hauptquelle zur Erforschung der nationalsozialistischen Kirchenpolitik, in: Dieter Albrecht u.a. (Hrsg.), Politik und Konfession, S. 359–392.

Hockerts, Hans Günter, Die Sittlichkeitsprozesse gegen katholische Ordensangehörige und Priester 1936/37. Eine Studie zur nationalsozialistischen Herrschaftstechnik und zum Kirchenkampf (= Veröffentlichungen der Kommission für Zeitgeschichte, Reihe B: Forschungen, Bd. 6), Mainz 1971.

Höllen, Martin, Katholische Kirche und NS-„Euthanasie". Eine vergleichende Analyse neuer Quellen, in: Zeitschrift für Kirchengeschichte 91 (1980), S. 53–82.

Höllen, Martin, Heinrich Wienken, der ‚unpolitische' Kirchenpolitiker. Eine Biographie aus drei Epochen des deutschen Katholizismus (= Veröffentlichungen der Kommission für Zeitgeschichte, Reihe B: Forschungen, Bd. 33), Mainz 1981.

Hofen, Karl, Das Bistum Speyer in den Jahren religiöser Bedrückung durch den Nationalsozialismus. Geschichtliche Notizen (= Beilage zum Schematismus des Bistums Speyer 1947), Nachdruck Speyer 1980.

Hürten, Heinz, Der Deutsche in Polen. Skizze einer katholischen Zeitung 1934–1939, in: Dieter Albrecht u.a. (Hrsg.), Politik und Konfession, S. 415–446.

Hürten, Heinz, Kurze Geschichte des deutschen Katholizismus 1800–1960, Mainz 1986.

Hürten, Heinz, Katholische Kirche und nationalsozialistischer Krieg, in: Martin Broszat / Klaus Schwabe u.a. (Hrsg.), Die deutschen Eliten und der Weg in den Zweiten Weltkrieg, München 1989, S. 135–179.

Hürten, Heinz, Verfolgung, Widerstand und Zeugnis. Kirche im Nationalsozialismus. Fragen eines Historikers, Mainz 1987.

Hürten, Heinz (Bearb.), Deutsche Briefe 1934–1938. Ein Blatt der katholischen Emigration. I: 1934–1935; II: 1936–1938 (= Veröffentlichungen der Kommission für Zeitgeschichte, Reihe A: Quellen, Bde. 6 und 7), Mainz 1969.

Hürten, Heinz (Bearb.), „Kulturkampf. Berichte aus dem Dritten Reich. Paris". Eine Auswahl aus den deutschsprachigen Jahrgängen 1936–1939 (= Eichstätter Materialien, Bd. 12), Regensburg 1988.

Hüsgen, Manfred, Die Bistumsblätter in Niedersachsen während der nationalsozialistischen Zeit. Ein Beitrag zur Geschichte der katholischen Publizistik im Dritten Reich (= Quellen und Darstellungen zur Geschichte Niedersachsens, Bd. 85), Hildesheim 1975.

Jacobsen, Hans-Adolf (Hrsg.), ‚Spiegelbild einer Verschwörung'. Die Opposition gegen Hitler und der Staatsstreich vom 20. Juli 1944 in der SD-Berichterstattung. Geheime Dokumente aus dem ehemaligen Reichssicherheitshauptamt, 2 Bde., Stuttgart–Degerloch 1984.

Jäckel, Eberhard, Hitlers Weltanschauung. Entwurf einer Herrschaft, Stuttgart ^{2}1981.

Jäckel, Eberhard / Rohwer, Jürgen (Hrsg.), Der Mord an den Juden im Zweiten Weltkrieg, Stuttgart 1985.

Janik, Emil, Klerus und Klöster des Bistums Passau im Dritten Reich, Passau 1980.

Jedin, Hubert / Repgen, Konrad (Hrsg.), Handbuch der Kirchengeschichte, Bd. VII: Die Weltkirche im 20. Jahrhundert, Freiburg i. Br. 1979.

Jochmann, Werner (Hrsg.), Adolf Hitler. Monologe im Führerhauptquartier 1941–1944. Die Aufzeichnungen Heinrich Heims, Hamburg 1980.

Katte, Dieter, Wort und Antwort. Eine Untersuchung der Predigten, die Kardinal Faulhaber in der Zeit zwischen dem 1. Januar 1933 und dem 30. April 1945 gehalten hat, Theol. Diss. Salzburg 1976.

Kempner, Benedicta Maria, Nonnen unter dem Hakenkreuz. Leiden – Heldentum – Tod. Die erste Dokumentation über das Schicksal der Nonnen im 3. Reich, Würzburg 1979.

Kempner, Benedicta Maria, Priester vor Hitlers Tribunalen, München 1966.

Kershaw, Ian, Antisemitismus und Volksmeinung. Reaktion auf die Judenverfolgung, in: Bayern in der NS-Zeit, II, S. 281–348.

Kessemeier, Siegfried, Katholische Publizistik im NS-Staat 1933–1938. Grundzüge und Entwicklung (= Arbeiten aus dem Institut für Publizistik der Universität Münster, Bd. 9), Münster 1973.

Kimmel, Günther, Das Konzentrationslager Dachau, in: Bayern in der NS-Zeit, Bd. II, S. 349–413.

Kirche im Nationalsozialismus, hrsg. v. Geschichtsverein der Diözese Rottenburg–Stuttgart, Sigmaringen 1984.

Klausener, Erich, Frauen in Fesseln – Hoffnung in der Finsternis. Von Mut und Opfer katholischer Frauen im Dritten Reich, Berlin (West) 1982.

Klee, Ernst, „Euthanasie“ im NS-Staat. Die „Vernichtung lebensunwerten Lebens“, Frankfurt am Main 1983.

Klein, Thomas (Hrsg.), Die Lageberichte der Geheimen Staatspolizei über die Provinz Hessen-Nassau 1933–1936. Zwei Teile (= Veröffentlichungen aus den Archiven Preußischer Kulturbesitz, Bd. 22), Köln–Wien 1986.

Klein, Thomas (Hrsg.), Der Regierungsbezirk Kassel 1933–1936. Die Berichte des Regierungspräsidenten und der Landräte. Zwei Teile (= Quellen und Forschungen zur hessischen Geschichte, Bd. 64), Darmstadt–Marburg 1985.

Kleinöder, Evi, Katholische Kirche und Nationalsozialismus im Kampf um die Schulen. Antikirchliche Maßnahmen und ihre Folgen, untersucht am Beispiel von Eichstätt, in: Sammelblatt des Historischen Vereins Eichstätt 74, 1981, S. 7–199.

Kleinöder, Evi, Verfolgung und Widerstand der katholischen Jugendvereine. Eine Fallstudie über Eichstätt, in: Bayern in der NS-Zeit, Bd. II, S. 175–236.

Knauft, Wolfgang, Unter Einsatz des Lebens. Das Hilfswerk beim Bischöflichen Ordinariat Berlin für katholische „Nichtarier“ 1938–1945, Berlin (West) 1988.

Köck, Heribert Franz, Die völkerrechtliche Stellung des Heiligen Stuhls. Dargestellt an seinen Beziehungen zu Staaten und internationalen Organisationen, Berlin 1975.

Köhler, Manfred, Die Volksschule Harsum im Dritten Reich. Widerstand und Anpassung einer katholischen Dorfschule (= Beiträge zur historischen Bildungsforschung, Bd. 2), Hildesheim 1985.

Kopf, Paul / Miller, Max (Hrsg.), Die Vertreibung von Bischof Joannes Baptista Sproll von Rottenburg 1938–1945. Dokumente zur Geschichte des kirchlichen Widerstands (= Veröffentlichungen der Kommission für Zeitgeschichte, Reihe A: Forschungen, Bd. 13), Mainz 1971.

Küppers, Heinrich, Der Katholische Lehrerverband in der Übergangszeit von der Weimarer Republik zur Hitlerdiktatur. Zugleich ein Beitrag zur Geschichte des Volksschullehrerstandes (= Veröffentlichungen der Kommission für Zeitgeschichte, Reihe B: Forschungen, Bd. 18), Mainz 1975.

Kulka, Otto Dov / Mendes-Flohr, Paul R. (Hrsg.), Judaism and Christianity under the Impact of National Socialism, Jerusalem 1987.

Kupper, Alfons (Bearb.), Staatliche Akten über die Reichskonkordatsverhandlungen 1933 (= Veröffentlichungen der Kommission für Zeitgeschichte, Reihe A: Quellen, Bd. 2), Mainz 1969.

Kuropka, Joachim (Hrsg.), Zur Sache – Das Kreuz! Untersuchungen zur Geschichte des Konflikts um Kreuz und Lutherbild in den Schulen Oldenburgs, zur Wirkungsgeschichte eines Massenprotests und zum Problem nationalsozialistischer Herrschaft in einer agrarisch-katholischen Region, Vechta 1987.

Lahrkamp, Beatrix, Zur Auseinandersetzung zwischen katholischer Kirche und Nationalsozialismus im Münsterland. Eine Analyse kirchlicher Erlebnisberichte, in: Westfälische Zeitschrift 136, 1986, S. 111–177.

Lange-Stuke, Agnes, Die Schulpolitik im Dritten Reich. Die katholische Bekenntnisschule im Bistum Hildesheim von 1933 bis 1948 (= Beiträge zur Historischen Bildungsforschung, Bd. 9), Hildesheim 1989.

Lapide, Pinchas E., Rom und die Juden, Freiburg–Basel–Wien 1967.

Lill, Rudolf, German Catholicism's Attitude towards the Jews in the Weimar Republic, in: Otto Dov Kulka / Paul R. Mendes-Flohr (Hrsg.), Judaism and Christianity, S. 151–168.

Lill, Rudolf, Geschichte Italiens in der Neuzeit, Darmstadt ^{4}1988.

Lill, Rudolf, Die deutschen Katholiken und die Juden in der Zeit von 1850 bis zur Machtübernahme Hitlers, in: Karl Heinrich Rengstorf / Siegfried v. Kortzfleisch (Hrsg.), Kirche und Synagoge, Bd. 2, Stuttgart 1970 (Nachdruck München 1988), S. 370–420.

Lill, Rudolf, Katholiken im Widerstand. Opfer und Erbe des 20. Juli 1944 (= Kirche und Gesellschaft, Heft 114), Köln 1984.

Lill, Rudolf, Katholizismus nach 1848, in: Karl Heinrich Rengstorf / Siegfried v. Kortzfleisch (Hrsg.), Kirche und Synagoge, Bd. 2, S. 358–420.

Lill, Rudolf, Der Hl. Stuhl und die Juden, in: Karl Heinrich Rengstorff / Siegfried v. Kortzfleisch (Hrsg.), Kirche und Synagoge, Bd. 2, S. 358–369.

Lill, Rudolf/Oberreuter, Heinrich (Hrsg.), 20. Juli. Portraits des Widerstands, Düsseldorf–Wien 1984.

Löffler, Peter (Bearb.), Bischof Clemens August Graf von Galen. Akten, Briefe und Predigten 1933–1946, 2 Bde. (= Veröffentlichungen der Kommission für Zeitgeschichte, Reihen A: Quellen, Bd. 42), Mainz 1988.

Lowitsch, Bruno, Der Kreis um die Rhein-Mainische Volkszeitung, Wiesbaden–Frankfurt am Main 1980.

Ludlow, Peter, Papst Pius XII., die britische Regierung und die deutsche Opposition im Winter 1939/40, in: Vierteljahrshefte für Zeitgeschichte 22, 1974, S. 299–341.

Maier, Joachim, Schulkampf in Baden 1933–1945. Die Reaktionen der katholischen Kirche auf die nationalsozialistische Schulpolitik, dargestellt am Beispiel des Religionsunterrichts in den badischen Volksschulen (= Veröffentlichungen der Kommission für Zeitgeschichte, Reihe B: Forschungen, Bd. 38), Mainz 1983.

Milatz, Alfred, Wähler und Wahlen in der Weimarer Republik (= Schriftenreihe der Bundeszentrale für politische Bildung, Heft 66), Bonn 1965.

Missalla, Heinrich, Für Volk und Vaterland. Die Kirchliche Kriegshilfe im Zweiten Weltkrieg, Königsstein/Ts. 1978.

Mlynek, Klaus (Bearb.), Gestapo Hannover meldet ... Polizei- und Regierungsberichte für das mittlere und südliche Niedersachsen zwischen 1933 und 1937 (= Veröffentlichungen der Historischen Kommission für Niedersachsen und Bremen, Bd. 39), Hildesheim 1986.

Morsey, Rudolf, Christliche Demokraten in Emigration und Widerstand 1933–1945 (= Kirche und Gesellschaft, Heft 145), Köln 1987.

Morsey, Rudolf, Das „Ermächtigungsgesetz" vom 24. März 1933, Göttingen 1968, unveränderter Nachdruck 1978.

Morsey, Rudolf, Der Untergang des politischen Katholizismus. Die Zentrumspartei zwischen christlichem Selbstverständnis und „Nationaler Erhebung" 1932/33, Stuttgart 1977.

Mosse, George L., Ein Volk, ein Reich, ein Führer. Die völkischen Ursprünge der Nationalsozialismus, Königstein/Ts. 1979.

Muckermann, Friedrich, Im Kampf zwischen zwei Epochen. Lebenserinnerungen, bearb. von Nikolaus Junk (= Veröffentlichungen der Kommission für Zeitgeschichte, Reihe A: Quellen, Bd. 15), Mainz [3]1985.

Müller, Josef, Bis zur letzten Konsequenz. Ein Leben für Frieden und Freiheit, München 1975.

Nebgen, Elfriede, Jakob Kaiser. Der Widerstandskämpfer, Stuttgart 1967.

Neisinger, Oskar, Flugblätter. Katholische Jugend im Widerstand gegen den Nationalsozialismus, Würzburg 1982.

Neuhäusler, Johann, Kreuz und Hakenkreuz. Der Kampf des Nationalsozialismus gegen die katholische Kirche und der kirchliche Widerstand, München [2]1946.

Neuss, Wilhelm, Kampf gegen den Mythus des 20. Jahrhunderts. Ein Gedenkblatt an Clemens August Kardinal Graf Galen (= Dokumente zur Zeitgeschichte IV), Köln 1947.

Nötges, Jakob, Nationalsozialismus und Katholizismus, Köln 1931.

Nowak, Kurt, „Euthanasie" und Sterilisierung im „Dritten Reich". Die Konfrontation der evangelischen und katholischen Kirche mit dem „Gesetz zur Verhütung erbkranken Nachwuchses" und der „Euthanasie"-Aktion (= Arbeiten zur Geschichte des Kirchenkampfes, Ergänzungsreihe, Bd. 12), Göttingen 1978.

Nowak, Kurt, Sterilisation und „Euthanasie" im Dritten Reich. Tatsachen und Deutungen, in: Geschichte in Wissenschaft und Unterricht 39, 1988, S. 327–341.

Opfermann, Bernhard, Das Bistum Fulda im Dritten Reich (Ostteil und Westteil). Priester, Ordensleute und Laien, die für Christus Zeugnis ablegten, Fulda 1987.

Ott, Hugo (Hrsg.), Erlebnisberichte und Dokumentationen von KZ-Priestern der Erzdiözese Freiburg, in: Freiburger Diözesan-Archiv 90, 1970, S. 5–315.

Padberg, Rudolf, Kirche und Nationalsozialismus am Beispiel Westfalen. Ein Beitrag zur Seelsorgekunde der jüngsten Zeitgeschichte, Paderborn 1984.

Paucker, Arnold (Hrsg.), Die Juden im Nationalsozialistischen Deutschland. The Jews in Nazi Germany, Tübingen 1986.

Pelke, Else, Der Lübecker Christenprozeß 1943, Mainz 1974.

Ploetz, Lothar, Fato profugi. Vom Schicksal ermländischer Priester 1939–1945–1965, Neumünster 1965.

Pötzl, Walter, Wallfahrten gegen das Hakenkreuz, in: Harald Dickerhof (Hrsg.), Festgabe Heinz Hürten zum 60. Geburtstag, Frankfurt am Main–Bern–New York–Paris 1988, S. 443–465.

Pommerin, Reiner, „Sterilisierung der Rheinlandbastarde", Düsseldorf 1979.

Portmann, Heinrich, Kardinal von Galen. Ein Gottesmann seiner Zeit. Mit einem Anhang: Die drei weltberühmten Predigten, Münster ^{18}1986.

Pottier, Joël (Hrsg.), Christen im Widerstand gegen das Dritte Reich, Stuttgart–Bonn 1988.

Prantl, Helmut (Bearb.), Die kirchliche Lage in Bayern nach den Regierungspräsidentenberichten 1933–1943, Bd. V: Regierungsbezirk Pfalz 1933–1940 (= Veröffentlichungen der Kommission für Zeitgeschichte, Reihe A: Quellen, Bd. 24), Mainz 1978.

Raem, Heinz-Albert, Katholischer Gesellenverein und Deutsche Kolpingsfamilie in der Ära des Nationalsozialismus (= Veröffentlichungen der Kommission für Zeitgeschichte, Reihe B: Forschungen, Bd. 35), Mainz 1982.

Raem, Heinz-Albert, Pius XI. und der Nationalsozialismus. Die Enzyklika „Mit brennender Sorge" vom 14. März 1937 (= Beiträge zur Katholizismusforschung), Paderborn–München–Wien–Zürich 1979.

Rapp, Petra, Die Devisenprozesse gegen katholische Ordensangehörige und Geistliche im Dritten Reich. Eine Untersuchung zum Konflikt deutscher Orden und Klöster in wirtschaftlicher Notlage, totalitärer Machtausübung des nationalsozialistischen Regimes und im Kirchenkampf 1935/36, Phil. Diss. Bonn 1981.

Rauscher, Anton (Hrsg.), Der soziale und politische Katholizismus. Entwicklungslinien in Deutschland 1803–1963, 2 Bde., München–Wien 1981/82.

Reifferscheid, Gerhard, Das Bistum Ermland und das Dritte Reich (= Bonner Beiträge zur Kirchengeschichte, Bd. 7), Köln–Wien 1975.

Reineke, Augustinus, Jugend zwischen Kreuz und Hakenkreuz. Erinnerungen und Erlebnisse, Ereignisse und Dokumente, Paderborn 1987.

Rengstorf, Karl Heinrich / Kortzfleisch, Siegfried von (Hrsg.), Kirche und Synagoge. Handbuch zur Geschichte von Christen und Juden. Darstellung mit Quellen, 2 Bde., Stuttgart 1970.

Repgen, Konrad, Die Außenpolitik der Päpste im Zeitalter der Weltkriege, in: Hubert Jedin / Konrad Repgen (Hrsg.), Handbuch der Kirchengeschichte, Bd. VII, S. 36–96.

Repgen, Konrad, German Catholicism and the Jews: 1933–1945, in: Otto Dov Kulka / Paul R. Mendes-Flohr (Hrsg.), Judaism and Christianity, S. 197–226.

Repgen, Konrad, Christen im Widerstand. Am Beispiel des Kulturkampfes der Bismarckzeit und des Kirchenkampfes der Hitlerdiktatur, in: Ich will Euch Zukunft und Hoffnung geben. 85. Deutscher Katholikentag vom 13. September bis 17. September 1978 in Freiburg, Paderborn 1978, S. 256–273.

Repgen, Konrad, Die „Entpolitisierung" des italienischen Klerus in den Jahren 1922 bis 1924 und die Entpolitisierungsklauseln des Lateran- und des Reichskonkordats, in: Joseph Listl / Herbert Schambeck (Hrsg.), Demokratie in Anfechtung und Bewährung. Festschrift für Johannes Broermann, Berlin 1982, S. 725–754.

Repgen, Konrad, Über die Entstehung der Reichskonkordats-Offerte im Frühjahr 1933 und die Bedeutung des Reichskonkordats. Kritische Bemerkungen zu einem neuen Buch, in: Vierteljahrshefte für Zeitgeschichte 26, 1978, S. 499–534; 27, 1979, S. 159–161.

Repgen, Konrad, Die Historiker und das Reichskonkordat. Eine Fallstudie über historische Logik, Wiederabdruck in: ders., Von der Reformation zur Gegenwart, S. 196–213.

Repgen, Konrad, Hitlers Machtergreifung und der deutsche Katholizismus. Versuch einer Bilanz, Wiederabdruck in: Dieter Albrecht (Hrsg.), Katholische Kirche, S. 1–34.

Repgen, Konrad, Judenpogrom, Rassenideologie und katholische Kirche 1938 (= Kirche und Gesellschaft, Heft 152/3), Köln 1988.

Repgen, Konrad, Katholizismus und Nationalsozialismus. Zeitgeschichtliche Interpretationen und Probleme (= Kirche und Gesellschaft, Heft 99), Köln 1983.

Repgen, Konrad, 1938 – Judenpogrom und katholischer Kirchenkampf, in: Günter Brakelmann / Martin Rosowski (Hrsg.), Antisemitismus, S. 112–146.

Repgen, Konrad, Von der Reformation zur Gegenwart. Beiträge zu Grundfragen der neuzeitlichen Geschichte, hrsg. v. Klaus Gotto und Hans Günter Hokkerts, Paderborn–München–Wien–Zürich 1988.

Repgen, Konrad, Die vatikanische Strategie beim Reichskonkordat 1933, Wiederabdruck in: ders., Von der Reformation zur Gegenwart, S. 167–195.

Reutter, Lutz-Eugen, Katholische Kirche als Fluchthelfer im Dritten Reich. Die Betreuung von Auswanderern durch den St. Raphaelsverein, Recklinghausen–Hamburg 1971.

Schadt, Jörg (Bearb.), Verfolgung und Widerstand unter dem Nationalsozialismus in Baden. Die Lageberichte der Gestapo und des Generalstaatsanwalts Karls-

ruhe 1933–1940 (= Veröffentlichungen des Stadtarchivs Mannheim, Bd. 3), Stuttgart–Berlin–Köln–Mainz 1976.
Schatz, Klaus, Zwischen Säkularisation und Zweitem Vatikanum. Der Weg des deutschen Katholizismus im 19. und 20. Jahrhundert, Frankfurt am Main 1986.
Schellenberger, Barbara, Katholische Jugend im Dritten Reich. Eine Geschichte des Katholischen Jungmännerverbandes 1933–1939 unter besonderer Berücksichtigung der Rheinprovinz (= Veröffentlichungen der Kommission für Zeitgeschichte, Reihe B: Forschungen, Bd. 17), Mainz 1975.
Schlafke, Jakob (Hrsg.), Edith Stein. Dokumente zu ihrem Leben und Sterben, Köln 1980.
Schlund, P. Erhard OFM, Neugermanisches Heidentum im neuen Deutschland, München 1924.
Schmuhl, Hans-Walter, Rassenhygiene, Nationalsozialismus, Euthanasie. Von der Verhütung zur Vernichtung „lebensunwerten Lebens". 1890–1945 (= Kritische Studien zur Geschichtswissenschaft, Bd. 75), Göttingen 1987.
Schnabel, Reimund, Die Frommen in der Hölle. Geistliche in Dachau, Frankfurt am Main 1966.
Schneider, Burkhart, u.a. (Hrsg.), Die Briefe Pius' XII. an die deutschen Bischöfe 1939–1944 (= Veröffentlichungen der Kommission für Zeitgeschichte, Reihe A: Quellen, Bd. 4), Mainz 1966.
Schönhoven, Klaus, Der politische Katholizismus in Bayern unter der NS-Herrschaft 1933–1945, in: Bayern in der NS-Zeit, Bd. V, S. 541–646.
Schöppe, Lothar (Hrsg.), Konkordate seit 1800. Originaltext und deutsche Übersetzung der geltenden Konkordate, Frankfurt am Main–Berlin 1964.
Scholder, Klaus, Altes und Neues zur Vorgeschichte des Reichskonkordats. Erwiderung auf Konrad Repgen, in: Vierteljahrshefte für Zeitgeschichte 26 (1978), S. 535–570.
Scholder, Klaus, Die Kirchen und das Dritte Reich, Bd. 1: Vorgeschichte und Zeit der Illusionen 1918–1934, Frankfurt am Main–Berlin–Wien 1977; Bd. 2: Das Jahr der Ernüchterung 1934. Barmen und Rom, Berlin 1985.
Schramm, Percy Ernst, u.a. (Hrsg.), Hitlers Tischgespräche im Führerhauptquartier 1941–1942. Aufgezeichnet von Henry Picker, Stuttgart ^{4}1983.
Schüngeler, Heribert, Widerstand und Verfolgung in Mönchengladbach und Rheydt 1933–1945 (= Beiträge zur Geschichte der Stadt Mönchengladbach, Bd. 22), Mönchengladbach 1985.
Schwaiger, Georg (Hrsg.), Das Erzbistum München und Freising in der Zeit der nationalsozialistischen Herrschaft, 2 Bde., München–Zürich 1984.
Schwaiger, Georg / Mai, Paul (Hrsg.), Das Bistum Regensburg im Dritten Reich (= Beiträge zur Geschichte des Bistums Regensburg, Bd. 15), Regensburg 1981.
Selhorst, Heinrich (Hrsg.), Priesterschicksale im Dritten Reich aus dem Bistum Aachen. Zeugnis der Lebenden, Aachen 1972.
Siebert, Heinz, Das Eichsfeld unterm Hakenkreuz. Eine Dokumentation, Paderborn–Wewer 1982.

Siegele-Wenschkewitz, Leonore, Nationalsozialismus und Kirchen. Religionspolitik von Partei und Staat bis 1935 (= Tübinger Schriften zur Sozial- und Zeitgeschichte, Bd. 5), Düsseldorf 1974.

Śmigiel, Kazimierz, Die katholische Kirche im Reichsgau Wartheland 1939–1945 (= Veröffentlichungen der Forschungsstelle Ostmitteleuropa an der Universität Dortmund, Reihe A, Nr. 40), Dortmund 1984.

Stachnik, Richard, Danziger Priesterbuch. Die katholischen Geistlichen des Bistums Danzig von 1920 bis 1945, Hildesheim 1965.

Stasiewski, Bernhard, Die Kirchenpolitik der Nationalsozialisten im Warthegau, in: Viertelsjahrshefte für Zeitgeschichte 7, 1959, S. 46–74.

Stasiewski, Bernhard (Bearb.), Akten deutscher Bischöfe über die Lage der Kirche 1933–1945, Bd. I: 1933–1934; Bd. II: 1934–1935; Bd. III: 1935–1936 (= Veröffentlichungen der Kommission für Zeitgeschichte, Reihe A: Quellen, Bde. 5, 20 und 25), Mainz 1968, 1976 und 1979. (Zitiert: B. Stasiewski (Bearb.), Bischöfliche Akten I, II, III).

Stehkämper, Hugo, Protest, Opposition und Widerstand im Umkreis der (untergegangenen) Zentrumspartei – Ein Überblick. Teil I: Protest und Opposition, Teil II: Widerstand, in: Jürgen Schmädeke / Peter Steinbach (Hrsg.), Der Widerstand gegen den Nationalsozialismus, München–Zürich 1985, S. 113–150 u. 888–916.

Steiner, Johannes (Hrsg.), Propheten wider das Dritte Reich. Aus den Schriften des Dr. Fritz Gerlich und des Paters Ingbert Naab OFM Cap., München 1946.

Steinert, Marlis G., Hitlers Krieg und die Deutschen. Stimmung und Haltung der deutschen Bevölkerung im Zweiten Weltkrieg, Düsseldorf–Wien 1970.

Unseren Toten von 1933 bis 1945, hrsg. von der kirchlichen Hauptstelle für Männerseelsorge und Männerarbeit in den deutschen Diözesen, Fulda 1964.

Utz, Arthur Fridolin / Groner, Josef-Fulko (Hrsg.), Aufbau und Entfaltung des gesellschaftlichen Lebens. Soziale Summe Pius' XII., 3 Bde., Freiburg/Schweiz ^{2}1961.

Vogel, Wieland, Katholische Kirche und nationale Kampfverbände in der Weimarer Republik (= Veröffentlichungen der Kommission für Zeitgeschichte, Reihe B: Forschungen, Bd. 48), Mainz 1989.

Volk, Ludwig (Bearb.), Akten Kardinal Michael von Faulhabers 1917–1945, Bd. I: 1917–1934; II: 1935–1945 (= Veröffentlichungen der Kommission für Zeitgeschichte, Reihe A: Quellen, Bde. 17 und 26), Mainz 1975 und 1978. (Zitiert: L. Volk (Bearb.), Akten Kardinal Faulhabers I/II).

Volk, Ludwig, Die Enzyklika „Mit brennender Sorge". Zum hundertsten Geburtstag Kardinal Michael von Faulhabers am 5. März 1969, Wiederabdruck in: ders., Katholische Kirche und Nationalsozialismus, S. 34–55.

Volk, Ludwig, Episkopat und Kirchenkampf im Zweiten Weltkrieg, I: Lebensvernichtung und Klostersturm 1939–1941; II: Judenverfolgung und Zusammenbruch des NS-Staats, Wiederabdruck in: ders., Katholische Kirche und Nationalsozialismus, S. 83–97 und 98–113 (zitiert: L. Volk, Episkopat I, II).

Volk, Ludwig, Der bayerische Episkopat und der Nationalsozialismus 1930–1934 (= Veröffentlichungen der Kommission für Zeitgeschichte, Reihe B: Forschungen, Bd. 1), Mainz [2]1966.
Volk, Ludwig, Die Fuldaer Bischofskonferenz von Hitlers Machtergreifung bis zur Enzyklika ‚Mit brennender Sorge', Wiederabdruck in: ders., Katholische Kirche und Nationalsozialismus, S. 11–33 (zitiert: L. Volk, Fuldaer Bischofskonferenz I).
Volk, Ludwig, Die Fuldaer Bischofskonferenz von der Enzyklika ‚Mit brennender Sorge' bis zum Ende der NS-Herrschaft, Wiederabdruck in: ders., Katholische Kirche und Nationalsozialismus, S. 56–82 (zitiert: L. Volk, Fuldaer Bischofskonferenz II).
Volk, Ludwig, Die Kirche in den deutschsprachigen Ländern (Deutschland, Österreich, Schweiz), in: Hubert Jedin / Konrad Repgen (Hrsg.), Handbuch der Kirchengeschichte, Bd. VII, S. 537–561.
Volk, Ludwig, Katholische Kirche und Nationalsozialismus. Ausgewählte Aufsätze, hrsg. v. Dieter Albrecht (= Veröffentlichungen der Kommission für Zeitgeschichte, Reihe B: Forschungen, Bd. 46), Mainz 1987.
Volk, Ludwig, Das Reichskonkordat vom 20. Juli 1933. Von den Ansätzen in der Weimarer Republik bis zur Ratifizierung am 10. September 1933 (= Veröffentlichungen der Kommission für Zeitgeschichte, Reihe B: Forschungen, Bd. 5), Mainz 1972.
Volk, Ludwig (Bearb.), Akten deutscher Bischöfe über die Lage der Kirche 1933–1945, Bd. IV: 1936–1939; Bd. V: 1940–1942; Bd. VI: 1943–1945 (= Veröffentlichungen der Kommission für Zeitgeschichte, Reihe A: Quellen, Bde. 30, 34 und 38), Mainz 1980, 1983 und 1985 (zitiert: L. Volk (Bearb.), Bischöfliche Akten IV, V, VI).
Volk, Ludwig (Bearb.), Kirchliche Akten über die Reichskonkordatsverhandlungen 1933 (= Veröffentlichungen der Kommission für Zeitgeschichte, Reihe A: Quellen, Bd. 11), Mainz 1969.
Vollmer, Bernhard (Hrsg.), Volksopposition im Polizeistaat. Gestapo- und Regierungsberichte 1934–1936 (= Quellen und Darstellungen zur Zeitgeschichte, Bd. 2), Stuttgart 1957.
Wachtling, Oswald, Joseph Joos: Journalist, Arbeiterführer, Zentrumspolitiker. Politische Biographie 1878–1933 (= Veröffentlichungen der Kommission für Zeitgeschichte, Reihe B: Forschungen, Bd. 16), Mainz 1974.
Wagener, Ulrich, Katholische Beamte als Opfer nationalsozialistischer Willkür, in: Theologie und Glaube 75, 1985, S. 85–93.
Wagener, Ulrich, Unterdrückungs- und Verfolgungsmaßnahmen gegen Priester des Erzbistums Paderborn in der Zeit des Nationalsozialismus. Ergebnisse einer Untersuchung der [Paderborner] Kommission für Zeitgeschichte, in: Theologie und Glaube 75, 1985, S. 51–62.
Walker, Lawrence D., Priests vs. Nazis in the Diocese of Limburg 1934. The Confessional Factor, in: Historische Sozialforschung / Quantum Information 23, 1982, S. 55–65.

Weiler, Eugen (Hrsg.), Die Geistlichen in Dachau sowie in anderen Konzentrationslagern und Gefängnissen, 2 Bde., Mödling bei Wien 1971 / Lahr 1984.

Weisenborn, Günther, Der lautlose Aufstand. Bericht über die Widerstandsbewegung des deutschen Volkes 1933–1945 (= Bibliothek des Widerstandes), Frankfurt am Main [4]1974.

Wetzler, Eva, Die katholische Kirche und der Nationalsozialismus in Ludwigshafen 1933–1945. Bd. I: Die Geistlichen, Speyer 1987.

Widerstand und Verfolgung in Bayern 1933–1945. Archivinventare, Bde. 1–7, hrsg. von der Generaldirektion der Staatlichen Archive Bayerns, München 1975–1977.

Witetschek, Helmut (Bearb.), Die kirchliche Lage in Bayern nach den Regierungspräsidentenberichten 1933–1943. Bd. I: Regierungsbezirk Oberbayern; Bd. II: Regierungsbezirk Ober- und Mittelfranken; Bd. III: Regierungsbezirk Schwaben; Bd. VII: Ergänzungsband: Regierungsbezirke Oberbayern, Ober- und Mittelfranken, Schwaben 1943–1945 (= Veröffentlichungen der Kommission für Zeitgeschichte, Reihe A: Quellen, Bde. 3, 8, 14 und 32), Mainz 1966, 1967, 1971 und 1981.

Wittstadt, Klaus (Bearb.), Die Kirchliche Lage nach den Regierungspräsidentenberichten 1933–1943, Bd. VI: Regierungsbezirk Unterfranken 1933–1944 (= Veröffentlichungen der Kommission für Zeitgeschichte, Reihe A: Quellen, Bd. 31), Mainz 1981.

Wollasch, Hans-Josef, Ausbau und Bedrängnis: Die erste Hälfte des 20. Jahrhunderts (= 75 Jahre Verband katholischer Einrichtungen für Lern- und Geistigbehinderte, Bd. 2), Freiburg 1980/88.

Wollasch, Hans-Josef, Beiträge zur Geschichte der Deutschen Caritas in der Zeit der Weltkriege. Zum 100. Geburtstag von Benedict Kreutz (1879–1949), Freiburg 1978.

Zeitgeschichte in Lebensbildern. Aus dem deutschen Katholizismus des [ab Bd. 3: 19. und] 20. Jahrhunderts, 6 Bde., hrsg. von Rudolf Morsey, ab Bd. 3 von Jürgen Aretz, Rudolf Morsey und Anton Rauscher, Mainz 1973, 1975, 1979, 1980, 1982 und 1984.

Ziegler, Walter, Haben die deutschen Bischöfe im Dritten Reich versagt? Kritische Überlegungen zu einem vielbehandelten Thema, in: Harald Dickerhof (Hrsg.), Festgabe Heinz Hürten zum 60. Geburtstag, Frankfurt am Main–Bern–New York–Paris 1988, S. 497–524.

Ziegler, Walter (Bearb.), Die kirchliche Lage in Bayern nach den Regierungspräsidentenberichten 1933–1943, Bd. IV: Regierungsbezirk Niederbayern 1933–1945 (= Veröffentlichungen der Kommission für Zeitgeschichte, Reihe A: Quellen, Bd. 16), Mainz 1973.

Die Mitarbeiter

Dieter Albrecht (1927), Prof. Dr. phil., Universität Regensburg
Jürgen Aretz (1946), Dr. phil., M. A., Bonn
Klaus Gotto (1943), Dr. phil., Bonn
Ulrich von Hehl (1947), Priv. Doz. Dr. phil., Kommission für Zeitgeschichte/Universität Bonn
Hans Günter Hockerts (1944), Prof. Dr. phil., Universität München
Heinz Hürten (1928), Prof. Dr. phil., Katholische Universität Eichstätt
Rudolf Lill (1934), Prof. Dr. phil., Universität Karlsruhe
Rudolf Morsey (1927), Prof. Dr. phil., Hochschule für Verwaltungswissenschaften Speyer
Konrad Repgen (1923), em. Prof. Dr. phil., Universität Bonn, Vorsitzender der Kommission für Zeitgeschichte
Burkhard van Schewick (1951), Dr. phil., Bonn
P. Ludwig Volk SJ (1926–1984), Dr. phil., München

Bildnachweis

Historisches Archiv des Erzbistums Köln: 11, 12, 13
Bildarchiv Preußischer Kulturbesitz: 3, 7, 17
Bundesarchiv Koblenz: 1
Diözesanarchiv Rottenburg-Stuttgart: 16
Kommission für Zeitgeschichte: 2, 9, 14, 18, 19, 20, 21, 22
Privatbesitz: 10, 15
Ullstein-Bilderdienst: 4, 5, 6, 8